手臂录·无隐录释义
——明代枪法短兵解密

Shoubilu Wuyinlu Shiyi
Mingdai Qiangfa Duanbing Jiemi

任 鸿 | 编著

这是一部**追溯武学文化与历史**的书
这是一部**关于明朝末年实用武艺**的书
这是一部**古文言与白话文完全契合**的书
这是一部**耗费作者五年多心血与体能**的书
总之,这是一部令你感动和受益匪浅的好书

山西出版传媒集团
山西科学技术出版社

前言

《手臂录》与《器王正眼无隐录》皆为吴殳撰写,其内容不仅是吴殳在武道中的身心体会,更是一部开启后学者武学思维的心血力作。

吴殳(公元1611—1695),亦名乔,字修龄,号沧尘子,生于明万历三十八年,卒于清康熙三十三年,享年八十五岁。本为江苏太仓人,后入赘昆山。1633年,明季正值多事之秋,常熟人石电(号敬岩)应平湖沈萃桢备兵之聘来到昆山,住在报本寺。吴殳与同乡夏君宣、夏玉如兄弟及陆桴亭闻石电枪法精绝,便拜石电为师学习。

当时石电的年纪应在六十余岁,出身于丐户,晚年专以教授枪法营生。吴殳等四人随石电学艺两年,石电即随包文达等剿匪,终因受伏殁于王事。往后数年间,夏氏兄弟皆从戎而亡,只剩吴殳和陆桴亭。

事实上,此四人在跟随石电学习期间,所练的都是基本功,包括扎法、封闭和连环,所以吴殳才说两年内石师父传授的内容并不多。而陆桴亭当时由于路远,隔三差五来学一次,所以对枪法掌握得更是少之又少。因而,真正继承下石电枪技的只有吴殳一人。

随着吴殳的成长,他广猎各家的枪法,并与枪师切磋,精心钻研,开阔眼识,对当时流行的峨嵋枪、马家枪、沙家竿子、杨家枪、汉口枪、少林枪尽数精通了解,从而于五十岁开始逐步写下枪法心得,最终于1678年汇集成《手臂录》一书出版。后又于1687年,写就《器王正眼无隐录》(后文简称《无隐录》)公开于世。足见出身书生的吴殳,确有实战武技的天赋及自学成才的能力,且对于他敢于公开枪谱的气魄,着实令人佩服!换在今天,很多门派即使真有所谓武林秘籍,恐怕也不会有他这样的度量,这也体现出吴殳对自身武学

手臂录·无隐录释义
——明代枪法短兵解密

修为的自信。

时至今日，古人的正法眼藏已经失传，尽管现在个别门派尚存有一些技巧，却很不完整，枪棍之辨多无人能识。而《手臂录》和《器王正眼无隐录》流传至今，其内容也有多个版本，在令读者开阔广识的同时也各自存有错漏，其汉字多为正体，且章节次序混乱，通假字、异体字、错别字很多，虽可算作文言，事实不易阅读。故而笔者综合现有各版本，并参考相关武术古籍，将其仔细刨析点校、绘图说明，将正体字换为简体字，并依据吴殳的描述对古本《手臂录》重新作了正确的整理，归纳为二十二章。而《器王正眼无隐录》由于古本稿件本就缺失严重，故仅能归纳成二十三章。凡书中涉及关键难点，笔者都一一给以释义，以方便后学者研读。

《手臂录》和《器王正眼无隐录》可看作枪法的圣典，需要习练者在练习中反复地阅读、体会及感悟，想要入门至少须读上十遍，认真琢磨，凭此指导自己，以求枪术早日脱化。此中决心、毅力及艰苦，亦可称作武者的修行。

笔者号翊将军，武术爱好者，长期致力于古传实战武学的研究和学习，在网上发表过多篇武术类文章，曾参加过几次器械类的对抗比赛，结合自身习练长枪和技击、短兵的心得，以五年多的时间，对《手臂录》和《器王正眼无隐录》仔细研读，重新诠释，手绘图势，亦可谓笔者的尽心之作。图势中几乎包括了明代中晚期各类盔甲样式，对甲胄迷而言，值得参考。

在此，感谢山西科学技术出版社能为这部嘉惠后学的教材给予出版发行，亦特别感谢为此书图势摄影剪贴的王超、任馨雨和韩云静、伊雪、张霄、周洪军、高文革等朋友，以及盛唐长安夜、东海长鲸等网友的支持！

对于新手来讲，愿此书成为您习武入门的指南；对于枪家大师而言，愿此书成作您技艺的借鉴，并对书中不妥之处，给以指点斧正。

任鸿（翊将军）

2015年11月1日写于塘沽

目录

上篇 手臂录

第一章 自序 / 3

第二章 石敬岩枪法记 / 6

第三章 枪法元神空中鸟迹图 / 14

第四章 枪法圆机说 / 22

第五章 枪式说 / 25

第六章 六家枪法说 / 28

第七章 杨家枪说 / 34

第八章 竿子用法说 / 36

第九章 枪根说 / 38

第十章 闪赚颠提说 / 41

第十一章 脱化说 / 44

第十二章 短降长说 / 46

第十三章 临阵兵枪说 / 48

手臂录·无隐录释义——明代枪法短兵解密

第十四章　古论注 / 50

第十五章　二十四势图说 / 54

第十六章　戳法 / 106

第十七章　革法 / 109

第十八章　步法 / 117

第十九章　行着 / 120

第二十章　枪法微言 / 135

第二十一章　峨嵋枪法 / 153

第二十二章　梦录堂枪法 / 173

附一：枪法答疑 / 191

附二：见肉贴杆 / 194

下篇　器王正眼无隐录

第一章　自序 / 199

第二章　石家枪法源流述 / 204

第三章　枪王说 / 207

第四章　枪棍辨 / 209

第五章　枪式说 / 211

第六章　直力兼横力说 / 213

第七章　纯杂说 / 214

第八章　枪分五品说 / 216

第九章　短降长说 / 218

第十章　针度篇 / 219

第十一章　实用扎法说 / 221

第十二章　实用革法说 / 223

第十三章　身法步法说 / 226

第十四章 行着 / 229

第十五章 游场扎法说 / 241

第十六章 游场革法说 / 248

第十七章 三家用法说 / 250

第十八章 马家枪考、革法 / 253

第十九章 役棍 / 258

第二十章 单刀图说 / 261

第二十一章 渔阳剑诀 / 293

第二十二章 双刀歌 / 297

第二十三章 诸器编说 / 301

附一：渔阳剑诀与单刀图说的联系 / 309

附二：石敬岩传 / 312

手臂录

SHOUBILU

[上篇] [SHANGPIAN]

第一章 自序

原文

用兵以戚南塘之旗鼓为初门，孙武子之虚实为极致，击刺抑末矣！然不能此末艺，则不敢身至阵前，无以定将士勇怯，而行不逾时之赏罚。人无畏心，战何能胜？况又平日所用教师多被诱于花假以误士卒乎？

虽然，殳何人而敢言此？唯以壮年所广集，汇为一编，以定其邪正浅深，贻之子孙而已！

余所得者，有石家枪，敬岩也；峨嵋枪，程真如也；杨家枪、沙家枪、马家枪，其人不可考；少林枪，余得者洪转之法；汉口枪，则程冲斗也，有《耕余剩技》、《少林阐宗》、《长枪法选》诸书刊印行世。此七家者，其法俱存，余若金家枪、拒马枪、大宁笔枪等，尚有十余家，名存而无徒，书又不传，无可考据。应由技术浅小，虽取名一时，不足以传久故也。

今就七家言之，真如一门而入，一师而成，一于纯者也。敬岩遍历诸家，年将四十，始遇德长，重下本源工夫，而得返正，及乎晚年，棍棒刀牌，皆成枪法，化杂以为纯者也。二师身二，而法则一也。沙家竿子长软，别为一门。杨家器在长短间用之，亦兼取长短之法。此三家皆不杂棍法。

马家以杨家为根本，而兼用棍法。少林全不知枪，竟以其棍为枪。故马家法去棍犹有枪，少林去棍则无枪也。然少林刚柔相济，不至以力降人。冲斗止学少林之法，去柔存刚，几同牛斗。而今世冲斗之传，江南最盛，少林犹不可得，况其上焉者乎？

总而论之，峨嵋之法，既精既极，非血气之士日月之工所能学。沙家、杨

家，专为战阵而设，马家、少林、冲斗其用于战阵，皆制胜之具，惟江湖游食者不可用耳。

钟王之手，亲纸以成字者，毫端也。为毳（音cuì，细毛）、为苘（音qǐng，捆绑笔毛的细绳）、为胶、为管，皆所以成此者也。善将将之君，敌忾以奏功者，击刺也！为旗鼓、为队伍、为虚实，皆所以成此者也。闻击刺而小之者，在武乡、谢艾、韦睿，余乃心伏。取子恒《典论》之语，而名为《手臂录》。

时戊午八月，沧尘子吴殳修龄撰

释义

行军作战，以戚继光擅用旗鼓指挥而名列第一，以孙武操控军队虚实兼备而达到极致，至于士兵所用的劈刺技法，不过是最下等的技艺。

然而，如果不能掌握这类下等技艺，就不敢亲临战场，也就无法判定将士是勇猛还是胆怯，以及适时地施以赏罚。将士不明白何处危险，作战又岂能胜利？何况日常雇用的教师，无不被其华而不实的技艺所诱惑，从而深深地误导士卒！事实就是这样，可我吴殳算什么人？怎敢说这种事？我仅能将年轻时大量搜集的劈刺技法，编汇成书，来论定哪些技法是邪说，哪些是正道，哪些肤浅，哪些深奥，从而流传后世子孙。

我所搜集的技法有：石家枪（石敬岩枪法）、峨嵋枪（程真如枪法）、杨家枪、沙家枪、马家枪（杨、沙、马的枪法鼻祖已无从考证）、少林枪（我学自洪转的枪法）、汉口枪（即程冲斗枪法，有《耕余剩技》《少林阐宗》《长枪法选》等书刊印流传于世）。这七家枪的技法都流传至今，其他的像金家枪、拒马枪、大宁笔枪等还有十余家，枪法之名虽在，但实际上已失去传承，更无枪谱流传，已无法考据其真正的技法。其原因应是技法紧密难练，虽然在一段时期内有名，长久下来还是不易流传。

目前仅就七家枪法而言，程真如仅学自一派，始终是一位师父传授，故而真如的枪法很纯正。石敬岩学遍各派枪法，年近四十，才遇到刘德长，既而重新从基础练起，得以回至正道。到晚年的时候，长棍、大棒、刀（按《手臂录》及陆桴亭《石敬岩传》，石电亦擅偃月刀、长倭刀）与团牌（即藤牌腰刀）都能用作枪法，将所学杂项化作纯正的枪技。两位师父，两个身躯，而枪法却同为一种。沙家竿子长而腰软，另成一派。杨家枪长度在长竿、短枪之间，选取长竿和短枪的技法进行应用。这三家枪法都没有掺杂棍法。

马家枪吸收杨家枪法，作为本派的枪技，并兼用棍法。少林根本就不懂枪，竟然把自家的棍法当作枪法。所以说马家枪去掉棍法还有枪法，少林去掉棍法的话就没有枪法了。然而少林枪法刚猛与阴柔互补，还不至于光靠蛮力来赢人。程冲斗止步于学来的少林枪法上，并抛掉阴柔，仅图刚猛，如同斗牛角力一样。现今程冲斗枪法的流传，以江南最为盛行，这些后学之徒，连少林枪法都没有完全掌握，何况程冲斗改造过的少林枪还会有枪法吗？

总而言之，峨嵋枪法，够精细至极，并非莽撞之人花上几十天、甚至几个月的工夫就能学成的。沙家枪、杨家枪专门为对阵作战而设置，马家枪、少林枪、程冲斗的枪法如用在战场，也都能成为克敌取胜的军用技法，唯独行走江湖靠教授枪法吃饭的人不能使用。

钟鹞、王羲之的手，贴近纸绢即能写出好字的原因，靠的是笔锋。而笔头上的根根细毛，绑扎细毛的纤绳，笔头与竹管的粘合，竹管的加工，都是造就好笔锋的必备条件。善于带将出征的皇帝，遇到劲敌仍能打胜仗，靠的是将士的劈刺技术。而旗鼓指挥得当、队伍实力强悍、作战虚实结合，都是促成劈刺技术得以在战场施展的关键因素。要说擅用劈刺技术以少胜多的将帅，当数诸葛亮、谢艾、韦睿，我对他们由衷地佩服。

选用曹植《典论》里的话，将此书命名为《手臂录》。

时戊午年八月，沧尘子吴殳修龄撰

{解析}

吴殳将枪法上升到关乎战争成败的高度，是之前所没有的，可以说是对大枪的崇拜，或者是对枪法先贤的尊敬。字里行间，看出吴老是个对枪法实事求是的人。

第二章 石敬岩枪法记

原文

枪旧有峨嵋、杨家、沙家、少林、马家之名，然文章家莫或留意于小技，而精于枪者，大抵无文，故不能考杨、马、沙为何时人。

其制，则沙家竿子长一丈八尺，竹枪也；杨家长一丈四尺，峨嵋、马家长九尺七寸，木枪也。竿子长，腰软头重，其势阔大而疏迟，用处在足，以腾挪进退、足如奔鹿、身如电光者为善。

马家枪身重而短，腰劲头轻，其势紧密而迅疾，用处在手，以吞吐变化、身如轻云随风、手臂如生蛇渡水者为善。

杨家杂出于马、沙之间，学问以谨严为基，故必先学马家枪，既熟既精，然后学竿子。马家与竿子既熟，则杨家枪不学而能矣！兹所记者，马家枪法也。

短枪之近祖，有刘德长，初为少林寺僧，又遍游天下，而后枪技特绝。受边帅之辟，弃其方袍，仕为游击将军，真定巡抚中丞韩公晶（音xiǎo）宇延教其部将。

常熟石电，号敬岩，与少林僧洪记往见。洪记，少林推第一，意殊傲蔑。及校技，而杖物为德长所拨去，乃心折，与敬岩百拜，请授教。

德长曰："二子之技非不善也，然见我立败，址不极固也！譬于筑室，隆其构，弱其堂，风雨大至，有弗圮（音pǐ，倒塌）者乎？二子能从我言，悉去旧构，更其堂址。堂址既固，我不加寸木，以子旧构，构于新堂，无敌于海内矣！"

洪记、敬岩受命而为之者二年,乃许入室。惟时德长之徒,最高者山东王富,次则敬岩与韩二公子,又次者韩仆来子,又次者为中丞公云。

余少时见中原多事,倘得见用,必与兵事,故常与里中诸少年驰射于郊,习读孙武、戚继光之书,考求其故。崇祯癸酉,敬岩至娄,寓报本寺,余约同里夏君宣、(夏)玉如、陆桴亭拜学焉。玉如、桴亭与余同辛亥生,君宣长二年,二夏之居,与余家止隔一墙,三人晓暮习练。桴亭居稍远,数日一来习,手脚稍疏于三人。

石师之教,先练戳,戳不许多,四伐、五伐("伐"字在此疑为方言量词。按吴殳等人初学枪时分析,分早晚各训练一次,合计扎500下,取平均值,即早上扎250下,晚上扎250下。鉴于马家枪10斤的重量,而古人通常比现代人劳动强度大,力气大,故而取每次训练最多五伐,则每伐应是50扎,最开始练的戳法应是单杀手,也是初学者的入门技法)则喘息汗下,止而少憩。又四伐五伐,以力竭为度。戳不力竭,则手臂油滑,初址不固,临敌无以杀人矣!以渐加之,必日五百戳,几百日而戳址固焉。四人之中,戳手惟君宣最劲最疾。

戳之后,乃教以革,革者垩(音è)地置后踵,不得移动,移动则手不熟,乃使善戳者如矢如电以戳焉。革稍不合法,则杆必及身,颠扑于地。杆以革絮封其端,而又缚厚纸竹于前臂,然犹左腕、右臂青紫流血,恒不绝见。

练戳、革无终期,十年、二十年益善。余本书生,不能专其技,仅得三年之工。

戳、革既熟,然后教以连环。连环者,一革一戳,互为主客,欲相杀如仇怨焉。宗门重涅磐堂里禅,为临死时有用者也。枪亦重临阵有用者,习时稍容情,即临阵无用矣!玉如力大,革与连环,三人皆不及。

戳、革、连环既熟既精,然后教以破法、"夜叉探海"等势、"中平枪,枪中王"等诀,百日事尽。

始终凡三年,余戳不及君宣,革不及玉如,然见徽派程冲斗之徒,气力愤发,殆(音dài,几乎)同牛斗,绝无名士风流。石师交手,意思安闲,如不欲战,俄焉枪注人喉,不敢动而罢,微乎微乎,近于道矣!

盖戳、革、连环、破法,皆下学事耳!其上达之径,唯孙子所谓"敌逸能

劳之，饱能饥之；能而示之不能，用而示之不用；攻其无备，出其不意；实则虚之，虚则实之；多方以娱之；后人发，先人至；致人而不致于人"，乃为枪之精微也，予所心悟，则在于此。

二十年前，好与四方枪师为戏，绝少当意者，每欲觅二三少年传石师之技，使无断绝，而皆欲速见小，不能下海枯石烂之工，是以无可与语。今则五十之年，倏然已过，笔情枪兴，一时俱尽。呼德下谓余曰："敬岩之技，人无可传，何不著述以垂后？"余曰："我法以心传心，不立言语文字。"

荏苒久之，又思石师虚实变化之妙，不可言传，而下学之事，笔所能述，且欲使刘、王诸师及同学诸友姓名不泯，故作此记。司空表圣诗曰"谁料生平臂雁手，挑灯自送佛前钱"，咏之怆然而已！

辛丑冬，沧尘子吴乔修龄记

释义

枪法历来就有"峨嵋""杨家""沙家""少林""马家"之称谓，而工于文章者对此微末技艺多不关注，且枪法精湛者有哪些人，大都没有文字记载，故而无法考证杨家、马家、沙家枪法之鼻祖是什么时代的人。

各家枪的规格：

沙家竿子，长一丈八尺（按明造尺，约5.76米），竿为竹制；杨家枪，长一丈四尺（约4.48米），峨嵋、马家枪，长九尺七寸（约3.1米），杆皆用木制。

竿子最长，枪腰软，枪头重，动作舒展大开，行枪粗疏缓慢，强调步法的运用，以跳闪进退、步法迅如奔鹿、身法快如闪电为极致。

马家枪，枪身短重，枪腰刚劲有力，枪头轻巧，动作紧密迅速，强调手法的运用，以杆子吞吐变化、身似轻云随风、手臂如同活蛇兔水为最极。

杨家枪，是从马家枪和沙家枪中分化出来，其从中学到问到的东西都以严谨为根基。所以学枪者应先学马家枪，后学沙家竿子。马家枪、沙家竿子练熟了，则杨家枪不用学就能融会贯通。《手臂录》一书主要记述的枪法，是马家枪。

短枪技法的近代鼻祖,或许是刘德长,他本是少林寺和尚,又游学天下,此后枪法出类绝伦。受边陲长官征召,脱却袈裟,做官当了游击将军,真定巡抚中丞公韩晶宇聘请德长教授其部下将士的枪法。

常熟石电,号敬岩,和少林僧洪记前往拜谒。洪记的枪法在少林寺首推第一,其性情孤傲,瞧不起人。跟德长比试枪法,杆棒竟被德长从手中拨去,方心中叹服,与敬岩百般拜揖,恳求传授枪技。

德长道:"你二人并非枪术不佳,然而遇到我立马败阵,其原因是枪址不固!好比建造房屋,构架高大,地基虚弱,暴风骤雨来袭,哪有不倒塌的?你二人若听我的话,须将旧构架全部拆掉,更换地基。地基牢了,我不需添加寸木,就用你们原先的构架,在新地基上建造房屋,到那时你们的枪技就无敌于天下了!"(德长喻指洪、石二人应在枪根的把持运用上下足功夫。)

洪记、敬岩按德长的教诲研习了两年,德长方答应收他们为正式的弟子。当时德长的门徒中,枪法最好的是山东的王富,其次是敬岩和韩晶宇的二公子,再次是韩仆来的儿子,再次之是中丞公韩晶宇。

我年少时看到中原战事纷仍,倘若一旦被朝廷任用,定要许身征战,故经常与邻里少年到郊外骑马射箭,并研读孙武子、戚继光的兵书,验证书中范例。

崇祯癸酉年间,敬岩来到昆山,住在报本寺,我约了邻居夏君宣、夏玉如、陆桴亭前去拜学。玉如、桴亭和我都是辛亥年出生,君宣比我们大两岁。君宣、玉如的住处和我家只有一墙之隔,我们三人早晚习练枪术。桴亭住得稍微远些,几天来习练一次,其手法、步法较我们三人略显粗疏。

石师父教枪,首先练戳法。开始戳次不能太多,四组、五组戳法过后即会喘息汗流,此时暂停练习,稍作休整。再练四五组,以练到没有力气为标准。如果戳法不练到没有力气,就会手掌、胳膊油腻滑杆,使初学者对于枪根贴离腰部的位置把持不定,面对敌械无法杀人。戳次逐渐添加,一定要每天戳枪五百下,几百天过后,枪根位置才能把持牢固。四人当中,唯独君宣戳枪最有力,速度最快。

掌握戳法以后,师父再教革法。革枪的人先在后脚下画条白线,不准后

退,后退则手上革法不熟练,即让戳法好的人似脱弓之箭闪电般戳刺。革法稍有不当,则戳枪者的杆子必然刺及己身,跌倒在地。戳枪者的杆子是用皮革和棉絮包裹着杆头,革枪者也是在前臂上绑扎了厚厚的棉纸竹片以作防护,即便如此,革枪者的左腕和右臂往往被戳作青紫色,流血不止,清晰可见。

习练戳革没有时限,能练上十年、二十年才好。我本是个读书人,无法专工于枪技,仅仅下了三年的功夫。

戳法、革法都练熟了,师父再教连环。所谓连环,就是一方戳,一方革,分别充任主客,双方要像有私仇旧怨般拼杀。佛门特别重视在佛堂内诵念超度的禅经,以备临死时有所用处。枪术同样注重临阵时为我所用,所以练习时稍留情面,则一临阵枪就无用了。玉如劲道最大,革枪、连环之法,三人都赶不上。

戳法、革法、连环都练得精熟了,师父另教枪的破法、"夜叉探海"等二十四势、"中平枪,枪中王"等枪诀,百日内破法、枪势、枪诀传授完毕。

石师父由最初教我们练枪到传授结束,总共三个年头,而我却戳枪不如君宣,革枪比不了玉如。但看到汉口枪派程冲斗的门人比试枪技时气壮力猛,如同斗牛般厮杀,一点名家风范都没有!而石师父与人交手,气意淡定,倘若不想置敌死地,则突然间枪尖直抵对手咽喉,令其不敢再动而罢手。此类细微紧小的技法,几使枪技脱化作枪道!

其实,戳法、革法、连环、破法都是学枪的基本技能,而枪的上乘境界则是孙武子所说的"敌逸能劳之,饱能饥之;能而示之不能,用而示之不用;攻其无备,出其不意;实则虚之,虚则实之;多方以娱之;后人发,先人至;致人而不致于人",这才是枪技的精华微妙所在,我内心所悟出的枪法最高境界,尽在此处!

二十年前,我喜好跟天下练枪的师傅戏耍枪技,其间很少有令我中意的人。每当碰上两三个少年想传授石师父的枪法,以使流传不致断代,但他们都觊觎短时间内速成,事实上却进步迟滞,不愿意下海枯石烂般的功夫,因此无法跟他们交流。现在我已是五十岁年纪,岁月一晃而过,对笔的情致和枪的兴趣,在很长的一段时期内全都荡然无存。

呼德下曾对我说："敬岩的枪法，没有可以传授的人，何不写本专著以供后人研习？"

我说："我派枪法，以心传心，不记录言语文字。"

很久以后，又想到石师父枪法中的虚实变化之妙无法记述流传，但基本技能笔还是能够写出来的，而且也能让刘德长、王富等先师，和同学、朋友的姓名不至于泯灭，故而写下此篇《枪法记》。唐代司空图有诗写道："谁料生平臂雁手，挑灯自送佛前钱"，读之何其怆然！

辛丑年冬，沧尘子吴乔修龄记

解析

本篇对枪式、枪法传承、训练计划做了详尽的介绍，重点是枪式和训练计划。

枪式一定要选好杆子，按照上述规格定做，否则永远练不出石家枪的内涵。白蜡杆不太容易达到要求，尤其当代以速生居多，长了太软易塌腰，且比硬木轻很多。必须找硬重而有韧性的杆子，好杆难得，相信真正好枪的人定会找到！

对于初学者先练戳，每天至少练单杀手扎枪500下，可分早晚进行，也就是一天能扎上10伐枪是最起码的标准，每伐50下。

单杀手是最入门最实用的扎枪技法，强调枪址的牢固，即手能把住枪根，使扎出去的枪不至于轻浮无力，不能手臂抬不起来，扎出去要在短时间内能够固定停住，充分考验单手持枪的平衡度。

这一阶段要训练一年，枪址才能固定。

次年练革，即封闭的各种变化，练一年。

在对戳革有些基础后，第三年可以练连环，目的是专项训练实战攻防，一方革，一方戳，互换角色训练，革手要在后脚下画条线，不能后退，随着戳手水平的提高，用子午枪革手能够化解，即算出师。

练熟连环以后，再练行着破法、马家枪二十四势以及熟悉各枪诀。这些相

较戳革、连环都是补充性的东西，关键还是戳、革训练，戳革的练习是没有时限的，练上十年、二十年最好。

此后就看自身的悟性，向着万派归宗而努力（附图1连环）。

图1 连环

图1注：左为红方，右为蓝方，对练竹甲根据本章文字并参考现代实物绘制。

上篇 手臂录

手臂录·无隐录释义——明代枪法短兵解密

第三章 枪法元神空中鸟迹图

【原文】

一圈分形入用说

特（公牛）豚（猪崽），一物而已。四剔之，则为肩、为髀、为脂、为蹄、为脊、为脾，种种登载。

若唯用一物而不四剔，则惟有前斋郊禘（音dì，祭祀）之礼，而立钬（音yù）、房俎（音zǔ，祭器）、燕饮、肴烝皆废，岂可谓之礼哉？

唯枪亦然！

总用之则为一圈，剖其圈而分用之，或左或右，或上或下，或斜或正，或单或复，或取多分，或取少分，或取半分，以为行着诸巧法，而后枪道大备。

是以练枪者，唯下久苦之工于一圈，熟而更熟，精而益精！

其于分形之法，一览而全备矣！人食一口，而五官四体皆受其益，理正同也！分形非笔所能述，故作《枪法元神空中鸟迹图》于左方（见图2）：

图2 枪法元神空中鸟迹图

图2注：原图为毛笔手绘影印版，画法粗糙，并不完全合乎枪尖的运转轨迹，令人难以看懂，故重新以毛笔着色绘制。

重轮形也，缠枪等皆作此形；

上偃月形，乃用圈之上半也；

下偃月形，乃用圈之下半也；

左偃月形，乃用圈之左半也；

右偃月形，乃用圈之右半也；

此纤月形有六，诸法轻用之巧也；

几望形，亦用圈之右半而加深者也。

此七圈不由师传，偶见屋瓦之仰覆而思悟得之者也。知此，则知枪之万变不出于圈！

圈则枪之自下而上者，还自上而下；

自上而下者，还自下而上；

自左而右者，还自右而左；

自右而左者，还自左而右。

如转圆石于万仞之山，以守以攻，唯我所欲。

棍以劈打为用，一直向下，无返上之机，不能发扎，非枪法也！

圆圈分形详注（略举二三，可知诸法矣）

望月形也，凡封、小封、闭、圈、摩旗、叶底藏花、旋雷霹雳、月下梨花等，枪尖作此形；

重轮形也，凡缠、月藏星串等，枪尖作此形，枯藤绕树刀痕在枪上亦作此形；

几望形也，凡裹、月儿侧、白牛转角等，枪（尖）作此形；

仰月形也，凡穿指、穿袖、双头枪；

覆月形也，凡拿、拖、大反卷；

右偃月形也，凡迎、砑、跌落金钱；

手臂录·无隐录释义——明代枪法短兵解密

左偃月形也，凡提、掳、海马奔潮；

纤月形也有六，此则梨花三排头、扯枪；

掳，手、腰摆时，枪尖作此形；

挤，此形左半少，纤月形也，近身处关系重，不可用巧法也，只用左偃月；

革圈里扎头，半摩旗；

革圈外扎头，半摩旗；

砑向下、敁向上，皆有此形，左半亦缺。

释义

一圈分形入用说

公牛和猪崽，不过是个整物，将其四面分解，即可分别用肩、髀、脂、蹄、脊、脾等等做成菜谱中记载的食物。

如果仅用整物而不四面剔开，只有先斋戒后于城郊祭祀之礼才会使用，而立饫、房俎、燕饮、肴烝各分项礼节如果都废掉了，又怎能称作礼呢？

枪法也是如此！

总体而言，枪法之应用就是一个圈，将枪圈剖开，分成几段弧来运用。可用左弧，可用右弧；可用上弧，可用下弧；可斜用弧，可正用弧；可一个圈使用，可两个圈连用；可多选些弧段，可少选些弧段。悟此用作行着的各种技巧，而后枪法之道才能完备。

因此练枪之人，必须在枪圈上肯下长期苦功，使之熟上加熟，精上再精！

至于枪圈分化成的各种形式，一看图就可全然明白。好比人吃一口饭，五官四体都可受益，其道理是相同的。枪圈的分化成形并非文字所能表述，故而在左方绘制了《枪法元神空中鸟迹图》。

重轮形（即双圈交叠），缠枪等法是此类形状；

上偃月形，即使用枪圈的上半弧；

下偃月形，即使用枪圈的下半弧；

左偃月形，即使用枪圈的左半弧；

右偃月形，即使用枪圈的右半弧；

纤月形（即细月形）有六种，都是轻用的巧法；

几望形（接近圆形），也使用枪圈右半弧的空缺处，且需加重力度。

上述七类圈形从没有师父传授，是偶然间发现房顶上瓦片上下朝向而思考悟出的，熟悉了枪圈的分化成形，就会通晓枪的万般变化出不了圈。

圈枪发扎时，枪头由下向上旋转，收枪时就要从上向下旋转收回；

枪头由上向下旋转扎出，收枪时就要从下向上旋转收回；

枪头从左向右旋转扎出，收枪时就要从右向左旋转收回；

枪头从右向左旋转扎出，收枪时就要从左向右旋转收回。

就好比在万丈高山之顶转动圆石，或以石守，或以石攻，随我所欲。

棍法主要以劈打为主，棍头一直向下，没有旋转向上的技巧，无法发扎，并非枪法。

圆圈分形详注（略举二三，即可了解枪圈的各种用法）

望月形：凡是封、小封、闭、圈（此圈为划圈之意，如团牌变、捕等，并非圈手）、秦王摩旗、叶底藏花（即月牙枪）、旋雷霹雳、月下梨花等法，枪尖的运转轨迹都是此种形状（见图3）；

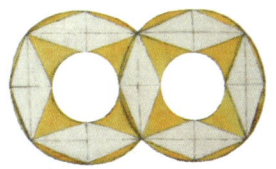

图4 重轮形

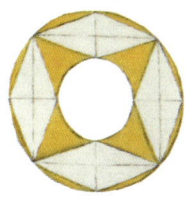

图3 望月形

重轮形：凡是缠、月藏星串（即叠圈）等法，枪尖的运转轨迹都作此形，刀法中的枯藤绕树，砍在枪杆上的刀痕也是此种形状（见图4）；

几望形：凡是裹、月儿侧、白牛转角等法，枪尖的运转轨迹为此种圈形（见图5）；

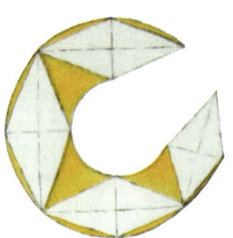

图5　几望形

仰月形：包括穿指、穿袖、双头枪（见图6）；

覆月形：包括拿、拖、大反卷（见图7）；

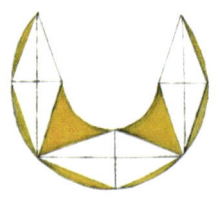 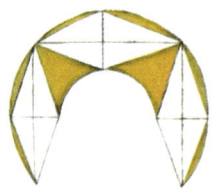

图6　仰月形　　　　　　图7　覆月形

右偃月形：包括迎（即两来枪）、砑（此为长重之砑）、跌落金钱（又名画乌丝）（见图8）；

左偃月形：包括提、掳、海马奔潮（见图9）；

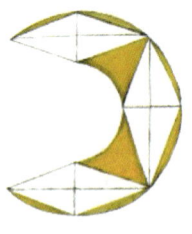 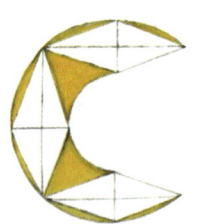

图8　右偃月形　　　　　　图9　左偃月形

纤月形有六种，第一图为梨花三排头和扯枪（见图10）；

图10　纤月一：梨花三排头、扯枪

图11　纤月二：掳

第二为掳，手和腰摆动时，枪尖运转轨迹为此种形状（见图11）；

第三为挤，此种圈形是缺少虚半弧的细月形，敌方枪头迫近我身时，严重危险，不得用此种技法，只能用左偃月形（见图12）；

图12　纤月三：挤

图13　纤月四：革圈里扎头之半摩旗

第四为革圈里扎头的圈形，即半摩旗（见图13）；

第五为革圈外扎头的圈形，也是半摩旗（见图14）；

图14　纤月五：革圈外扎头之半摩旗

第六为向下砑枪和向上敲起的枪法，都作此种圈形，也缺左半弧（见图15）。

图15　纤月六：砑向下、敲向上

解析

此篇的重点就是告诉你怎样转枪圈，平常人只看文字很难理解图势的意思，笔者用了一年的时间才明白其中的奥妙。转枪圈就好比地球围着太阳转一样，地球在绕着太阳转的时候，自身也在转动。因此，枪头在划圈的时候，枪头本身也是转动的，而吴老画的月牙即是枪尖滚转的轨迹。

要想使枪头滚转着划圈，就必须两手阴阳互换拧转枪杆，扎出去的杆或者枪头永远是旋转的，如果杆是顺时针扎出的，收杆时就要逆时针收回，也就是吴老所讲的扎中有封闭、直力中有横力，请记住，这一点在日常的练枪中非常重要。

现代很多练枪者练枪时枪杆不滚转，只是用枪尖来划圈，划得比锅盖还大，称为"摩旗"或者"团牌变"都太牵强，甚者只能划简单的弧，外行人看去误以为是，更有人言月牙的粗细是用力深浅的意思，恐贻笑大方，误导后学！

吴老的圈要求开始练时，要大力训练，圈如鸡蛋大小，三五年苦练下来，力度渐小而脱化，练到枪圈如铜钱般大小，才有可能会用迎枪。说白了，这种圈就需要两手的拧杆旋转，而枪圈如此小，足见峨嵋枪法的紧密并非夸大其辞。

根据《手臂录》《器王正眼无隐录》相关文字，事实上，马家枪、沙家竿子、杨家枪都是跟峨嵋枪法一样枪头转动着划圈的，只是圈的大小不同而已。这才是真正的枪法，现在失传的太多了，民间还能见到个别人应用此技的，算是懂枪的，但大多数枪师根本不懂，早已混入棍法或者大封大劈了。

对于学枪者，如果明白了图16不同角度枪尖的视图，也就能看懂鸟迹图了。

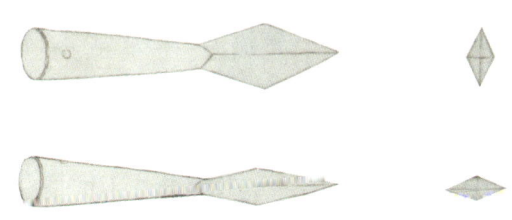

图16　枪尖旋转图

第四章 枪法圆机说

原文

枪法圆机说一

机者，弩机也，伏而待用者也，惟枪亦然。

收者发之，伏机也；发者收之，伏机也。进者退之，伏机也；退者进之，伏机也。左者右之，伏机也；右者左之，伏机也。上者下之，伏机也；下者上之，伏机也。而有元妙灵便隐微难见以神其用者，乃在其圆！圆则上下左右无不防护，身前三尺如有团牌，又何虑人之伤我哉？不惟是也，出而能圆，两来枪之所以胜也；收而能圆，败枪之所以救也。

大封、大劈，本无伏机，诸用俱失，禅门所谓"死句不能活人"者也！呜呼，此岂数月之工血气之夫所能领悟者哉？

枪法圆机说二

今以身法言之：

上平、朝天、压卵、护膝，机伏于上，实用在下；

铁牛、地蛇，机伏于下，实用在上；

跨剑、骑龙、伏虎，机伏于右，实用在左；

边拦、琵琶，机伏于左，实用在右；

摆尾、拖刀，机伏于退，实用在进；

献爪，实用在进，机伏在退。

以手法言之：

下平，藏月儿侧、螣蛇枪等法，故中平畏之；

中平，藏蜻蜓点水等法，故下平畏之，藏仙人指路等法，故铁牛、拨草等畏之；

上平，藏摩旗等法，可以制中平；

滴水，藏海马等法，可以制中平、下平。

古以中平枪为枪中王，以诸势皆从此出也，非守株待兔之中平而可以为王也！

身法、手法，其变何穷，彼此相制，实无终极。但以熟制生、以正制邪，而必皆以圆机为之本。明敏之士，于此深思而有得焉，则亲炙于敬岩、真如矣！

释义

枪法圆机说一

机，即弩机，伏卧干掌指间以备用，枪法也正同于伏机。

先收后发，是伏机；先发后收，也是伏机。扎入又退出，是伏机；退出再扎入，也是伏机。由左转右，是伏机；由右转左，也是伏机。由上转下，是伏机；由下返上，也是伏机。而最精妙、最灵便，且不易看出而用之如神的地方，就在于枪的转圆。转圆能使上下左右都有防护，身前三尺内像有团牌般护体，又何须考虑敌方会否伤杀我身？不仅如此，若能转圆扎出，使用两来枪才能够取胜；若能转圆收回，即使扎枪失败也有补救的方法。

像大封大劈之类的枪技，本质上并没有伏机，枪法的种种巧用全然不存，正如佛家所云"死句不能活人"啊！唉，这怎能是莽壮勇夫习练几个月就能领悟到的呢？

枪法圆机说二

现用身法解释伏机：

上平枪势（如图25）、朝天枪势（如图46）、泰山压卵势（如图47）、护膝枪势（如图39），伏机在上方，实际应用在下方。

铁牛耕地势（如图35）、地蛇枪势（如图37），伏机在下方，实用在上方。

跨剑势（如图45）、骑龙势（如图31）、伏虎势（如图43），伏机在右方，实用在左方。

边拦势（如图44）、抱琵琶势（如图33），伏机在左方，实用在右方。

苍龙摆尾势（如图27、图28）、拖刀势（如图38），伏机在退出，实用在返进。

青龙献爪势（如图29），实用在进步扎枪，伏机在退步防守。

再用手法解释伏机：

下平枪势（如图26）中，藏着月儿侧（如图5）、螣蛇枪（如图6）等巧法，故而中平枪惧此。

中平枪势（如图24）里，藏着蜻蜓点水（如图10）等巧法，故而下平枪惧此，又藏着仙人指路等枪法，故铁牛耕地势、拨草寻蛇等势惧此。

上平枪势（如图25）中，藏着秦王摩旗（如图3）等枪法，可以遏制中平枪。

滴水势（如图30）里，藏着海马奔潮等（如图9或图11加图7并图15）枪法，可以遏制中平枪、下平枪。

古人把中平枪势称作枪中王者，其原因是其余的枪势都是由中平势转化而来，若像守株待兔般的中平则不能被称作王者。

身法、手法的变化怎会有止尽，且各种变化彼此相克，实际上永远没有最高极限。但要想用熟这些变化并制约生手，用正法以抵制邪技，则必须以枪法圆机为根本。聪明而有悟性的人，能在圆机上仔细思索并有所收获的话，就算得到石敬岩、程真如的真传了。

{ 解 析 }

此篇都在讲圆机，无论从身势上还是手法上，都点出了变化的转换及相互克制之理，从而让人了解到各种技法的真正意图，目的是在圆机上探究出结果，以趋脱化。

第五章 枪式说

〈原文〉

马家木枪长九尺七寸,根大盈把,尖径半寸,腰硬如铁,重六七斤,惟此一式。

沙家竿子丈八至二丈四止,过此,人不能用矣。

杨家亦木枪,丈二至丈八皆有之。

短者硬,长者软。夫枪之长短软硬用法,如黑白之不相借。若三家枪式不明,则用法安得不混哉?冲斗之病,亦在于此。

敬岩虽有九尺七寸之语,而未问其为周尺、为工部营造尺,当更考之。

《考工记》云:"凡兵,无过三其身,过三其身,弗能用也,而无已(意指无休止)又以害人。"则知人身五尺,枪至丈五为正,杨、沙非法也。

〈释义〉

马家木枪,九尺七寸长,枪根粗大满把,杆尖直径半寸,枪腰强硬如铁,重六七斤,只此一种枪式(如图17)。

图17 马家枪式

图17注：马家枪枪材首选牛筋木。

沙家竿子，长一丈八，最长不过二丈四，若超过此长度，人就无法使用（如图18）。

图18　沙家竿子

图18注：沙家竿子为竹制，参考《练兵实纪》绘。

杨家枪，也是木枪，一丈二到一丈八之间的尺寸都有（如图19）。

图19　杨家枪式

图19注：杨家枪（按《纪效新书》）首选红椆木，枪式据《纪效新书》绘。

短枪腰硬，长枪腰软。枪的长短软硬使用方法，就像黑色与白色互不相借。如果三家枪式不明了，那么用法怎能不混淆？程冲斗的弊病，就在此处。

敬岩虽然说过"九尺七寸"的话，但我未问他是按周尺还是工部营造尺度量的，应当再考究一下。

《考工记》说："凡是兵器，长度不能超过身高的三倍，超过三倍，无法使用，还会无休止地以此伤害自己。"由此可知人身高五尺，枪最长到一丈五还正好能使用，而杨家枪、沙家竿子最长要么一丈八，要么二丈四，就不合规范了。

解析

枪式是相当重要的，选择何种枪，决定了练法，太软太长太轻，练封闭就会很难，枪圈更不可能圆如铜钱。

附图20为现代应用的枪缨，缨为马尾制最佳。明代长枪多不用枪缨，会妨碍扎入的深度，多将缨用于旗枪上。

图20　马尾枪缨

附图21为据程冲斗《长枪法选》绘制的明代常用枪头，此三种形制亦被茅元仪收录《武备志》中，戚继光、何良臣等名将曾要求枪头不能超过四两重。

图21　明代枪头

第六章 六家枪法说

> 原文

敬岩木枪长九尺七寸，根大盈把，尖径半寸，腰劲如铁，重需十斤。沙家竹竿子长丈八至二丈四。杨家木枪丈四为正，加至丈六。夫枪腰长者软，短者劲，用法由此而分也！

石家枪之用在两腕，臂以助腕，身以助臂，足以助身，乃合而为一。沙家枪之用在两足，身随其足，臂随其身，腕随其臂，乃合而为一。杨家从短枪而变，加长四尺，其法亦兼取短枪、竿子之法，以自成一家之学耳。

石家之用在两腕者，何也？两腕封闭，阴阳互转，百法藏于其中，神妙莫测，为枪之元神也。臂以助腕者，以臂之高下伸缩，助腕之阴阳互换也。身以助臂者，以身之蹲立前后，助臂之高下伸缩也。足以助身者，前后左右，稍稍移动，以脱彼枪尖，非剪刀步、十字步也。此峨嵋大意也。

沙家之用在足者，何也？竿子长软，两腕虽阴阳互换，但可以助顺臂力，使无倔强，实不能以根制头。故拿、拦尽处，枪尖正摇，戳即斜去。摇定而戳，彼已走出，苟非十字步追之，戳何能及？其时枪之胜负，全在足之迟速。硬枪妙在进，进则杀。软枪妙在退，退则活。足不如风，不能进退，是竿子之用在足也。身以助足者，探前以助进势，倒后以助退势也。臂以助身、腕以助臂者，身足即熟，则腕臂不过用峨嵋封闭之绪余而倚足也，此沙家大意也。

杨家兼用沙家之足与势者，何也？杨家阴阳互转，与峨嵋同，但长则利于伤人，而亦苦于外重（音zhòng），根不能制其尖，运用不能如峨嵋之灵，此乃器之本然，虽大力者不能强也。于是铺张展布，以灵其运用，不得不借径于脚步，倚局于立势，不觉不知，滥竿子之陈设，失峨嵋之精义。然犹纯乎其枪，未尝兼棍带打也。其名所以特著者，长则易于得胜，学之者必多。其封闭功夫，不须如峨嵋之移山填海，学之者又易。得峨嵋法者何人，而能察其失精义哉？所以杨家枪之名，惊天动地，人人振而矜之也。其于峨嵋，尚犹二帝之变，而三王所离无几者也。而夏禹传子，商汤惭德，武王非圣，人有言之焉。

此三家枪法之大端也！

比而论之，学峨嵋者，练习之功至于十分，则沙家望而却走，功亏一篑，尤为沙、杨得半者所困。此至人绝业，不为（音wèi）世用，不可遗之人人者也。杨法学之易而用之利，大有益于行阵，又何间然？沙法学者功力与杨正等，而长则更利，尤行阵所宜也。

又前三家皆枪，皆不杂棍。峨嵋贱棍不屑杂，沙家体长不可杂，杨家旁溢于沙，不旁溢于棍，法够足用，不须杂。至于马家与少林则不然，王降而伯矣！

少林之八母，鱼龙并列，已失枪家正眼，其广布诸势，全落棍法。马家之诸六合枪及二十四势，名目甚繁，少枪多棍。马家与少林品类正同，而所以致此者特异。

马法本同于杨，而加之击打，枪为神骨而棍为皮肉，以杂乱之。少林自擅棍家绝业，意不能已，于枪而又自矜其名，不肯外学，乃移其棍法中之似枪者，益扩充之以为枪，终属朱紫之相乱。所不足处，又纯用棍法，盖棍为神骨与肉，而枪为之皮，其混杂视马尤甚矣！

少林虽以棍为枪，而如洪转者，尤知以柔克刚、以弱制强之意。冲斗学于少林，惟取其刚强者以自立一门，又非少林之法也。

{ 释义 }

敬岩使用的木枪长九尺七寸，枪根粗大满把，杆尖直径半寸，枪腰刚劲如铁，重量要达到十斤才行。沙家竿子长一丈八到二丈四，杨家木枪以一丈四长为恰好，又加长到一丈六。枪腰长会绵软，枪腰短才有力，用法由此而分出来。

手臂录·无隐录释义
——明代枪法短兵解密

石家枪的使用关键在两个手腕，手臂用来辅助手腕，躯干又辅助手臂，两脚又辅助躯干，从而合为一体。

沙家竿子的使用关键在两脚，躯干随两脚移动，手臂又随躯干，手腕再随手臂，从而合为一体。

杨家枪是从短枪变更来的，又加长了四尺，其枪法是同时汲取了短枪和竿子的用法，以自行练成一家枪学。

为什么说石家枪的使用关键在两个手腕呢？其以两腕来实施封闭，相互转换阴阳，百余种技法藏在两腕封闭之内，神妙莫测，可谓枪法之元神。手臂所以辅助手腕，是由于手臂的高低伸缩可协助两腕阴阳互换。躯干所以辅助手臂，是以躯干的蹲坐、站立、向前、向后协助手臂上下伸缩。两脚所以辅助躯干，是由于前后左右稍微移动，躯干就能避开敌方的枪尖，并非是剪刀步或十字步。这也是峨嵋枪法的大致意思。

为什么说沙家竿子的使用关键在两脚呢？竿子既长又软，两手腕即使阴阳互换，却只能附带理顺手臂的力量，使手臂不至于太生硬，事实上无法用枪根控制枪头。故而拿拦动作一结束，枪尖却仍在摇颤，一发戳就歪离目标，等枪尖不摇再戳，敌方早已退出攻击范围。如果不用十字步追击，怎能戳至敌身？此时枪的胜败，完全取决于两脚移动的快慢。硬枪的奥妙在于赶进，赶进才能杀敌；软枪的奥妙在于后退，后退自身方能不死。两脚不行动如风，就没法进退，所以说竿子的使用关键在两脚。躯干所以辅助两脚，是由于躯干向前探出以协助进步、向后倒向以协助后退的原因。手臂辅助躯干、手腕辅助手臂的原因，是由于躯干和两脚的移动都很熟练，而手腕、手臂不过是用了峨嵋封闭的残余技法，却还要倚赖于两脚。这是沙家竿子的大致意思。

为什么说杨家枪既使用了沙家竿子的步法，又使用了短枪的势子呢？杨家枪两手阴阳互换，在这点上与峨嵋枪法是一样的，但枪长的好处是有利于远伤敌人，却也困苦于枪腰之外太重，枪根不能控制枪尖，运用不能像峨嵋枪法那般灵巧，这是因兵器自身规格导致的，即使让力气大的人使用也无法使出强劲的枪法。于是大肆拓展枪技，以便运用灵活，不得不借靠竿子的步法，还要倚赖短枪的部分枪势。不观察不会知晓，其混于竿子之中充作摆设，失去了峨嵋枪法的精义。然而，其枪法仍然很纯净，向来没有兼用棍法带打之技。其名声之所以特别显著，是由于枪长容易取胜，学它的人必定很多。杨家的封闭训练，也不必像峨嵋移山填海般费时费力，学它的人又容易许多。通晓峨嵋枪法的有几个人？谁又能觉察杨家枪已失却峨嵋枪法的精义？所以，杨家枪的名望惊天动地，人人都振奋精神自恃其法。其对于峨嵋枪法而言，姑且好似唐尧、虞舜隔代教诲后者，而夏禹、商汤、周武王不会对自己最初的宣誓或承诺背离太多。但是夏禹将王位传给了儿子，商汤有愧于其德行，武王也并非圣人，每个人都有不好的议论（此句隐喻峨嵋和石家好比唐尧、虞舜，是帝，地位最高；沙家和杨家好比夏禹、商汤、武王，是王，级别稍逊）。

上述是三家枪法的大致端倪。

对比而论，学峨嵋枪的人，练习的功夫能达到十分，则沙家竿子望而退逃，前功尽弃，更为习练沙家竿子、杨家枪却只学得峨嵋一半精义而困惑。学成峨嵋枪法，可谓成就超凡脱俗的大业，不是为世上凡夫使用，也不能够轻易传授给他人。杨家枪法习练容易，运用猛利，对行军布阵大有好处，对此怎能有所非议？学沙家竿子法的人，其所有功夫劲道与杨家正好相同，而竿子更长更凶悍，更是行军布阵中合适的兵器。

前面三家都是用的枪法，都不夹杂棍法。峨嵋鄙视棍法，不屑于杂；沙家竿子体长，无法杂；杨家从沙家分流出来，却没有分流棍法，其枪法足够使用，不必杂棍。至于马家枪和少林枪则不一样，好比从"王"位上降至"伯"的级别。

少林的八母枪，鱼龙并列，已经失去了枪家的正法眼藏，并大肆布设各种枪势，全部落入棍法之内。马家的六合枪及其二十四势，名目特别多，枪法少，棍法多。马家枪和少林枪的规格尺寸恰好相同，却在这一点上又大有区别。

马家枪在枪法上本就跟杨家枪一样，另加上击打，枪法是其神骨，棍法是其皮肉，杂乱在一起。少林自来就擅长绝伦的棍法，不情愿中断棍技，在枪法上又自恃少林名望，不肯向外界学习，于是就将棍法中类似枪的技术大力发展完善，移植到枪法中来，毕竟属于红与紫互相杂乱。不足的地方，又干脆使用

棍法。实际上是棍当神骨和肉，枪做皮，其混杂程度比马家枪要厉害得多！

少林虽然把棍当作枪，而像洪转那样的人，仍然知道以柔克刚、以弱制强的道理。程冲斗学自少林，却只选取少林刚强的部分自成一家，又不是少林之法了！

解析

本篇重点是介绍几家枪法的传承及联系。

石敬岩学过少林枪，也学过马家枪，还跟刘德长学过，其晚年的枪技又跟峨嵋大致相同，并最终达到脱化，所用刀棍全可当枪使。所以吴殳在此给他最终定名的枪法叫石家枪，质地为硬木枪，枪长九尺七寸，不杂棍法。注意：在《手臂录》或《无隐录》中，吴殳会经常将石家枪、马家枪、峨嵋枪等同着谈，这都是站在石敬岩立场上说的，这时说的马家枪指的是石敬岩脱化后最终改进的枪法。

沙家竿子，步法是自己独有的，但手法却有一少部分跟峨嵋是相同的，或者说学自峨嵋，质地为竹枪，长丈八至二丈四，不杂棍法，适合行阵应用。

杨家枪，步法、手法学自沙家，部分枪势学自没有经过石敬岩改造的马家枪，质地为木枪，长丈二至丈八，不杂棍法，适合行阵应用。

少林枪，擅长棍法，将棍法移植改造成枪法，没有外学他家的枪法，本质上还是棍法，质地为木枪，长九尺七寸。

马家枪，棍法多，枪法少，《手臂录》中的二十四势图即为马家枪势，马家枪质地为木枪，长九尺七寸。

程冲斗的枪法，吴殳给定名为汉口枪，因程学自少林，选其刚猛枪技自成一家，强调绷枪，大封大劈，适合行阵应用。质地为木枪，长丈二至丈八，实际上是截取并拓展了少林棍和杨家枪刚猛的招式，去掉阴柔，不讲求枪圈的变化。

峨嵋枪，自成一家，强调手法，与石家枪法理念一致，如果说石家枪是一个由最初的杂合脱化成纯枪的过程，那么峨嵋枪一开始就只有枪法，所以吴老才将峨嵋归为唐尧，二帝之一啊！峨嵋枪质地为木枪，九尺七寸，不杂棍法。

其实，如果找下规律的话，除了少林、汉口以外，再除去棍法，峨嵋、石家、沙家、杨家、马家在枪法的理念上都是一家之属，本质的不同就是枪式和枪圈的大小而已。

四百年后的现在，上述这些枪家都已分化了，流传的枪式和技法或少许夹杂于个别现代名称的门派，或者干脆失传了，幸好吴老的书还在，不缺后学的研究！

第七章 杨家枪说

原文

马家枪身短而法奥。身短，非精绝者不能临阵；法奥，心粗者不能教学。一军万人，安得人人为石敬岩乎？

杨家之法，专为行阵粗人，故枪身加长，枪圈加大，使勇力粗犷者易学。

丈二者，用马家之手法，而去其精微，加以猛厉；丈八者，用沙家之步法，而去其缠搭，加以劈打。然手法皆圆，不失枪意。

少林，本不知枪法，妄以棍法为枪。程冲斗张大其说，技熟力骜（音zhì，勇猛），家富名高，江南翕（音xī，一致顺从）然尊信。于是，大封大劈之教，偏（通"遍"）于耳目，而杨家枪法坏矣！苟不有敬岩、真如，人安从识其误哉？

释义

马家枪，枪身短，用法深奥。枪身短，不是既精熟又绝妙的人无法用于战阵；用法深奥，对于内心粗蠢的人不能教他学习。一支队伍万来人，难道每人都能当石敬岩吗？

杨家枪法，专门为行伍战阵中的粗笨之人而设，故而枪身加大长度，枪圈变大，使勇武有力的粗犷士兵容易学练。

丈二枪，用马家的手法，却抛去马家枪手上的精微技巧，加以猛劲；丈八枪，用沙家的步法，却抛去竿子的缠、搭技法，加以劈打。但手法全是转圆，没有失掉枪法的真意。

少林，本来就不懂枪法，妄将棍法移植成枪法。而程冲斗更是夸大自己的言论，熟谙于刚猛的技法，且家族富庶，名望很高，江南学枪者，一致遵从，笃信其说。于是乎，大封大劈的传授，大肆传播，混淆视听，从而使本来的杨家枪法遭受到严重的破坏。假如没有石敬岩、程真如，人们怎能识别出他的错误所在？

{ 解 析 }

这里的马家枪，指的是石敬岩改造后的马家枪。

杨家枪是专为粗笨要求速成的士兵而设置的，杨家枪的长度其实是丈二至丈八之间的，短点的就用马家枪法，长的用沙家竿子法。

程冲斗曾在少林学习了十年，也研究杨家枪，并把杨家枪进行了改动，参见其著《长枪法选》。由于程家的声望在江南一带很强势，故而程所强调的不转圆的大封大劈，以及刚劲有力，不讲虚实结合，将杨家枪改动得面目全非，失去了杨家枪本来的面目，破坏力极大，甚而对现代的枪法都有着很深的影响，这也是像峨嵋枪、马家枪很多技巧性难练的手法于现代失传的原因之一。

杨家枪样式见图19。

第八章 竿子用法说

原文

枪有根、有胸、有腰、有头。如丈八竹枪，以根前八尺为腰，腰前六尺为胸，胸以前为头。硬枪自根至头皆有力，皆可用。

竹枪之头虚软，凡硬枪以头制胜之法，皆不能用，唯虚搭、虚颠及一戳耳！两竹枪相对，我枪腰虽硬，适当彼虚软之头，终无以用我力，凡所恃以革人者，惟枪胸耳。是以十字步而进，剪刀步而出其间。凤点头不过左右抛洒，以眩人目，绝无硬枪"缘环"、"腾蛇"等妙用。

夫九尺七寸，可谓短矣，而自根至尖皆有用。丈八可谓长矣，而惟用其胸间六七尺。是制短者反长，长者反短也！短则枪法自必浅小，故君子不贵之，特为行间兵卒之用，故谓之"骠"也。

释义

枪有枪根、有枪胸、有枪腰、有枪头，像丈八竹枪，将枪根往前八尺的竿段作为枪腰，枪腰往前六尺作为枪胸，枪胸再往前是枪头。硬枪从枪根至枪头，都能使出劲来，皆可应用。

竹枪的枪头虚软，凡是硬枪用枪头制胜的技法，竹枪都无法使用，只有虚搭、虚颠和一戳而已。两方竹枪相对峙，我的枪腰虽然强硬，恰好碰上对方虚软的枪头，终究没有办法使用我的力量，凡是革开敌人竿子常常依赖的部位，只有枪胸了。因此，要用十字步速进，剪刀步退出敌方攻击范围。而竹枪的凤点头技法，不过是左右抛洒枪头，迷惑人眼，绝没有硬枪绦环、螣蛇等巧妙运用的技法。

九尺七寸的硬枪，可以说太短了，却从枪根到枪尖全都有用。丈八竹枪可以说够长了，却只能用它枪胸那段六七尺的长度。对这两种规格的枪而言，短枪的攻击距离反而长，长枪的攻击距离反而短。短枪枪法的枪圈自然要细密紧小，故而官家或望族（如戚继光、程冲斗等）瞧不上这类枪法，专门让行伍间的士卒使用丈八长枪，所以称其为"骡枪"（杨家枪）。

> 解析

杨家枪出自沙家与马家。马家枪与峨嵋枪尺寸相同，但在枪圈的用法上，峨嵋最极。

沙家竿子样式见图18。

第九章 枪根说

〈原文〉

世人但知用枪头，而于枪根殊不留意，技艺所以虚浮也！

根、腰、胸、头四者，犹树之有根、干、枝、叶，舍本而逐末，可乎？

敬岩之法，用我之枪根以制我之枪头，乃用我之枪头以制彼之枪根，千变万化，尽于此矣！

所谓以我枪根制我枪头者，何也？枪头远而在外，苟不有以制之，则如跋扈之将不为我用，故必思所以制之。制之有二道：一者器制，二者势制。

器制者，根重大而头轻细，其身铁硬，故运用如弹丸之脱手。

势制者，如头在上，则根在下；头在左，则根在右。其易知者也！惟头在中而根在下，其理元微，何也？来枪中平，变态繁多，我革之也，必使枪根略低，令枪胁着彼枪胁而下，枪头直压彼前手，则彼无能变换，此敬岩、真如心血也！杨家枪长，沙家枪长而又软，不能压其头，器制之道先失，则势制之道无所托以行之，是以粗浮不足观也。

所谓用我枪头制彼枪根者，何也？用我之枪，理如种植，以根为本，以叶为末；破彼之枪，理如伐树，芟其枝叶，势而罔功，一斫根底，则立僵矣！

盖世人之枪，戳则用直力，革则用横力，横、直之力，分而不合，故枪法破碎怗懘（音tiē chì，不流畅），不能圆通。敬岩、真如不然！戳中有革，革中有戳，力之直也能兼横，力之横也能兼直，其用枪尖，如有钩者然，能于彼掌中挖而去之。艺技至此，惊犹鬼神也！

释义

世俗之人只知道用枪头，而在枪根上丝毫不加留意，所以技艺虚浮！

枪根、枪腰、枪胸、枪头这四样东西，就好比树有树根、树干、树枝和树叶，抛掉根本而注重枝节，可行吗？

敬岩的枪法，用我方的枪根来控制我方的枪头，就可以用自己的枪头制约敌方的枪根，千变万化，尽在此中。

所谓用我方的枪根来控制我方的枪头，为什么这么讲？枪头远离枪根之外，如果控制不住它，就好似专横暴戾的将军不能为我所用，故一定要想办法控制住它。要想控制住枪头，有两种方法，其一是由枪自身的规格来控制，其二是以枪势来控制。

由枪自身的规格来控制，是指枪根重大，枪头轻细，枪身铁硬，故而能运用似弹丸脱手一般。

以枪势来控制枪头，如果枪头在上方，枪根就在下方（如朝天枪势、泰山压卵势），枪头在左方，枪根就在右方（如拦、边拦，中平枪枪头微偏左），这个道理很容易明白。唯独枪头在中部而枪根在下方，讲求手法灵巧紧密，为什么呢？中平枪扎来，形态复杂多变，我革对方枪时，一定要让枪根略微低些，使枪胁贴着对方枪胁而下，枪头径直压向对方的前手，对方就没有办法变化换势了，这是敬岩和真如的心血所在！

杨家枪长，沙家枪既长又软，不能够抑制住自身枪头，以枪自身来控制枪头的方法一开始就失掉，那么以枪势来控制枪头也就没有依托可循，因此杨、沙枪法粗浮，不值一看。

所谓用我方枪头制约敌方枪根，怎么讲？用我方的枪，道理就类似种树，以树根为本，以枝叶为末，攻破敌枪，好比伐树，先除掉枝叶，枪势就无法运用，再砍掉树根，立马死掉。

世俗凡夫的枪法，戳枪就用直劲，革枪就用横劲，横劲、直劲有所区分，不能合在一起使用，故而枪法破碎不流畅，不够圆滑通顺。

敬岩、真如则不一样，戳法中有革法，革法中有戳法，直劲中兼有横劲，

横劲中兼有直劲,所用枪尖,好比有钩子一般,能从敌方掌中挖去枪械,技艺如此,令敌吃惊,以为是鬼神之技!

【解析】

枪有根、腰、胸、头,还有腹、胁、背等,吴老表面上以树喻枪,实际上把枪写作成有灵性的高人,人枪一体,合而为一,才能控制枪头,压制敌枪。

好的枪法,应是直力横力并行,即扎中有封闭。

中平枪革枪时,枪根要稍低于枪头,吴老不止一次强调过。

附图22为根大盈把的马家枪杆,首选红牛筋木(牛筋木为吴殳首选,但牛筋木分为红心和白心,未指明何种。程冲斗于《长枪法选》中亦提到牛筋木,红心较白心好。至于牛筋木是何物种,至今考据不清),外涂生桐油。

图22　马家枪杆

第十章 闪赚颠提说

原文

枪之实际，守则见肉分枪，攻则贴杆深入。"见肉"、"贴杆"，四字心传也！失此即为伪学。

然此正法也，正而无变，其用不神，故"闪赚"、"颠提"贵焉！

变而贴杆者，闪赚！圈手、螣蛇等是也。

变而不贴杆者，颠提！滴水、纫针等是也。

更有大远于杆者，则为拖刀、骑龙等。

盖圈手、螣蛇，紧小锐进，见肉之革，但能开之，不能胜之。而开之又甚危，故以滴水、纫针、拖刀、骑龙步法阔大者脱其枪尖，而仍以圈手、螣蛇贴杆之闪赚从旁直进，然后得胜。正变互用，大小相资，缺一不可！

夫以大破小，须于彼此皆小时，忽然用大，乃胜。若执大为门墙，特为长技，即冲斗矣。然此亦杨、马之法也。峨嵋意不在此，折冲樽俎，不战而屈人之兵，真如亲受之普恩，而敬岩与之暗合。

释义

枪实际应用时，防守须见肉分枪，进攻须贴杆深入，见肉、贴杆四字，心血之传！没有这四字心传的枪法，即是伪枪法。

然而，这是枪的正规用法，正法如果不变化，应用时就不够神绝，故而闪赚和颠提尤显重要！

枪经变化而贴紧敌杆扎入的，是闪赚，包括圈手、螣蛇枪等巧法。

枪经变化不需贴紧敌杆就扎入的，是颠提，包括滴水、美人纫针等枪势。

还有大大远离敌杆扎入的，则是拖刀、骑龙等势。

圈手、螣蛇，强调手法紧密微妙，疾速扎入。敌枪扎近我身，只能革开敌枪，不能取胜。且开枪又特别危险，故而先用滴水、纫针、拖刀、骑龙等步法阔大的枪势避开敌方枪尖，尔后再用圈手、螣蛇手法贴紧敌杆闪赚，从侧方直进，然后方能取胜。正法和变化互为使用，阔大枪势和小巧手法互相辅助，缺一不可！

用阔大枪势来击破小巧手法，要在双方都用小巧手法时，忽然用阔大枪势，才能取胜。如果拿阔大枪势当作枪法的门径，特以此作为崇尚的技法，那就变成冲斗喽！然而，这也是杨家和马家的技法。峨嵋的理念绝不在此，不需武力即能宴饮取胜，不用出战而使敌兵屈服！真如嫡传自普恩禅师的枪法，而敬岩与真如的理念暗暗相合。

解析

闪赚与颠提缺一不可，是此篇的重点！

如图23，若敌圈里发枪，要在枪尖近我身一尺时才能实施封或反闭的动作。如敌圈外发扎，要让敌枪尖扎到我身后三尺时，方能实施闭的动作。为此，要避开敌方枪尖，就必须根据情况采用滴水、骑龙等势中阔大的步法或动作，用小巧手法缠住敌枪后，才贴杆扎入。这是种非常难练的技巧，不用上几年甚至更长的时间，很难练出来，这需要有悟性高的陪练经常喂枪训练，也就是吴老讲的封闭戳扎熟练后进行连环训练。速成者多数都选择了杨、马或冲斗的枪法，大封大劈，枪圈加大，注重枪势，扎枪猛利，一旦被敌方定住枪杆，由于手上巧法从无精练，就会无计可施，最终败北。

图23 革杀

图23注:左为戚家军士兵,据《纪效新书》绘。右为倭寇,据《抗倭图卷》绘。

上篇 手臂录

第十一章 脱化说

原文

东坡论文云："少时须五色绚烂，渐老渐熟，乃造平淡。"言脱化也，惟枪亦然！

初时戳革，务使重实阔大，三四年后，渐渐为轻虚紧小，则体用皆备。初时不重实阔大，为无体，无以临阵；后来不轻虚紧小，为无用，技不造极，游场受侮于人。

然脱化实有门焉！

初时锋影圆者，其阔大重实，可以渐收为轻虚紧小。锋影若作人字形，则愈精熟，愈阔大、愈重实，虽欲脱化，不可得也！

敬岩贵轻虚，真如贵紧小，皆以圈为脱化之门。冲斗不圆，是以老死于重实阔大，虽于秣陵见敬岩而怃然自失，亦终无以改其故辙也。

释义

东坡居士谈论做文章时说道："年轻时写作文章，文辞要华美多彩。随着人的阅历成长，再做文章就渐趋成熟老练，最终归于平淡。"这是说脱化，枪也是一样。

最初练戳革，要使枪劲猛厉，真扎实革，使枪圈壮大。三四年后，慢慢变作轻灵诡巧，使枪圈紧密微妙，则枪之根本与作用都充分得到发挥。开始不枪劲猛厉，真扎实革，枪圈壮大，是没有根本，无法上阵；后来不轻灵诡巧，紧密微妙,是没有作用,技艺不精纯,到了游场就会受人欺侮。

然而,脱化其实是有途径的。

起初枪尖转动的影迹呈圆形,枪圈壮大,枪劲猛厉,真扎实革,可在此基础上慢慢收作轻灵诡巧、紧密微妙。如果枪尖的运转影迹呈人字形(向右大力直劈敌杆使之至地,为大封;向左大力直劈敌杆使之至地,为大劈。大封大劈的轨迹连起来,是人字形,即棍势),那么越是练的精练的熟,就会越壮大越猛厉,即使想要脱化,也无法达到目的。

敬岩的枪法贵在轻灵诡巧,真如贵在紧密微妙,都是以枪圈下足功夫作为脱化的途径。冲斗的枪技不崇尚圆,故至死仍是猛厉壮大,就算在秣陵见到敬岩,惊讶之际却恍若有失,也毕竟无法改掉其故有的路数了。

解析

开始练戳革,要圆而阔大重实,三四年后,渐收作圆而轻虚紧小,是此篇的中心。开始如卵大,呈椭圆形,随后如铜钱大,呈圆形,可贴杆缠绕而入,即脱化成矣!

手臂录·无隐录释义——明代枪法短兵解密

第十二章 短降长说

原文

世人轻言以短降长，余不敢言，又不敢不言。不敢言，为其无万全必胜之道；不敢不言，为其有不得已而用之之时。

夫我枪九尺七寸，彼枪二丈四尺，若彼单杀手来，我可一革竟入。若彼半虚半实而来，我欲拿拦，则烦动自摇，欲竟进，则彼枪正活，岂有万全必胜之道？正如两阵相遇，事不如已，则亦有降长之法焉。此无他，拼命得活而已。

盖长之所以制短者，用其虚也。然远则可以用虚，近则不得不实。我直进迫近彼枪，使彼不得不实发，实发则不过单杀手，我可以一革竟入矣。迫近彼枪，乃田州土司瓦氏女将双刀降枪之法，而余移之于枪者也。虽然此时彼实进，则我幸矣！若彼能虚退，何有万全？但两阵相对，必无虚退之枪耳！

释义

世间庸师随意讲授短枪降制长枪的技法，我却不敢讲，又不敢不讲。不敢讲，是因为没有万全必胜的把握；不敢不讲，是由于确有不得已而用短制长的时候。

我的枪长九尺七寸，敌枪长二丈四尺，如果敌方单杀手扎来，我可以一革开就整条扎入。如果敌方半诡半真扎来，我想拿、拦敌枪，却因敌枪晃动扰乱我心，使自己的枪也随之乱摇。想整枪扎进，而敌枪正处灵变之态，哪有万全必胜的把握？就好像分别持长短械的两支军队碰到一起，由不得自己不战，那

46

也就有了短降长的办法。这其中没什么奥妙，只有拼命才有可能侥幸不死罢了。

长枪所以能压制短枪，是应用长枪的诡诈。但是距离远可以使用诡诈，距离近却不得不实扎实革。我直接进步，以身体逼近敌方枪尖，使敌不得不真扎，真扎不过乎单杀手，我方可以一革开杆就整枪扎入了。逼近敌枪，是田州土司瓦氏女将用双刀降制长枪的办法，而我将其移至枪法中来。即便这时候敌枪真的扎进来，那么我还要靠运气啊！如果敌方能够诡诈退却（迴龙枪），我还能有万全之身的可能吗？但是，两军战阵相对峙，肯定是没有诈退的枪了！

解析

这篇写得很实际，现代也有很多胡思乱想的短降长的办法，而真正使用时，短械多数败北。两个水平相当的人，短降长，要扑身长器，逼敌实发，才能侥幸赢敌，完全是靠运气。

手臂录·无隐录释义
——明代枪法短兵解密

第十三章 临阵兵枪说

原文

临阵者，戚少保所谓"千百人成列而前，一齐拥进，转手皆难"者也；兵枪者，教之易解，学之易能，用之易效者也。

冲斗云："临阵无过大封大劈，此时人心惶遽，唯有枪击地而已。""大封大劈"甚类击地之常情，而借地势激起，易以发戳也。

至于数十枪手截路守伏，行列疏宽，可以转退出入者，则有冲斗所云"进退斗杀，以凤点头为最疾。如敌人败走，我将枪头点地，或闪左或闪右赶进，将近戳之。彼若革开赶来，我将枪头拖拉点地，退走离开，即有救手"。余谓此比前进一阶矣！

更近乎此，则教以"颠提"，冲斗云："圈里戳去，于彼拿时我枪转至圈外着之。"余谓此更进一阶矣！

人能熟习"大封大劈"，必胜之兵也；能"凤点头"，选锋之兵也；精于"颠提"，临阵必胜之斗将矣！

冲斗论枪，远胜《纪效新书》也！

释义

所谓临阵，即戚继光将军所讲千百余人成队列向前齐步拥进，掉转手臂都非常困难。而兵枪，教给士卒容易明白，习练容易掌握，使用容易见效。

冲斗说："临阵不过乎大封大劈，这时人心慌乱恐惧，仅能用枪打地罢了。"大封大劈特像以枪打地的常见情形，而借打地之势将枪迅速绷起，以便借此发扎（即鸡啄粟，铁牛耕地、直捣碓与此类似）。

至于几十名枪手截断路径蹲守埋伏，队形宽松，可以辗转退却进出的情况，则像冲斗所说"进退拼杀，以凤点头最为迅疾。如果敌人败逃，我将枪头微微指向前方地面，使枪尖或晃左或晃右追刺（即凤点头），将要迫近敌身发枪扎下（意指从后追赶，先以凤点头戳刺敌持械之手）。敌人如果革开我枪迅速扎进，我将枪头一拖一拽，枪尖朝向地面，向后跳离其攻击范围，即能救护我持枪之前手（即白猿拖刀势）"。我说这比大封大劈前进了一个层次。

与此特接近的枪技，还要教给士卒颠提之法，冲斗说："我枪向敌圈内扎去，在敌拿我枪的时刻，我的枪忽然转到敌之圈外刺及其身（即穿袖）。"我说这比凤点头又进一层次。

人能够熟练大封大劈，即可成为必胜之兵。能够掌握凤点头，即可选作精锐之兵。能够在颠提上精熟，即可荣任临阵对杀的斗将（两军勇将单挑，即斗将）。

冲斗谈论枪法，远胜于《纪效新书》啊！

解析

此篇是吴老对冲斗枪法作为临阵兵枪的肯定，大封大劈、凤点头、颠提，由低到高的三个层次，针对兵枪而论，掌握这三类技法，在军队中是足够应用了。但比之石家枪、峨嵋枪，由于缺乏手法上的轻虚紧小，还是相对粗疏。

第十四章 古论注

原文

上游场，拨草寻蛇上；下游场，秦王摩旗下（此虽古法，今不必也）。

一截（程真如有截法，见"行着"）、二进（铁幡竿势中有此语）、三拿（见革法）、四缠（即缠枪）、五拦（见革法）、六直（见闯鸿门势，枪头、枪根、前肩、后肩、前脚、后脚皆直，为六直）。

大游场秦王摩旗（即前意），铁扫子，逼无路（见行着），裙拦枪（即跨剑势）。

伏虎枪，地蛇枪破（解见本势）；尽头枪，中平枪破（解见本势）。中平枪，枪中王（诸法皆从此出，又能破诸势也），高低远近多不妨（高来有勾、剔等势，低来有提、掳等势，远谓闯鸿门、迴马在远作势子者，近谓梨花、螣蛇深入逼我者）。高不拦、低不拿，中间一点难招架（所以平日只练拿、拦也，此句言革法）。去如箭，来如线（此句言戳法）。指人头，扎人面（泛言哄诱）。圈里搭，圈外看，圈外搭，圈里看（所以防闪赚、颠提也），高低远近多看见（看见故不妨）。你枪扎，我枪拿（常道也），你枪不动我枪扎（不动谓立势把守，扎谓梨花等，非直戳也）。

枪是缠腰锁（余注此篇，专为此句，将以为敬岩、真如之证据也！夫拿、拦而枪根稍起，则全体皆浮，彼之变弄百出矣。必枪根低于枪头，而后全体坚实，不困于闪赚、颠提，即以我枪头制彼枪根之理也。缠腰只是正势，言其变或当毛际或着脚面耳。冲斗大封大劈，枪根当胸矣，其谬可知），先扎手和脚（扎手谓制其枪根，扎脚谓制其影手步等），扎了手和脚，闭住五等都路口。他法行，随法行（脱化尽者，方合此语，东坡所谓江至石钟山而奇出也）。中平六路总，变化有多般（六路谓左右各有上中下也）。疾上又加疾，扎了还嫌迟（随法行者能疾，稍有意为之必迟）。

枪有三件大病：身法不正，是一大病（着着有身法，工夫纯粹，严师琢磨，方免此病）；当扎不扎，是二大病（不能随法行也，余深恨之！曾见敬岩，故自恨也）；三尖不照，是三大病（上照鼻尖，中照枪尖，下照脚尖）。

释义、解析

此篇为吴老亲自对"古论"作的注解，可谓言简意赅，详尽明了。

我方处在游场中较高的地方，持枪进步要用拨草寻蛇手法；我方处在游场中较低的地方，持枪退步要用秦王摩旗手法（这虽然是传统方法，但现在没有必要这样做）。

解析：游场源于狩猎场，山林草地，凹凸不平。在游场中与人比枪，我方如处在高位置，想进步，就必须用拨草寻蛇手法防守，因为敌方位置比我方低，其首选扎我膝脚。我方如处在低位置，想退步，就必须用秦王摩旗手法防守，因为敌方位置比我方高，其所发的枪都是奔我中上部而来。吴老说现在没必要这样做的原因，意指现在的游场不像过去高低不平的游场，而是专业化的平坦场地了。

一用截枪（程真如有截枪之法，参见行着）、二上步（铁幡竿势中有这个词）、三用拿法（参见革法）、四用缠法（缠枪）、五用拦法（参见革法）、六样都直（参见闯鸿门势，枪头、枪根、前肩、后肩、前脚、后脚都直，称作六直）。

解析：按程冲斗《长枪法选》及《纪效新书》，一截二进三拿四缠五拦六直，两人对练的话，即称作六合枪。现代对于六合枪的解释五花八门，很多人不知道它的真正意思。

在阔大的游场里比试，要用秦王摩旗手法防守（即前面的意思），然后可用铁扫子、逼无路（参见行着）、裙拦枪（即跨剑势）。

解析：与敌距离远，不得不用秦王摩旗，可防可攻，半虚半实，以便变化各势。

地蛇枪可破伏虎枪（地蛇枪势中有解法）；中平枪可破尽头枪（中平枪势中有解法）。中平枪，是枪中之王（各种枪法都从此势变化而出，又能够击破各个枪势），高枪、低枪、远枪、近枪多个方向扎来也无所谓（高枪扎来，有勾、剔等革法防护；低枪扎来，有提、掳等革法防护。远枪指的是像闯鸿门、迴马枪在距离我远的地方做出的枪势，近枪指梨花摆头、螣蛇枪深入我防守范围，枪尖逼近我身）。

敌方高枪扎来，不必拦它，低枪扎来，也不必拿他，此时我只发中平枪还击，敌方自然无暇招架（由此可知，平时要重点习练对中平枪的拿、拦，这句说的是革法）。

枪要如箭般戳出，像线般收回（此句说戳法，速去速回，滚转扎出才能似箭，原路收回才能使影迹不斜似线）。

枪尖指向人的前额，实际上扎在人的侧脸（大意指哄骗诱击，即串枪）。

我枪搭上敌圈里发的枪，要注意圈外，我枪搭上敌圈外发的枪，要注意圈里（其原因是防止敌方闪赚、颠提），高枪、低枪、远枪、近枪，不同方向的枪都要顾及到（能够注意到才无所谓）。

你发枪扎我，我用枪拿你枪（常用办法），你的枪一不动，我的枪立即就扎（不动是指你立某个枪势进行防守，扎指的是梨花摆头的闪赚扎法，并不是直接戳）。

枪根是贴腰之锁（我写这篇文章，专为这句以作说明，以此作为敬岩、真如枪法的证据。拿、拦敌枪时，枪根稍高于枪头，就会整体轻浮，而敌枪的百般变化都会借此而出。一定要使枪根低于枪头，才能整体坚实，不会为闪赚、颠提所困，也就是用我的枪头来压制敌方枪头的道理。枪根贴腰只是标准的姿势，这句话还指枪在变化中，枪根可挡住下阴或附在脚面以作防护。冲斗崇尚大封大劈，将枪根把在胸前，可见他有多么荒谬），先扎敌方的手和脚（扎手是说控制敌方的枪根，扎脚是防范敌方使用影脚步等步法），扎了敌方的手和脚，也就阻断了敌枪想扎我四肢和躯干的意图。

不论敌方用什么方法扎我，我都随着他的方法进行还击（枪技完全脱化的人，才适用这种说法，就像东坡居士描绘的江水行至石钟山，各般奇妙突现其间）。

中平枪涵盖了六条路径的枪法，变化繁多（六条路径，指左右各有上、中、下三枪）。快上加快，扎完还嫌慢（随敌之法而扎的，能够快上加快，稍微犹豫必然慢）。

练枪者，常常存在三大弊病：

身法不标准，是第一大弊病（每招每式都有身法，平时训练要规范，师父要严格调教，才能够根除这一弊病）；

该扎时不扎，是第二大弊病（不能够随着敌枪之法而扎之，我深感遗憾！曾见到敬岩用此法十分纯熟，故而自己感到惭愧）；

三个尖不相互对应，是第三大弊病（上面要对应鼻尖，中间要对应枪尖，下面要对应脚尖，即鼻尖、枪尖、前脚尖在同一垂直面上）。

第十五章 二十四势图说

原文

二十四势说

行枪不可有势，势乃死法，存于胸中，则心不灵矣！况势遇庄（"妆"的意思）家则得益，遇会家则受损。古诀云"他法行，随法行"，正谓此也。

马家枪本带棍法，其所作"二十四势"，惟"上平"、"中平"、"下平"于立身处不期而然必合一势。"献爪"是扎法，"摆尾"是躲法，"滴水"以降长御众，"骑龙"、"纫针"以左右转换，"转角"以救急，"摩旗"以尝试，"鸿门"中有抛梭枪手法。此十一法，皆是枪法所常用。余若"铁牛"、"地蛇"、"拖刀"或可一用，外此则皆棍势，于枪无干。但其传已久，人将谓"别有长处"，故留之卷末，使学者见之，知所取舍云。

释义

使用枪不能够依赖于摆姿势，姿势是死的，如果长存于胸中，那么打心眼里枪就不可能灵活多变。况且依赖于姿势，碰到半吊子的枪师可能占到便宜，但遇到技术高深的枪家就会受到伤害。古话曾说"不论对手以何种方法用枪，我都能随他的枪法而变化"，正是说的这一点。

马家枪本就夹带棍法，马家枪的二十四势图中，只有上平枪、中平枪、下平枪从站的桩架上看，很自然地可合成为一个姿势。青龙献爪是扎法，苍龙摆尾是躲法，滴水势为了降制长器、抵御多枪，骑龙势和美人纫针以左右转换步法为特点，白牛转角为了紧急情况下救护前手，秦王摩旗是为了试探敌方，闯鸿门势中有左右抛洒梭枪的手法，这十一种枪技，都是枪法的常用招式。其他的像铁牛耕地、地蛇枪、白猿拖刀偶尔可以用一下，除此之外都是棍的姿势，跟枪没有关系。但马家枪流传很久，有的人说"别有长处"，故而留在本书卷后，使后学之人看罢，知道有所取舍。

原文

子势图及解

四夷宾服势

枪尖在左，开前门（见图24）。

古诀云："乃中平枪法，作二十四势之元，为六合之主。"六合乃马家枪名，足知二十四势马家法也，是以峨嵋不言。此妙变无穷也！

跨剑开圈外门，此开圈里门，二势相对。

此势虽正，然实畏"下平"，何况"月儿侧"、"螣蛇枪"，所以不得不变。

古论云"尽头枪，中平枪破"，谓戳其虎口。

孙子曰："我不欲战，虽画地而守之，敌不得与我战者，乘其所之也。""中平"备诸变势，乃为"乘其所之"，"死中平"一无所用。

释义

四夷宾服势，枪尖在左边，敞开前边门户（故意露出右边身体引诱敌扎）。

古枪诀讲："属于中平枪法，是二十四势的核心，又是六合枪的主要姿势。"六合枪是马家枪的称呼，足以知晓二十四势是马家枪法，故而峨嵋枪不提六合二字，此势妙变无穷。

跨剑势敞开的是圈外门户（左边），此势开放的是圈里门户（右边），两个

手臂录·无隐录释义
——明代枪法短兵解密

图24 四夷宾服势

图24注：盔甲参考《武经总要》步人甲绘。

56

姿势中，两根枪是相对的（都是左脚在前，右脚在后，左撇子除外。四夷势枪尖稍指向左，跨剑势枪尖稍指向右，相对而站，只有枪是对着的）。

这个姿势即使摆得再正，而实际上害怕下平枪，何况月儿侧、螣蛇枪？所以不得不进行变化。

古论说"中平枪可破尽头枪"，是说戳刺持枪前手虎口。

孙武子说："我不想决战，即使随便占领一个地方进行防守，敌人也不能迫使我军决战，那是因为我们设法改变了敌人的行动方向。"中平枪可藏匿各种变化枪势，正所谓改变行动方向。死板的中平枪，没有一点用处。

解析

中平枪，乃枪中之王，一切枪势变换及手法转化的基本，套用拳法的术语，即桩架，必须勤奋练习。

原文

指南针势（见图25）

古诀云："乃上平枪法，其类近乎中平，而着数不离六合之变。有心演悟，二十四势可破其半。"

大抵短降长，枪头宜高，诱其"单杀手"来，我倒下枪头，变为"滴水"，后踮步而进，胜矣。

此势及"朝天"、"压卵"、"护膝"用法皆同。若彼用"梨花"、"螣蛇"、"降枪"等虚法，则困我矣！

冲斗云："头高则犯拿拦，低则犯提掳。摩旗势枪稍高，诱彼拿拦，我即闪赚花枪扎入。"此说宜在"上平"，若以解"摩旗"，误也。

手臂录·无隐录释义——明代枪法短兵解密

图25 指南针势

图25注：盔甲参考《武备志》唐猊铠绘，推测为皮甲，适用于步兵、骑兵。

释义

古枪诀讲:"属于上平枪法,跟中平枪有些相近,但招数没有离开六合枪的变化。有心思演练、领悟此势的话,二十四势里的其他姿势也就熟悉了一半。"

大多数情形下用短枪降制长枪,枪头应该高些,引诱长枪以单杀手扎来,我低下枪头,变作滴水势(用提、搌,敲起发扎,即海马奔潮),后腿从后向前腿盖步,带动前腿上步,即能取胜。

此势与朝天枪、泰山压卵、护膝枪势的用法完全相同。如果敌方用梨花摆头、螣蛇枪、降枪等诡巧的扎法,那么我就犯难了。

冲斗说:"我方枪头高,易被敌方拿、拦,枪头低,易被提、搌。秦王摩旗势枪头稍微高些,引诱敌人拿、拦,我即可用闪赚等花枪扎进敌身。"这种说法应该针对上平枪而言,如果用来解释摩旗,就错了(吴老意指摩旗不只存在于上平,中平、下平也能用摩旗。摩旗其实跟姿势无关,因为是虚枪,所以妙在手法)。

原文

十面埋伏势(见图26)

古诀云:"乃下平枪法,门户紧于上平,机巧不下中式,精于此者诸势可降。"

冲斗云:"彼立中平,我即立此势,以枪入彼枪下,可拿即拿,可拦即拦,革开发戳,彼不能守待矣。"此语为得法。

此势本以惊中平,彼若"蜻蜓点水",我不得不变"滴水"、"纫针",皆下平之势。

诀云"十面埋伏",言"虚变"多也;"门户紧于上平",言不受"虚变"也;"机巧不下中式",言"提、搌"之用也。"提、搌"可破下平,而下平"逆敲"又可破"提、搌",速者胜。下平"滴水",后手以次而高,枪头以次而下。

棍势二十四,有立下即是者,此三势是也;有用而后成者,"献爪"、

手臂录·无隐录释义
——明代枪法短兵解密

图26 十面埋伏势

图26注：盔甲参考《出警入跸图》绘，适用于骑兵。

"摆尾"、"骑龙"、"纫针"是也；有摆出以诱人者，"拖刀"之类是也。立下即是者，枪岂能离之！用而后成者，枪虽无意于势，势自随枪而成！摆以诱人，棍也，枪无是事！以此三条，断尽天下古今枪式、诸家枪法。

此种势在我本无用处，而敌有用之者，故不可不知。

释义

古枪诀讲："属于下平枪法，需防守的门户比上平枪要紧密，暗藏的诡诈不逊于中平，精通此势的人能够降制其余各种枪势。"

冲斗说："敌方摆出中平势，我立即摆出此势，将枪扎入敌方枪下，能拿就拿，能拦则拦，将敌杆革开既而发扎，敌则无法防御。"这句话说得很对。

这个姿势本就为了惊扰中平枪，敌方如果用蜻蜓点水（即枪头点我前手），我不得不变成滴水势或美人纫针势，都是下平枪的姿势。

所谓十面埋伏，是说我枪诡诈多变；门户比上平枪紧密，是讲不能为使我枪诡诈多变就忽视了对空当的防守；诡诈不逊于中平，是说提、掳在下平枪的应用不比中平枪里少。提、掳可以破下平枪，而下平枪递敲又可以破解提、掳，谁动作快谁能胜。下平枪中用滴水势，持根的后手要视敌枪由远及近随之提高（敌枪尖扎来越近，我后手则提的越高），枪尖也随之直指地面（敌扎的越近，我枪尖与地面的角度越来越大）。

棍势二十四图，有一摆开姿势就能达到目的的，即上平枪、中平枪、下平枪三个姿势；有先用一个姿势再用一个姿势才见成效的，即青龙献爪、苍龙摆尾、骑龙和美人纫针（参见吴老所述《枪法圆机说》）；有故摆姿势来诱敌的，比如白猿拖刀等势。一摆开姿势就达到目的的，枪法怎能与此背离！先用一个姿势再用一个姿势才见成效的，用枪虽然不崇尚姿势，但姿势却随着枪的使用自然成形。故摆姿势来诱敌的，是棍法，用枪不应存在这样的情形（他法行，随法行，才是枪之本意）。就凭上述这三条，就可判断出天下从古至今枪的规格及各家枪法的面貌。

这种枪势对于我来讲根本没什么用，但对抗中有人用到，故而不能不知道。

{原文}

苍龙摆尾势

古诀云:"乃绷退救护之法,雷转风回,惊破梨花闪赚。"

此势有二用:

身不大倒后者,后踮步进敌者也(见图27);

身大倒后、胸着右膝者,脱"螣蛇"、"梨花"等凶枪及救圈外败枪者也(见图28)。

无故作此势,若"单杀手"来,我绷起即胜。若后踮步进右足,钉我之前足,便立不起,败矣,速退犹可。

冲斗云:"倒身向后作败势,枪来我即回身拿开彼枪戳之。"此"拖刀"之"迎封接进"移于"摆尾",但可对"单杀手",何以解"钉膝"?又云,"回身右足推向前,便成骑马。"敌人侧亦不算钉膝者也。

"换"法亦在此势中救戳脚,即"吃枪还枪"也。

{释义}

古枪诀讲:"属于绷枪退步、救护败枪的枪法,如霹雳般掉转枪头,如疾风般回身还扎,即使敌用梨花摆头等闪赚技法,也可使其蓦然慌乱,即刻破解。"

这个姿势有两种用途:身体向后倾的角度不大,要用后踮步向敌进击;身体向后倾得很厉害,并且胸部都贴在右膝盖上了,可以躲避螣蛇、梨花摆头等凶枪,并能够解救圈外的败枪。

没来由地摆这个姿势,如果敌方用单杀手扎来,我将敌枪绷起就能还扎取胜。如果我用后踮步,迈进右脚的同时,敌枪突然钉住我左脚,我无法站立,也就败了,这时我能做的也只有向后迅速退出。

冲斗说:"身体向后倾,故意做出败的姿势,敌枪扎来我立刻回身拿开敌枪再刺扎。"这是将白猿拖刀中的迎封接进移植到摆尾里,只能对付单杀手,又怎能破解敌方对我的钉膝?冲斗又说:"回身后,右脚向敌方推进,便成骑

图27 苍龙摆尾势一

图27注：盔甲参考《出警入跸图》绘，适用于骑兵。

上篇 手臂录

手臂录·无隐录释义——明代枪法短兵解密

图28 苍龙摆尾势二

图28注：盔参考《武备志》绘，缉甲参考《纪效新书》绘，适用于步兵。

64

马势（即骑龙）。"我成骑马势后，敌人恰在我侧面，其对我膝的戳扎也不能算作钉膝了。

枪法中的换，也可在这个枪势中使用，用于解救戳脚，即所谓吃枪还枪。

【原文】

青龙献爪势（见图29）

古诀云："乃孤雁出群枪法，势势之中，着着之内，发枪扎人，不离是法。"

练时须后手出至前手之前，前手只伺于后手下。尤或救不及，前手洒向后过也！筋骨方直，至于实事，只用八分，欲其深，足稍进可矣！此敬岩、真如秘奥。

冲斗以"活绷对"等为此势救手，总是手太猛、足不进耳！

戚南塘谓此为"孤注弃枪"，真是门外汉语。

短器皆有破"单杀手"之法，不可不知！冲斗云："前手放时后手尽，一寸能长一寸强。"在练则可，在破未然。

【释义】

古枪诀讲："属于孤雁出群枪法，每个枪势中，每招之内，出枪扎人，都没有脱离这个技法。"

练习时须后手伸到前手前，前手只能置于后手下，其原因是怕前手向后甩得幅度太大，一枪扎败，从而来不及使前手接杆以救后手。整个身体要正要直（吴老意指身体如果过于前倾，一旦被敌革入，就无法后退跳出以救败枪），实战时只用八分力，想要扎得深入，前脚进一小步、后脚跟进即可（类现代拳击之滑步，进退迅速）。这是敬岩、真如的秘法。

冲斗用活绷对退枪为这个枪势的败枪解救后手，这是由于扎时后手出得太猛，而脚不进步（戚继光说此势不进步是杨家枪的弊病）。

手臂录·无隐录释义
——明代枪法短兵解密

图29 青龙献爪势

图29注：盔甲参考《武备志》绘，适用于骑兵。

戚继光说这招是孤注一掷的弃枪，真是门外汉的说法。

短械都有破解单杀手的方法，不能不知晓。冲斗说："前手向后甩的同时，握持枪根的后手要完全抻直胳膊，一寸长，一寸强。"这种说法在练习时是可以的（吴老也说过，练习此势时要用十二分的力气，将枪全力扎出，但实用时不能这样做，因为这招的风险太大，尤其是在游场），在破解敌枪时是不一定成立的。

〈原文〉

滴水势（见图30）

古诀云："乃是提颠之法，顺手凤点头。披扑（披，击、拿也；扑，打也）中取巧，进势用骑龙，出可绷退勇。若还破低枪，难同伏地枪，百发百中。"

"颠提"者，手一"提"即"颠"起，而左右换势也。

"凤点头"即枪尖左右抛洒者是也。

"骑龙"此势变而之右也，"颠提"中事。

"伏地枪"大意同"卷"。

凡低来枪有二势，皆戳虎口：一者平来，一者蹲身，而枪尖高，皆以"伏地势"革之。彼持势严固，我欲动之，须左右换势而疑彼枪尖，故必浅戳之，俟彼拿拦，我即以"滴水"手法换左换右也。

此势后手阳仰过头。后踮步于圈里进，枪头"提"至彼前手，即胜；或于彼枪半带"击"带"掳"；插下至地，剪步跳入。皆破"地蛇"之法。

此势拗步即少林棍之"飞天夜叉"。

此与"纫针"持久，即为"虎口枪"所破。

"下平"花枪，此可破之，防其"逆敧"。"逆敧"彼此皆有，疾者胜。

"滴水"可革"子午"、"螣蛇"，疏破紧也。

"滴水"合"跨剑"，即"海马奔潮"。

"朝天"、"压卵"变"滴水"，"滴水"变"伏地"，"伏地"变"地蛇"，

手臂录·无隐录释义
——明代枪法短兵解密

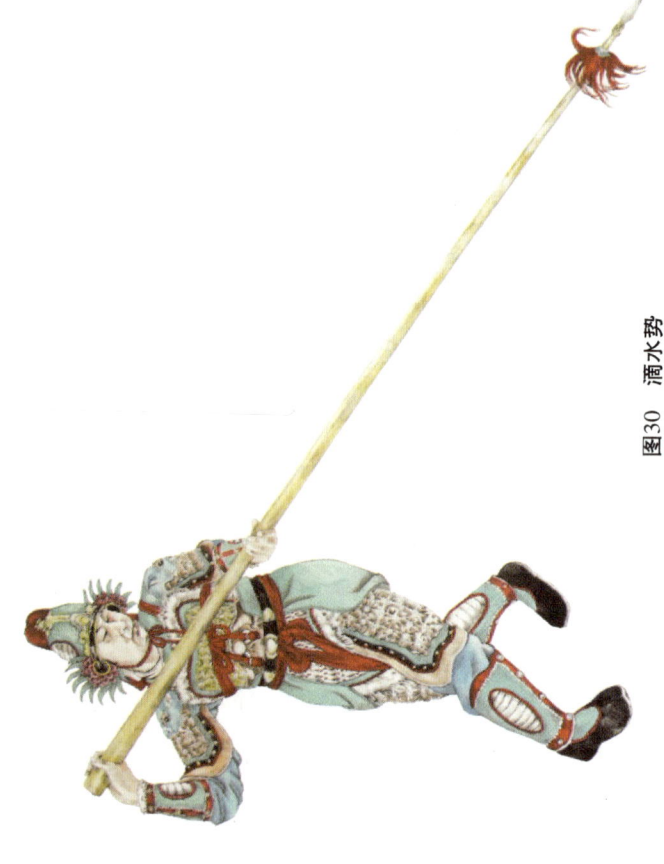

图30 滴水势

图30注：盔甲参考《武经总要》步人甲绘。

68

"地蛇"变"白牛","白牛"变"中平"、"跨剑",皆自然之理。

释义

古枪诀讲:"属于颠提枪法,滴水过后,顺手就用凤点头反击。击打中讨巧,进步用骑龙势,退出要敢于使用绷退枪。如果还击破解敌方扎来的低枪,可用滴水势和伏地枪配合,共同困敌(即海马奔潮),定能百发百中。"

颠提的意思,即手一提完敌枪,随即脱开敌杆或拿或扎,从而左右换势(靠后踞步和骑龙步左右转换,后踞提为滴水,骑龙提为伏虎)。

凤点头,即枪尖或左或右抛洒(又名蜻蜓点水,以枪尖点扎敌手)。

骑龙势,即此枪势的后腿向右上跨进(左撇子相反),所谓颠提中的右换势。

伏地枪大致意思跟卷枪差不多(卷,即蹲坐而拿)。

凡是低处扎来的枪有两种姿势,都得戳其虎口。一个是枪杆平行地面扎来(即两手垂下,左臂紧贴肋部,左撇子相反,蹲着身子,即地蛇枪),另一个是蹲着身子扎来,但枪头稍高(所谓昂头枪,即螣蛇枪),都得用伏地势(即大蹲坐而拿)革开其枪。敌方防御严谨牢固,我想移动(此时无法正面进枪),必须左右变换姿势才能得手。这就要让敌之枪尖不明白我的意图,故而我革枪后随即浅扎,等敌正在拿拦我枪之际(我浅扎,敌无法拿拦至我前手),我就可以用滴水的手法提掳敌杆(此时手法很重要),或换左或换右势而戳其虎口了。

这个姿势中,持握枪根的后手要阳仰过头。用后踞步从圈里进,我的枪头提至敌之前手,即能完胜;或者在敌枪杆中间先打后掳;或者将枪斜插至地,然后剪步跳进(即由后踞步转换为侧步跳进)发扎(即尽头枪),都是破解地蛇枪的方法。

此势用拗步(即骑龙步)进敌劈打,即少林棍法的飞天夜叉势。

这个枪势如果跟美人纫针势相持太久,就会被纫针势的虎口枪所破解(纫针势以扎虎口见长)。

下平枪势中如有闪赚类花枪，用此枪势能够破解，但要提防对手逆敆（顺着杆子向上滑扎）。此时逆敆，敌我都可用，谁快谁能胜。

滴水可以革子午枪、螣蛇枪，所谓粗破细。

滴水跟跨剑组合，即是海马奔潮（即先提后拿）。

朝天势、泰山压卵可以变成滴水势，滴水可以变成伏地枪，伏地枪可以变成地蛇枪，地蛇枪可以变成白牛转角，白牛转角可以变成中平枪、跨剑势，都是自然形成的枪法。

解析

滴水势，是吴老在二十四势图说中所用文字最多的篇幅，解释最详尽，足见吴老对滴水势的情有独钟。吴老是很重视地蛇枪一类扎法的，这不能不说跟石家枪的枪法有关，石家枪重视蹲步而扎，即所谓鸭踏步，因为防护面积相对小，所以扎法也就刁钻，而滴水恰恰可以破解地蛇，属于下平枪，且滴水势可以瞬间转换成不同的枪势，能够以短敌长、以一敌众，故滴水势应该着重训练。

原文

骑龙势（见图31）

古诀云："乃拗步枪法。"

"迴马"尚是虚势，一变"骑龙"便成杀势。"骑龙"戳手最长。

此势于长枪用最多，短枪以为"颠提"之用。

"铁牛"、"地蛇"怕"骑龙"，"骑龙"与"铁幡竿"同用"扑鹌鹑"者，以其皆是拗变也！

"螣蛇枪"、"月儿侧"皆可用"骑龙"破之、脱之，大破小也。

此势又可破"白牛"。

叉、铲进深，"骑龙"可破。

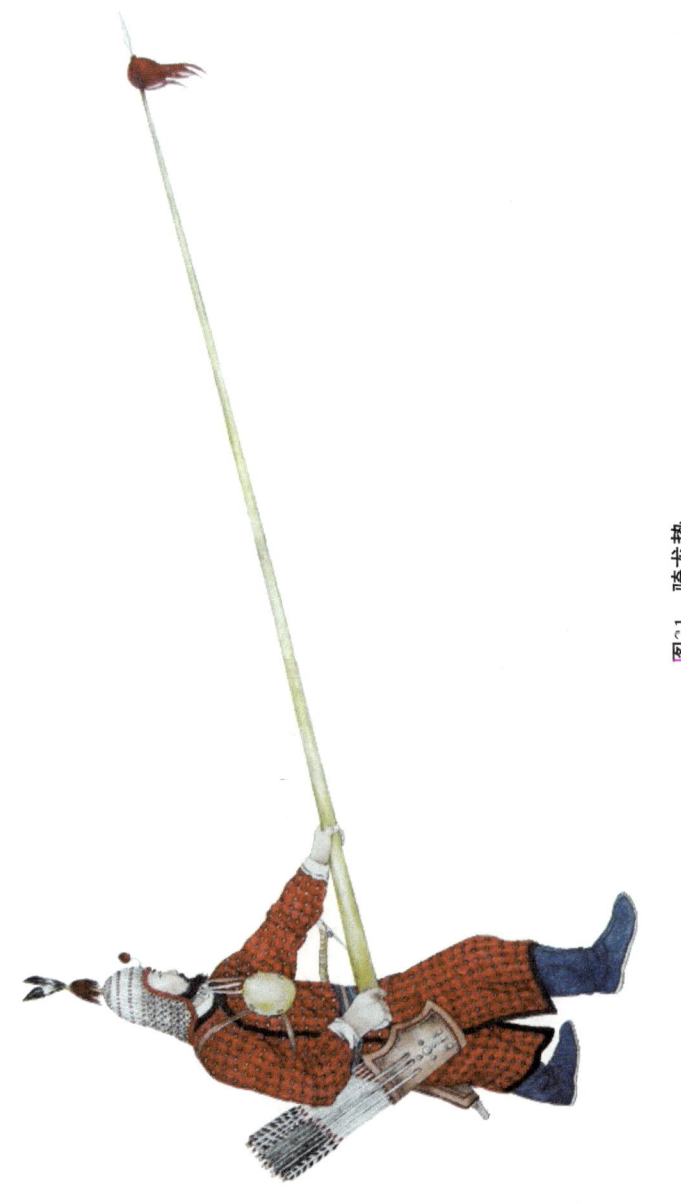

图31 骑龙势

图31注：盔甲装备参考《武备志》绘，适用于步兵、骑兵。

上篇 手臂录

71

释义

古枪诀讲："属于拗步枪法。"

迴马枪姑且是个虚退诈败的动作，一变作骑龙就成了真扎实刺，骑龙以戳手见长。

这个姿势在长枪的应用中最普遍，短枪专用作颠提。

铁牛耕地、地蛇枪怕骑龙，骑龙跟铁幡竿势共用于扑鹌鹑势中，因其都是用拗步换势。

螣蛇枪、月儿侧枪，都可以用骑龙枪破解、躲避，所谓阔大枪势破小巧手法。

这个姿势还能破解白牛转角。

敌方若用叉、铲击刺进来，用骑龙枪可以破解。

原文

美人纫针势

后手卷而阳，在右肋下，前手覆而阴，与"滴水"左右相对（见图32）。

古诀云："乃尽头枪法，枪尖至地，好破地蛇，防他颠提（死中反活也）。起手凤点头（即颠提也），披闪（轻击进左）认直戳。"

"纫针"进步，应用"骑龙"乃为得势。冲斗用后踏步，混于"滴水"，拗矣！

"滴水"用于圈外破"地蛇"，"纫针"于圈里破"地蛇"。

"尽头枪"者，言枪尖插地一跃而入。

释义

美人纫针势，后手掌心朝上，阳卷枪根，贴在右肋下，前手手背朝下，阴持枪腰，和滴水势左右相对。

古枪诀讲："属于尽头枪法，枪尖插至地面，擅长破解地蛇枪，但防其颠

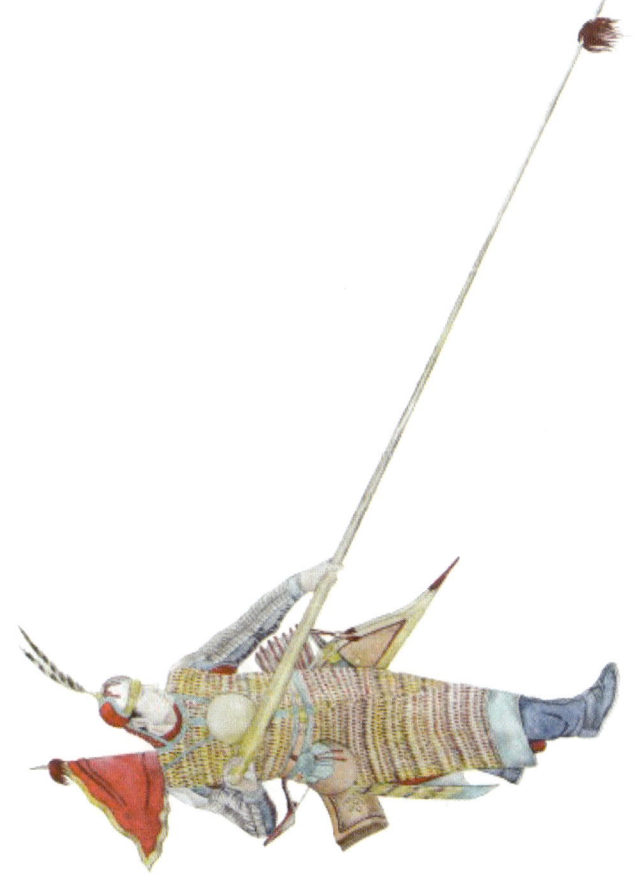

图32 美人纫针势

图32注：盔甲装备参考骑兵藏甲实物绘。按《练兵实纪》，旗总携背旗。

提。顺手凤点头，或者击打，闪步进入（轻打，进扎敌左），径直戳敌。"

纫针势进步，应该用骑龙势才会协调，冲斗用后踏步进身，跟滴水势混淆！

滴水用在圈外破地蛇枪，纫针用于圈里破地蛇枪。

所谓尽头枪，即枪尖斜插至地，一跳进入敌身发扎。

解析

纫针，就是针对破解地蛇枪而言。敌枪扎来，我用骑龙步闪过，同时我枪一戳至地，其实是斜挡住了敌杆，类似长倭刀的斜插刀势，因为只是枪头插地挡住了敌杆，手法上无紧密可言，所以要防止敌方地蛇变换颠提。为此，有必要再打敌杆，定住敌枪，然后我用颠提，以凤点头手法，戳敌虎口。

纫针的意思，想象敌枪是根针，我的枪是根线，用我的线穿上敌的针鼻儿，哪里是针鼻儿？即敌之虎口。纫针与滴水是相对的，一个圈里破地蛇，一个圈外破地蛇；一个用骑龙步，一个用后踏步；都有颠提，一个在敌左侧用插枪、劈打、凤点头，一个在敌右侧用提掳、劈打、逆戳，即海马奔潮。尽头枪的意思，从字面上理解，枪一插至地，没了枪尖，即尽头。

原文

抱琵琶势（见图33）

古诀云："乃白牛转角枪法。"

此非在场可立之势，但向急枪时有所用之。

此势畏"骑龙"、"伏虎"。

此势手法放尽即是"撩"，故冲斗不论圈里、外也。

此势蹲坐即"埋伏势"，放下手即"地蛇枪"。

图33　抱琵琶势

图33注：藤盔、缉甲，护臂参考《纪效新书》绘，此为步兵。按《纪效新书》，步兵与将领盔甲的区别在于缉甲和盔内衬帽所用布料的贵贱。

上篇　手臂录

释义

古枪诀讲："属于白牛转角枪法。"

此势并非在战场或游场可随意摆的姿势，只有对付紧急的迅猛枪时才能应用。

此枪势怕骑龙枪、伏虎枪（意指骑龙、伏虎右上步，可钉我腿）。

此枪势手法大幅甩出，则是撩枪，故而冲斗关于此势不管是圈里还是圈外都有应用（意指勾法属于拦法，只应急时用于圈外来枪，而冲斗圈外用勾，圈里用撩）。此枪势蹲身而坐，即十面埋伏势，完全放下手则是地蛇枪。

解析

白牛转角属于紧急应用的枪法，当敌以猛枪快枪从圈外扎近我头颈时，常用的拦或剔来不及应对如此迅猛的枪，故而左臂紧贴胁部（以防敌枪削我前手，左撇子除外，这也是抱琵琶一名的由来），前手向后翻卷至手背朝天，后手阳仰，滚转枪杆，使枪尖旋转的影迹呈几望形，用弧外侧先革敌杆，再以弧的空缺部分加深革的力度，从而拦截敌枪。这个方法也叫勾，当鞭锏等短器近身打来时，也可用此法救急。

原文

太公钓鱼势

妙在手法，身势无用（见图34）。

古诀云："乃摩旗枪法（摩旗为拿、拦而不转腕），诸势可敌，轻挨缓捉（惟不转腕，故可轻缓），顺敌提拿（真如谓之和枪），进退如风，刚柔得体。"

"拿"、"拦"不转腕，谓之"死手"，以从此入头者日后必无"月儿侧"、"螣蛇"等妙处也。

然转腕者，一发不收；必不转腕者，乃可轻可缓，不受敌侮。敬岩、真如

图34 太公钓鱼势

图34注：盔甲、箭插参考《抗倭图卷》绘，剑式据实物绘，盔甲适用于骑兵。

上篇 手臂录

手臂录·无隐录释义——明代枪法短兵解密

绝技在此!

世人但贵转腕"拿"、"拦",则深入壶奥,而不知不转腕者,有更深胜者焉。

释义

太公钓鱼势,奥妙在手法上,至于摆什么样的姿势起不到决定作用。

古枪诀讲:"属于摩旗枪法(摩旗即不用转手腕的拿拦),可以对付各种枪势,挨贴敌杆力度小,拿贴敌杆速度慢(因为不转手腕,所以才力度小、速度慢),随敌枪的运转或提或拿(真如称之为和枪),进步退出,行动似风,有刚有柔,恰到好处。"

拿、拦不转手腕,称之为死手,如果一开始练枪就不转腕子,时间久了,必然使不出月儿侧、螣蛇枪等妙法。

然而转腕子,一发扎就不可收(枪是滚转着扎出的,不到尽头确实不易收回);只有不转腕子的,才可以力度小而缓慢,不受敌枪欺侮。敬岩和真如的绝技恰在此处。

世俗之人只认为转腕拿拦水平高,于是乎深入研究,岂不知道不转腕子,有更深的道行以致取胜。

解析

摩旗是虚枪,作为试探敌人的枪法,表面上看太轻浮,一旦敌方忍不住先动,我则可以立即转阴阳迅猛扎出,可谓暗藏杀机。摩旗尽管不转腕,但枪圈同样不是很大,如果枪圈大如锅盖,即称作团牌变,为了挡箭护体。摩旗是用枪尖划圈的,所谓不转腕,与其说是两手不转阴阳地摆动拦拿,不如说不需要两手拧动枪杆滚转划圆,所以力度才小,拿拦才慢。现代很多枪法所谓的转圆,正是如摩旗般用枪尖来划圈,枪杆是不转的,所用的拦和拿,相当于半摩旗,恰如吴老所言"以从此入头者,日后必无月儿侧、螣蛇等妙处也"。

【原文】

铁牛耕地势（见图35）

古诀云："乃急捣碓（捣，打也；碓，音duì，揭也）枪法。硬去硬回莫软，惟有此枪无空，他能平伏闪吾枪，就使黑龙入洞。"

此势手法有二：硬枪捣碓而入，软枪捺弯而入。

倪觐楼以"仙人指路"破此势，轻破重也。

"捣碓"之轻者名"鸡啄粟"，戚公曰："两人对'鸡啄'，我忽变大凶枪劈剪他前手二尺甚妙。"此忽变故妙，深得用重大之神！不忽变即冲斗"大封大劈"矣。

冲斗曰："扑鹌鹑——来硬打硬，莫若变势另思量。"谓"滴水"也。

【释义】

古枪诀讲："属于急捣碓（捣，是打；碓，是揭）枪法，硬扎硬收不松软，只有这种枪势没有空闲。敌若能平定或躲避我枪，我随即借势用枪戳其心窝。"

此枪势有两种手法，如果用硬枪（即硬杆枪），就先打敌杆，借与敌杆的反作用力揭起我枪进扎，如果用软枪（即软杆枪），就先将我枪打在地上，捺弯后借地势绷起发扎。

倪觐楼用仙人指路势破解此枪势（仙人指路，即不革敌枪，避其猛烈，靠身法步法闪开再扎），是用轻破重。

打揭力度小，即鸡啄粟，戚公讲："两人比试鸡啄粟，我忽然变作大凶枪劈剪敌前手外二尺处最妙。"这种忽然间的变化确实巧妙，深得重大之神用。如果不忽然变化，即成冲斗的大封大劈。

冲斗说："扑鹌鹑枪势，敌硬枪（这个硬，指的是用力僵猛）扎来，我就硬枪（同前意）击打，不如变换枪势另考虑捷径。"是说变作滴水势破解。

手臂录·无隐录释义
——明代枪法短兵解密

图35 铁牛耕地势

图35注：甲胄参考《武备志》绘，弓箭参考《四镇三关志》绘，盔甲为骑兵所用。

80

【原文】

闯鸿门势（见图36）

古诀云："乃抛梭枪法。"诀语甚多，只此尽之，不过身进而枪退耳！

游场追敌，必用"抛梭"法乃不伤人。诀虽极口赞此势，然非有秘奥也。

深进须用抛梭手法，不然枪尖过老，彼入我枪胸，败矣！

（身随枪进，闪坐剁拦，捉攻硬上。用长贵短，用短贵长。短而长用者，谓其可御彼长。长入短不中，则反为长所误。故用长以短，节节险嫩，就近身尺余，法更不老。彼见我长，安心欲使我进深无用，我忽节节短来，彼乃知屈心违，仓卒使致对我不及。据《纪效新书》补注。）

【释义】

古枪诀讲："属于抛梭枪手法。"枪诀特别多，总而言之，不过是身体向前而枪后退。

游场里追击敌人，务必用抛梭枪手法，才能够不伤及人命。枪诀虽然特别地颂扬此枪势，却没有什么秘密奥妙可言。

深入进敌要用抛梭枪手法，否则枪尖太老，敌枪扎入我枪胸，我就败了。

（身体随枪而进，可以闪避，可以蹲坐，可以劈拦，可以提枪，可以硬闯。用长枪贵在善用其短，用短兵贵在善用其长。短兵如能长用，可以说就能对抗敌之长枪。长枪扎进短兵圈内如不能命中，那么长枪反被其长所误。故而要想使长枪发挥出短兵的功效，定要让短兵手感觉长枪手的长枪一直处在凶险、凌厉的状态，就算扎近短兵手身前尺来长度的距离时，枪尖也依然不老。敌执短兵见我枪长，就安心放我枪扎入，以待我枪尖老而无用时革杆而入。此时我忽然将枪变短，敌即晓得与他先前的判断相违背，但仓猝之间想对抗赢我已来不及。据《纪效新书》补注。）

手臂录·无隐录释义——明代枪法短兵解密

图36 闯鸿门势

图36注：盔甲装备参考荷兰画作《郑成功铁人军》绘。

【原文】

铺地锦势（见图37）

古诀云："乃地蛇枪法（下平手法，加以蹲坐），起手（先发也）披挨（轻拿也）急刺（戳也），高来（言应兵也，极平戳来在此势已高）直擦（轻拿兼戳）难饶，若他滴水纫针（滴水在圈外，纫针在圈里）穿，苏法死中反活（或急打，或逆敲）。"

论云："伏虎枪地蛇枪破。"夫"伏虎枪"是"左海马"，必以"地蛇"脱之，足知"地蛇"亦可破"海马"。"地蛇"脱法：身大倒后，枪括地一圈即立起。

"滴水"、"纫针"皆可破"地蛇"，而有"死中反活"之法。"滴水"来，即"逆敲"起；"纫针"来，即"颠提打"。

"白牛"放下手蹲坐即此势。

冲斗此势用偷步进，即鸭踏步也。

此势革枪只用"摩旗"手法，故曰"披挨直擦"。

【释义】

古枪诀讲："属于地蛇枪法（即蹲坐的下平枪手法），能够先于对手发枪，有劈打、轻拿、猛扎等法。敌用下平高枪（意指敌枪已近我身，下平所发的特平直的枪相对此势也算高枪）扎进我圈内，我枪如果贴着敌杆轻拿戳刺，敌则很难活命。如果敌用滴水、纫针（滴水用于圈外，纫针用于圈里）提削我前手，正所谓死中反活的救法（敌纫针、滴水后，分别用颠提猛击我杆、用逆敲削我前手）。"

古论讲道："地蛇枪可以破伏虎枪。"伏虎枪是左海马奔潮，必须用地蛇枪才能够解脱，足以晓得地蛇枪也能破解海马奔潮。地蛇解脱的办法：身体向后大倾，将枪划地一圈即能站起身。

滴水势和纫针势都可以破解地蛇，所以才有死中反活的枪法。滴水用后，

手臂录·无隐录释义
——明代枪法短兵解密

图37 铺地锦势

图37注：紫花罩甲装扮参考《抗倭图卷》绘，为步兵所用。

84

随即变作逆骰；纫针用后，随即变作颠提劈打。

白牛转角垂下两手加上蹲坐即可变成此枪势（白牛属于上平枪，地蛇比下平枪还要低，足见枪势的变化迅疾）。

冲斗用此枪势，以偷步（后脚从前面迈向前脚上步，类似今日盖步）前进，即鸭踏步（大蹲着身子的盖步）。

此枪势革敌枪，只能用摩旗手法（不转腕的拿拦），故而称作轻拿轻打而戳（在如此低的姿势、胳膊基本不弯曲的情形下，无法用封闭的手法）。

{ 原文 }

白猿拖刀势 （见图38）

古诀云："乃佯输诈回枪法，逆转硬上骑龙（进左足于右也），顺步（仍还左足于前也，此步有一法，彼圈外来则用缠拦绷靠，圈里来则用迎封接进，蹲坐极低，大拿以开其枪，有类于手卷）缠拦绷靠，迎封接进弄花枪，就是中平也破。"

戚公云："回伏之枪，俱是诱我发戳，彼即绷起还枪。"此势不能发戳，若钉在左膝弯，即四门枪（倪之沙家法，用"白猿拖刀势"，左足不落实，谓之四门枪。落于前则为正势；落于后则为退势；落于左，右足用后踮步，成顺单鞭；落于右，退右足成"骑龙势"。——竿子之总要，故曰"沙家用在足"，短枪不用此步。沙家以四门枪退法为枢要，妙处在此，病亦在此。妙在于活，病在于松。盖退乃长制短之事，长对长而用退，则松矣）。

{ 释义 }

古枪诀讲："属于佯败诈回枪法，往相反方向转身，左脚向右侧拗跨步，进右脚成骑龙步，然后再顺步（还将左脚还原到前面，这种步法包含一种技法：敌枪圈外扎来，我用缠拦、绷靠，圈里扎来则用迎封接进，蹲坐特别低，用大力革开敌枪，类似于卷）缠拦、绷靠，或者迎封接进，摆弄闪赚花枪，即

手臂录·无隐录释义
——明代枪法短兵解密

图38 白猿拖刀势

图38注：藤盔、穿山甲片鱼鳞甲参考《武备要略》绘，为步军将领所用。

便敌是中平枪，也能破解。

戚公说："诈回暗藏杀机的枪，都是引诱我发扎，敌即可绷起我枪还击。"这个姿势转身拗跨步时没法发扎，如果我顺步后敌枪钉住我左膝弯（我左脚要虚点地，以便应急时移动躲闪），我此时的姿势即成为四门枪（倪觐楼的沙家竿子枪法，用白猿拖刀势，左脚不落实，称作四门枪。左脚回到前面，是正规姿势；回到后面，即是后退的姿势；回到左面，右脚用后蹜步进，即成作顺单鞭；回到右边，退右脚成作骑龙势。这是竿子的大略精要，故而称沙家枪法用在于脚，短枪不用这类步法。沙家以四门枪退法为核心，妙处在这，弊病也在这里。妙在于脚步灵活，病在于整体松散。后退是长枪降制短枪的情形，但长枪对长枪也要用到后退，那就松散了）。

> 原文

推山塞海势（见图39）

古诀云："乃护膝（后手出在前膝间，又蹲坐也）枪法，高来摇旗挨捉（谓以摩旗手法轻拿轻拦也），低来铁帚（即铁扫帚）颠提（即提掇），中来如箭有虚（此语最妙！对破不堪用单杀手也）真，可用铁牛耕地。"

《纪效新书》解此云："彼长我短，蹲坐，枪头起高，慢慢逼近，彼扎来，一提黏住，用苍龙摆尾步赶进，万无一失！"余谓此言只可用于"单杀手"耳！若彼用"降枪势"，大难大难！

> 释义

古枪诀讲："属于护膝（后手在前膝附近持握枪根，又蹲坐）枪法，敌高枪扎来就用摩旗手法轻拿轻拦，敌低枪扎来就用铁扫帚提掇，敌中平枪扎来迅速，半假半真（这句话说的最精妙，与敌中平对扎不能仅靠单杀手这招实扎），我变作铁牛耕地先打敌枪再发扎。"

《纪效新书》将此势解释为："敌枪长，我枪短，我蹲坐，枪头抬高，慢

手臂录·无隐录释义——明代枪法短兵解密

图39 摧山塞海势

图39注：盔甲参考《武经总要》步人甲绘。

88

慢逼近敌身，敌扎来，我用高提黏住敌枪，再用苍龙摆尾的后蹜步上步进戳，万无一失。"我说这句话只能针对革敌方单杀手而言，如敌方用降枪势，我则很难取胜。

> **原文**

鹞子扑鹌鹑势（见图40）

古诀云："乃拨草寻蛇枪法，高接虽用缠拿（虽用，言不恃之也），逢中披（轻拿也）擦（进戳也）直过。倘他绷退把枪还，滚手中平一剁。"

此实有二势焉：用"铁幡竿"脚步打彼毛际者，"扑鹌鹑"也；不进右足"八字打"者，"拨草寻蛇"也。

《纪效新书》云"破伏棍须剪他手前二尺"，冲斗"铁牛"云"扑鹌鹑——来硬打硬"，此言"扑鹌鹑"也；《少林棍》云"左右拿看八字行"，此言"拨草"也。

短降长，长若用"降枪势"、"螣蛇枪"等，必不可破！用"扑鹌鹑"或可图侥幸耳。

> **释义**

古枪诀讲："属于拨草寻蛇枪法，与敌高枪接触虽然使用缠拿（虽然使用的意思是说不单靠缠拿），碰到中平枪则轻拿进戳直扎敌身，倘若敌用绷退撤枪还扎，我则于中平势两手互转阴阳向下劈剁。"

这个枪势其实有两种用法，用铁幡竿拗步劈打敌之下阴，即鹞子扑鹌鹑，不进右脚八字打（以摩旗手法左右劈打，劈打的轨迹可连作八字形），即拨草寻蛇。

《纪效新书》说"破解敌下平棍要打在他前手前二尺处"，冲斗铁牛耕地说"扑鹌鹑势，敌硬枪扎来我就硬枪劈打"，这都是说扑鹌鹑。《少林棍》说"左右拿敌枪，看住敌枪，作八字形影迹"，这是说拨草寻蛇。

手臂录·无隐录释义
——明代枪法短兵解密

图40 鹞子扑鹌鹑势

图40注：盔甲参考《武备志》绘，为骑兵所用。

短枪降制长枪，长枪如果用降枪势、螣蛇枪等法，肯定破解不了，用扑鹌鹑偶尔可图侥幸。

{解析}

鹞子扑鹌鹑，这个名字起的很有意思，鹞子是旋转飞行的，人和枪在此势也是通过用骑龙步绕至敌侧，所以称作鹞子，而鹌鹑即鸟，所谓人的下阴，比喻很形象。其实就是用骑龙上步劈打敌之下阴。不用拗步，也就是不必绕至敌侧，用连枝、后踏等步以摩旗手法左右劈打，即拨草寻蛇。

{原文}

铁幡竿势（见图41）

古诀云："乃外把门（枪头在右也）黄龙飐（音zhǎn，颤动，摇动）杆枪法（杆靠腰推枪、开枪，不用拿拦），一接（以腰力革枪）二进（扎也，四字言应兵）蛇弄风（三字言先发也，白蛇弄风即飐杆手法），扑着鹌鹑不放松（进右足深打其小腹，此句又有注，在扑鹌鹑势中）。"

用"拨草"手法兼此步法，方是"扑鹌鹑"，出枪既长，又进右足，故可以降长。

此势而枪尖在左，即少林棍之"右八字打"、左枪之行着名"左拗步打"。

{释义}

古枪诀讲："属于外把门（枪头在右）黄龙飐杆枪法（枪杆靠腰推枪、开枪，不用拿拦），一接（用腰力革枪）、二进（进指的是扎，一接二进是说对付敌械）、蛇弄风（三字意指先发至人，白蛇弄风即飐杆手法），扑着鹌鹑不放松（进右脚深打敌之小腹，此句的注解，在扑鹌鹑势里）。"

用拨草寻蛇手法兼用此步法，才是扑鹌鹑，出枪能够长，又进右脚，故而

手臂录·无隐录释义
——明代枪法短兵解密

图41 铁幡竿势

图41注：盔甲装备参考《武备志》绘，为骑兵所用。

可以降制长器。

此枪势枪尖在左边（从左往右打），即少林棍之右八字打，也是枪尖在左的行着，亦名左拗步打。

原文

灵猫捕鼠势 （见图42）

古诀云："乃无中生有枪法（谓彼立势严固，无间可入也），进步（左足大步，右足随步）虚下扑缠（扑谓后手出枪甚长而假扑者也。缠谓彼硬迎，我即缠拦；彼软避我，即缠拿也）。赚伊枪动使梨花（此不专指梨花三摆头，为螣蛇枪、月儿侧等皆是），遇压（谓横压）挑天冲打（挑起破之）。"

诀中有手法五、步法一，"进步扑缠"本势已完，后乃防变之词。

"压"即"溜压沉枪"、"压搅沉枪"等。遇"压"，"挑"不如"打"。

释义

古枪诀讲："属于无中生有枪法（是说敌立势严谨稳固，没有破绽可扎），上步（左脚大步迈进，右脚跟着上步）假装向下劈打，敌如果硬着迎枪，我就缠拦敌枪，敌如果闪避我之劈打，我即用缠拿。然后诱使敌枪发扎，我则用月儿侧、螣蛇等闪赚梨花枪法革戳。如果敌枪横压我枪，我则向上挑起敌枪后再向下劈打。"

枪诀中有五种手法（即扑、缠、拦、拿、挑），一种步法（左足大步，右足随步）。截至上步劈打、缠拦、缠拿，本枪势动作已完成，后面说的都是防范敌枪变化的语句。

横压，即溜压沉枪、压搅沉枪等势，遇到横压，与其向上挑起不如直接劈打。

手臂录·无隐录释义
——明代枪法短兵解密

图42 灵猫捕鼠势

图42注：盔甲面罩参考《武备要略》铁甲绘，龙鳞靴参考《喻子十三种秘书兵衡》绘，此身盔甲为骑兵所用。

原文

伏虎势（见图43）

古诀云："乃六封枪法（曰封，谓枪头在右），斜倒硬上如风（谓我进右足），退闪（退闪以敌言）提拦（二者法相近，故并举之）缠捉（即缠拦），他如压卵又朝天，铁扫（打也）迎封接靠（亦是打也）。"

"铁牛"打来，我进后足于圈外，钉其股使不能起，是为"伏虎"之正用。"伏虎"手法与"海马"同，但用之于右边耳。

"六封"者，左右之上、中、下皆无空也。

"骑龙"于此大意相同，但"骑龙"脚步大，两手托满，不虚灵，马家难用，不如此势。

叉、铲可用"伏虎"打之。

释义

古枪诀讲："属于六封枪法（所谓封，即枪头在右），将枪头斜指地面疾速上右脚，敌向后退闪发枪我则用提拦或缠拦，敌若用泰山压卵或者朝天势，我则直接击打敌之下部。

敌人以铁牛耕地打来，我从圈外上后脚，枪头直钉敌大腿令敌不能站立，才是伏虎势的正规用法（此法即前文倪觑楼之仙人指路）。伏虎的手法与海马奔潮是一样的，只是应用于右边。

六封的意思，即左右两面上、中、下三个位置都能封住敌枪。

骑龙势跟此势差不多，但骑龙势步法阔大，两手持枪较僵，不灵活，马家短枪难用骑龙，不如用这个势子灵便。

对付叉、铲，可以用伏虎击打。

手臂录·无隐录释义
——明代枪法短兵解密

图43 伏虎势

图43注：盔甲参考《武经总要》步人甲绘，布鞋参考《中兴四将图》张俊所穿绘。

原文

边拦势（见图44）

古诀云："乃里把门（枪头在左也）封闭枪法，守门户（此言应兵）有缠提（即缠绷）、颠拿（即反击）、闪赚（此言先发）、上穿指股袖（穿指、穿袖见后戳法，股即袖，皆颠提中事），倘他出马一枪迎，抱着琵琶埋伏（抱琵琶蹲坐即埋伏势）。"

此势前手阳，此势乃革戳脚者，若以革"中平"，一遇"闪赚"死无日矣！

冲斗云"彼枪来，我一拦至地，颠起还枪"，与江湖游食者何异？

"边"、"裙"二拦，马家枪中之杂棍者也，于枪用之甚不合，可去！

释义

古枪诀讲："属于里把门（枪头在左）封闭枪法，用于战阵，防守门户用缠、绷、反打、闪赚、向上穿指、穿袖，如果敌疾速迎枪，我则用抱琵琶势蹲坐，即十面埋伏势。

此枪势前手掌朝天，用以革敌枪戳脚，如果用来革中平枪，一遇到闪赚就难以活命（因为此势枪头低于枪根）。

冲斗说"敌枪扎来，我一拦到地，借地势绷起还扎"，这与江湖卖艺耍枪的有何区别？

边拦、裙拦，是马家枪杂棍的枪势，用在枪法里十分不适合，可以丢掉。

原文

跨剑势（见图45）

古诀云："乃裙拦枪法，大开门户（枪尖在右，开后门）诱他来，遂（随）我中途拿刹（刹即削也），他虚（枪头高也）我实（枪头低也）摇花枪（弄风等法），他实我虚绷退（绷退见行着）救。"

手臂录·无隐录释义
——明代枪法短兵解密

图44 边拦势

图44注：藤盔、皮甲、衣鞋等装扮参考《武备要略》绘，此身盔甲适用于步兵。

图45 跨剑势

图45注：铁盔皮甲参考《武经总要》步人甲绘。

上篇 手臂录

99

"跨剑"与"中平"左右相对，枪根缠腰。古人立此二势，自有妙用。冲斗以"跨剑"混于"边拿"，即误，又曰"到地发戳"，其误更甚！"卷"即"跨剑"之尽极者耳！

此势进必"鸭踏步"，此势前手阴。

释义

古枪诀讲："属于裙拦枪法，大开左边门户（枪尖在右，故露左边身体），敌枪扎来，任我中路拿削，敌枪尖高扎，我则枪头低摇花枪，敌枪头低扎，我则闪赚枪头用绷退救护我手。"

跨剑势与中平势左右枪头相对，枪根贴腰，古人立下这两个枪势，自然有巧妙之用。

冲斗将跨剑势混在边拿之中，是错的，又说"拿下敌枪至地再发戳"，其谬更甚。

卷枪，即跨剑势的极致表现。

此枪势进步必须用鸭踏步（后脚向前脚盖步），前手手背朝上。

原文

朝天势（见图46）

古诀云："乃上惊下取枪法（一语尽之矣），摇旗扫地铁牛耕（此言取下），哪怕他拖刀诡计（拖刀变势多，故以高势变滴水总压之）。"

释义

古枪诀讲："属于上面晃敌下面实用的枪法（一语道尽伏机），可以由秦王摩旗转变为铁扫帚或铁牛耕地（这句话是针对下方而言），哪怕敌用拖刀势（拖刀势变化多，故而要从高枪势变作滴水以压制敌枪）。

图46　朝天势

图46注：头巾、纸甲参考《抗倭图卷》绘，此为水兵。

原文

泰山压卵势（见图47）

古诀云："乃鹰捉兔之法，势虽高发，身中变异（开前足），任他埋伏地蛇冲，我又摩旗扫地。"

"朝天"、"压卵"，今日峨嵋绝不言之，盖棍法耳！古诀有此者欲大全耳，不必实用。

释义

古枪诀讲："属于鹰捉兔子的枪法，枪虽然从高姿势而发，但前腿提起，就算敌用埋伏势或地蛇枪来刺，我又以摩旗变作铁扫帚。"

朝天势、泰山压卵势，现在峨嵋绝不会提这种枪势，因为是棍法。古枪诀所以包括这两势，就是为了全面凑数，没必要实际采用。

原文

夜叉探海势（见图48）

古诀云："乃持枪行立看守之法，遇敌变势，随机应用，无不中节。"

沧尘子曰："此二十四势中，多有无关系者，以中平、上平诀有'六合'二字，决其为马家法。故与少林切近，与峨嵋不合。古传旧式，以是聊借用之。"

此势彼打来，可点其前手；若扎来，即不能御。去之可也！相近则上、中、下三平，犹虑其疏；相远则无所不可。此等势留之无用！

图47　泰山压卵势

图47注：盔为葫芦制，甲为牛皮制，皆外涂桐油。鼻、口有呼吸用锡管。此为水兵，参考《武备要略》绘。

手臂录·无隐录释义
——明代枪法短兵解密

图48 夜叉探海势

图48注：盔甲参考《武经总要》步人甲绘，长枪参考《武经总要》枪式绘。

104

释义

古枪诀讲:"属于握枪行走、站立看守的枪法,遇到敌枪扎来则变换姿势,随机而用,没有不见成效的。"

沧尘子(即吴殳)说:"这二十四种枪势里,很多都是跟枪没有关系的,由于中平、上平的枪诀里有六合两字,故而推断这是马家枪法。因此与少林枪有点相近,跟峨嵋枪无法混同。因是历来流传的传统枪势,暂借用其为枪法作一解说。"

此枪势中,如果敌打来,可以点敌前手,如果敌扎来,则无法防御。这种枪势舍弃即可。与此枪势相近的,是上、中、下三平,但此势相对这三平太免粗疏。与此枪势关系远点的,其他枪势都能取代之,所以这种枪势保留它没有用处。

解析

学枪者都很在乎二十四势,以为二十四势是枪法的真传,更想急于求成,对手法技巧并不在意,甚至不知,却忽略了吴老在本篇之首说过的"其传已久,人将谓别有长处,故留之卷末,使学者见之,知所取舍云"。

第十六章 戳法

原文

单杀手：即青龙献爪势，练时十二分硬枪，一发透壁，则枪头、枪杆戳手皆尽善矣！（有口授诀）

穿指：于圈外进而于圈里着。

穿袖：于圈里进而于圈外着。（有口授，二法真如名"串"）

油：彼下体凸出，我顺其拦势以伤之。

换：彼伤我缓处，我即伤其急所。

叠穿：程真如名"左右圈扎"。（有口授）

以上马、沙皆有。

就：真如名"迴龙扎"。（有口授）

硬：即"铁幡竿"之先发者也。（有口授）

挂：破"拿"无筋节者。（有口授）

冒：真如谓之"盖"。（有口授）

勒：有似于"硬"。（有口授）

抽拔枪：用于能革圈手者。（有口授）

鲤鱼趵（音bào，跳跃）：亦能革圈手者。（有口授）

偷：破革手严密者。（有口授）

两节枪：有似"抽拔"。（有口授）

双头枪：敬岩名"圈手"，真如名"虚扎"。

叠圈：缠枪，须坐膝。

月牙枪：串而子午。

豁里透：彼中平势开前门，我枪于彼枪下竟进，可伤彼之前手腕之左边。

索穿钱：能管前后手者也。

无影枪：彼于我枪下进来，扎其前手，真如名子午枪。

五法皆短枪法，皆有口授。单杀手为"入门"，穿指等为"杂小品"，此五枪为"登堂"。

万派归宗（须自悟）。

戳法至此，百尺竿头矣！

以上马有沙无。

释义

单杀手：即青龙献爪势，习练时要用出120%的力气，一扎即能使枪尖完全洞入墙壁（明代枪，枪头分为枪尖和枪裤），那么用枪头或者枪杆戳刺敌手就能练出杀伤的力度了（如图1红方、图29）。

穿指：我枪由圈外扎敌，敌拦我枪，我枪贴杆闪赚至圈里扎敌之前手指（如图23戚家军，枪尖影迹如图6）。

穿袖：我枪由圈里扎敌，敌拿我枪，我枪贴杆闪赚至圈外扎敌之前手背（如图1红方，枪尖影迹如图6）。

油：敌前腿脚没有防护，我顺着敌拦枪之势戳扎敌前腿脚。

换：敌扎我行动慢的地方，如腿脚，我无暇革枪，就扎敌动作最快离我最近的部位，如前手。

叠穿：即真如所谓左右圈扎（如图6）。

就：真如称之为迥龙扎，敌枪扎来，我身体蹲坐稍作退步，待敌收枪时我再发扎（类似图28）。

硬：即我枪先用铁幡竿势（如图41）以硬横力革开敌枪之腰肚。

挂：敌枪拿我枪，用力不够，我则可以用挂来破解（如图9）。

冒：即真如所说的盖枪。

勒：跟硬类似，我枪扎入遇敌枪时，敌封我枪，我前手上迎，后手下按，再次扎入。

抽拔枪：我枪扎入至六七分，忽然将枪退出再扎，可以革敌之圈手。

鲤鱼跃：我枪扎入至六七分，前手将我枪打在地上，借地势激起再扎，也能革圈手（类似图35）。

偷：我假装后退，然后用单杀手扎敌，不管扎没扎上就迅速跳出，能够破解擅长紧密革法的人（类似图38）。

两节枪：类似于抽拔枪。

双头枪：敬岩称之为圈手，真如称之为虚扎（如图6）。

叠圈：即缠枪，必须蹲坐（如图4）。

月牙枪：串枪加子午枪，又名叶底藏花（如图3）。

豁里透：敌立中平势，露出右侧身体空当，我枪在敌枪下扎入，可翻上来伤及敌持枪前手腕的左边。（如图1红方、图6）。

索穿线：可扎敌前手或后手（如图8）。

无影枪：敌于我枪下进枪，我可疾扎敌前手，真如称此为子午枪（如图8）。

叠圈、月牙枪、豁里透、索穿钱、无影枪这五枪都是短枪的用法，单杀手为入门枪，穿指到双头枪为杂小品，这五枪称作登堂。

万派归宗：必须自身感悟。

解析

豁里透、索穿线、无影枪，都是单杀手的高级技法。

第十七章 革法

> 原文

封：少林僧洪转曰："我立中四平持枪，腕前阳后阴，彼枪圈里扎来，我前腕向前一覆，后腕向后一仰，枪头于彼前手外六寸封下也，封后即可扎其虎口。"

沧尘子曰："拿，即封之用于高来枪者也。"转公语甚详，故取用之。观此，知少林非不知枪意，但不知于此下万苦练习之工，便是不知枪耳！

封下枪身才直，不可向右，亦不可用力。

闭：洪转曰："中四平持枪，腕前阳后阴，彼枪圈外扎来，我前腕向后一仰，后腕向前一覆，枪项于彼前手外六寸闭下也，即可扎之。"

沧尘子曰："拦，即闭之用于圈外低来枪者也。"我身全在圈外，极要防守，闭时大须用力，又蹲坐以助其力。彼枪死于地，抽不去，方是练法。闭满时，枪尖开于身后三尺也。

练闭工足，用于圈里来枪，即是大卷，出其意外，其枪飞去至横，大败矣！

练时，封下即于左边向上圈起，闭下即于右边向上圈起，作望月形，使手法圆熟，日后破枪，百倍得力！动手必要阴阳互换，转得圆熟，百巧自从此出。

双头枪极难革，只以封闭革之，能革双头枪，封闭方小成也！

窝里透、子午枪，足略蹲坐，以封闭革之，乃为正理。

少林于封闭无工，故用他法，可笑也！

即扎法亦带封闭，则直力中有横力。

凡重轮形、偃月形、纤月形、玉玦形等法，皆于此中分出，或多分、或半分、或少分而为之也。

封闭手熟，诸法说破即能用，不熟，说会亦无用。天下事皆有总头，有先务，岂法法而练之哉？初学时，欲重实，作卵形，渐练渐收作圆形，至精至熟，圆大如钱，则能用迎枪，枪技终矣！

提：即"闭"之前手低、后手高者也，用于圈里扎下部。枪在离彼前手外尺半开其枪于右也，即可还扎下部。革法枪根忌高，而提之枪根直过头。

真如曰："长竿虽利，提拿可降。"盖谓用于"滴水"者也。提拿者，提而又拿，再提再拿，进后踏步，即"海马奔潮"也。

掳：用"提"于下部枪自圈外来者也，比"提"多腰腿向前一摆，亦死其枪于右，身在枪左。虽死枪，亦不容其在枪左，恐有变也！掳后皲（音què）起发扎，即"白蛇登树"也。

沧尘子曰："古法'掳'含于'提'中，不自立名，故但曰'封、闭、提、拿'。"来枪前后皆有上、中、下共六枪，而革法只有四，古人之意深矣！

拿：即"封"之用于高来枪者也。

沧尘子曰："封、闭、提、拿，古人立此四法，非独摄尽诸法，亦欲人知上下来枪皆同于无，而专注力于中平之封闭也。"

洪转补之以"掳"，而又加"拦"、"还"、"缠"以为"八枪母"。

夫"掳"即"提"之次身，"拦"即"闭"之次身，而亦尊之为母，"缠"即"封"、"闭"之耳孙，"还"则小小一法，何以称之为"母"？

总由少林之枪知有教学而不知有习练，故以刘仲、张敖同尊为"太上皇"也。枪母如此，余法可知；枪师如此，其徒可知！

砑：枪之离我杆来者，击打可开；贴我杆者，击打不能致力，非封闭不开。至于豁里透、子午枪，非封闭加蹲坐以砑之尚不能开也。

卷：真如曰："开步蹲坐而拿，直至彼前手削扎也。"又曰，"前卷后出，无不伤人！"

反卷：敬岩妙法也。彼枪圈外来，我偷枪于其枪之右，大开之，必飞去数尺。

拦：有"边拦"、"裙拦"，即提、掳之后手起至胸者也。

此手法本沙家之封闭，枪长腰软，若后手不起，则与枪尖不相应，不得已而为此。杨家不察而杂收之，自此莫有辨之者。本不当收，收之以显其失。

勾：真如曰："即拦也，紧密者肘贴肋下。"

沧尘子曰："高枪来迫，唯勾能开之，即白牛转角之手法也。"然肘贴肋下，犹未极紧密，须卷至乳前，腕自阳而更转之，至手背向天。

真如曰："破鞭、铜用于前，即勾之手法也。"

剔：革圈内扎头者，亦带纤月形。

大封：连环革法也，彼扎、革往来不已，名为"连环"，用实工，使手熟，乃可用诸法耳。

释义、解析

封（如图49A、图3），少林僧洪转道："我用中四平势握枪，前手心朝上，后手心朝下，敌枪向我圈里扎进，我前手往前（身体正面为前，背面为后）一翻，后手往后一仰，枪头在敌前手外六寸处封下，封完随即贴杆扎敌虎口。

沧尘子（即吴殳）道："所谓拿，即用封来对付敌高来之枪。"洪转公说得很详尽，故选用他的话。见此语句，知道少林并非不了解枪的真意，但如果不知道在封上要下万般劳苦的练习功夫，便是不懂枪。

向下封，枪身才能够笔直，不能偏右，也不能用力。

解析：只要中四平持枪，腕就要前阳后阴，枪根要跟臂骨相对。

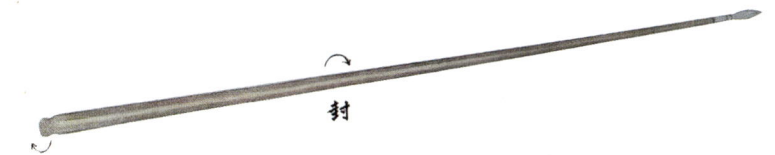

图49A 封

闭（如图49B、图3），洪转道："我用中四平势握枪，前手心朝上，后手

心朝下，敌枪向我圈外扎来，我前手往后一仰，后手往前一翻，枪项（枪项指的是枪头下的杆部，不是枪头，用枪头无法压死敌枪）在敌前手外六寸处闭下，随即扎敌。"

沧尘子道："所谓拦，即用闭对付圈外低来之枪。"我身体完全处于圈外，必须做好防守，闭时要用大力，还要蹲坐以助力，把敌枪压死在地上，使敌无法抽回，才是闭的真正练法。闭完全发挥之际，敌之枪尖已在我身后三尺处（意指要用如骑龙等阔大步法，先闪避敌之扎枪，让敌枪扎到我左身后三尺处，我再用枪项闭，才能压死敌枪）。

闭的功夫练得久，对于敌向我圈里发的枪，即使是大卷枪（蹲坐而拿，亦名伏地枪），也能出其意外，令敌枪横飞出去，招致大败。

习练封闭时，前手封下的同时，后手将枪根向左上圈转，前手将枪闭下的同时，后手将枪根向右上圈转，枪尖旋转的影迹皆呈望月形。要让手法圆而熟，长期下来破解敌枪，轻松百倍。枪一动作，就要两手阴阳互换，转得圆而熟了，百种巧法都能由此发挥出极致。

双头枪（即圈手）特别难革，只能用封闭来革，能革双头枪了，封闭的功夫方小有所成。

对付豁里透、子午枪，腿要稍微蹲坐，用封闭革枪，才是正规用法。

少林在封闭上没有下功夫，刻意去用其他的办法，可笑之极！

事实上，扎法中也有封闭，所以扎的直力中才有横力。

凡是重轮形、偃月形、纤月形、玉玦形（即几望形）等技法，都从封闭中分出来，或分得多，或分得一半，或分得少，以此转化。

封闭练得手熟，其他行着枪法只要一说透就能使用，手不熟，再说尽也没用。天下之事都有根源，有最先要做的，怎能每招枪法都能习练得了？

开始学封闭，要用猛劲实革，枪尖影迹呈卵形。随着习练水平的上升，慢慢将枪尖影迹收作圆形，圆如铜钱大小，就能用迎枪了，此时枪法已获大成。

解析：能用迎枪，枪技终矣！

图49B 闭

提（如图30、图9），即闭的手法，但前手低，后手高。用来防御敌向我圈里扎来的下部枪。我枪在离敌前手外尺半处将敌枪开于我右侧，然后还刺敌之下部。革法中忌讳枪根高于枪头，但提法的枪根要径直超过头部。

真如道："长竿子虽然猛利，我用提拿之法可以降制它。"这是说用在滴水势里。提拿，即先提后拿，又提又拿，用后蹴步进敌，所谓海马奔潮。

解析：提的后手或者枪根要超过头部，吴老在二十四势中说过，在此又强调，程真如在《峨嵋枪法》中也说过。

掳（如图50、图11），用提的手法对付圈外低来枪，相较提增加了腰腿向前一摆，也要将敌枪开死在我右侧，我身在敌枪之左。即使敌枪是死枪，也不能让敌枪在我枪左边，怕有变故。掳后即逆敧发戳，所谓白蛇登树。

沧尘子道："古枪法中，掳是包含在提里面的，不单独命名，故而只说封、闭、提、拿。"敌枪扎来，前后都有上、中、下共六种枪法，但革法却只有四种，古人创此的本意很深奥！

解析：现代很少有人理解掳的动作，误以为提是向圈里划枪，而掳是类似铁幡竿向身后拨枪，其实错了！掳和提都是将敌枪向圈里划拨，不同的是，提所面对的是敌向我圈里扎来的枪，而掳所面对的是敌从我圈外扎来的枪。所以，用提时可以仅凭后手，而不需腰力，用掳时要用上腰劲，必要时还要摆动前手前脚以躲避敌扎。

拿（如图1蓝方、图7、图49C），即用封法对付敌高扎之枪。

沧尘子道："封、闭、提、拿，古人创立这四种革法，并非仅要收全各类革法，也是要人明白敌上下扎来的枪权当没有，只专心致力于对敌方中平来枪的封闭。"

洪转在古革法上增加了掳，却又加上拦、还、缠作为八枪之母。其实掳是

提的次身，拦是闭的次身，却也尊称为母（意指捰与拦皆为儿子身份），缠是封和闭的远孙，还只是一种小小的技法，怎能称之为母？

究其原因，是少林枪派只知道墨守先人的教法，却不知要在习练中反思其中的缘由，故而将刘仲、张敖都奉为太上皇。枪母是这样，其他枪法也就知道是什么样子，枪师是这样，其徒弟水平如何也即知晓。

解析：拿是封的前半手法，即前手由阳转为阴。

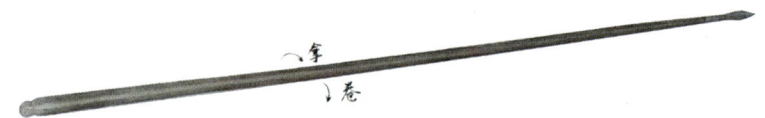

图49C　拿、卷

砑（如图8、图15、图49D），敌枪不贴我杆扎来的，我用击打就能革开，贴着我杆扎来的，击打用不上力，不用封闭不能革开。像豁里透、子午枪，如不是封闭加上蹲坐来滚砑敌枪就不能革开。

解析：砑即封之后手返上进而向下滚压敌枪，但要蹲身，跟直压不同，直压是直力，砑是旋转后向下的力。有重长之砑，也有轻小之砑。

图49D　砑

卷（如图8、图49C），真如道："闪步蹲坐拿敌枪，直奔敌前手削扎。"又道："前手卷枪，后手出枪发扎，没有不伤敌的。"

解析：卷要蹲坐，由封转化而成。

反卷（如图7），敬岩妙法，敌枪向我圈外扎来，我将我枪从圈里转下向圈外移至敌枪的右侧，大力开枪，敌枪必飞去数尺。

解析：我立跨剑势，敌从我圈外扎来，我可以用反卷。

拦（如图9、图44、图45、图49E），分为边拦和裙拦，即提、捰的后手不过头，只到胸部。

此势的手法本出自沙家竿子的封闭，枪太长，所以腰软，如果后手不抬起来，就不能与枪尖相互照应，出于不得已而为之。杨家枪不明白此中道理，将此势也混入自家枪法内，从此就没有能分辨出此势源头的人。本来这两个拦法不该收入此书，所以收录是让世人知晓此势的来源。

解析：不过头的提掳那是拦，所用偃月部位又有区别。裙拦即跨剑势。

图49E 拦

勾（如图33、图5），真如道："勾，就是拦的一种，但要动作紧密，前肘须紧贴肋下。"

沧尘子道："敌高枪逼近我身，只能用勾法，即白牛转角的手法。"但前肘紧贴肋下，还不算太紧密，必须将前手卷到乳前，前腕由阳而变成阴，直到手背朝天。

真如道："对付将近我身的鞭、铜攻击，就要用勾的手法。"

解析：对付圈外来枪，紧急情况下，常用的拦拿起不到作用时，就要用勾法。勾和扑，经常配合使用。

剔（如图34、图13），用来革圈内扎头的枪，也带纤月形。

解析：剔不用转腕，即半摩旗手法。

大封，连环（如图1）对杀时所用的革法。敌我扎革来往不断，称作连环。连环时，各自要用真功夫，只有手上封闭熟练了，才能实施各种行着革法。

解析：敌用子午枪扎我前手，我以封闭手法或左或右击打开敌杆，称作大封，跟程冲斗不转圆直劈而下的大封是不一样的。

手臂录·无隐录释义
——明代枪法短兵解密

图50 捞

图50注：盔甲参考明季觉华岛士兵画稿绘。

第十八章 步法

原文

鸭踏步：敬岩法也，蹲坐而行，其形如鸭，短枪神境也。彼将发圈里枪，我即开步于左，以脱其扎，而用诸手法。

连枝步：倪、石俱有，长、短枪同用。左足不离地而进，后足随之。回马从右进，后踵从左进，此从中进。

随手步：扑鹌鹑所用，大意似骑龙，拗步也。

影手步：有口授。

步法至此，百尺竿头矣！

以上马有沙无。

后踵步：敬岩法也，圈里进最便。

挈（音qiè，提着）脚步：金鸡独立所用。

救步：倪法，前足被钉，以此脱之，只退后。前足无故提松，最是大病，一被钉住，更难落实，急退后足以救之。

暂步：倪法，黑夜不可平步，只用此。

影脚步：倪之沙家法，足从枪下而进，乃不受伤，亦名"十字步"。

十字步：说见前。

剪刀步：倪之沙家法，进退常用，杨家尤甚。

虚脚步、鸭脚步：俱有口授。

四门枪步：倪之沙家法，用"白猿拖刀势"，左足不落实，谓之四门枪。落于前则为正势；落于后则为退势；落于左，右足用后踵步，成顺单鞭；落于

右，退右足成"骑龙势"。——竿子之总要，故曰"沙家用在足"，短枪不用此步。

沙家以四门枪退法为枢要，妙处在此，病亦在此。妙在于活，病在于松。盖退乃长制短之事，长对长而用退，则松矣。

骑龙步：回马丢足而成。

以上沙有马无。

释义、解析

鸭踏步，敬岩常用的步法，蹲坐行走，样子像鸭子，可谓短枪如神的境界。敌要向我圈里扎枪，我立即闪步向左，躲避敌扎，再用相应的手法（如图37）。

解析：鸭踏步，要蹲坐行走，后脚向前脚迈进，即今之盖步。

连枝步，倪觐楼、石敬岩都用这步法，长枪、短枪皆可应用。左脚不离开地面进步，后脚随左脚而行。回马步，左脚要从我方右侧迈步，后踮步，左脚要从我方左侧迈步，而连枝步是要从中间进步（如图1红方）。

解析：连枝步，即今之滑步。

随手步，鹞子扑鹌鹑势中用到，大概意思类似骑龙步，是拗步（如图40）。

解析：后手与后脚同侧而上步，步法幅度比骑龙步小。

影手步，即向左斜进脚步。

解析：影手步要在蹲坐移动时保持枪尖对敌，且枪头高于枪根，才能遮蔽两手。如卷枪时使用。

上述步法都能掌握的话，也就够用了，这些步法，马家枪（指石敬岩改造后的马家枪）有，沙家竿子没有。

后踮步，敬岩所用的步法，向敌圈里进步最方便（如图30）。

解析：这一步法名称今天仍在沿用，即后脚从后侧向前脚迈进。

挈脚步，金鸡独立时应用（如图46）。

解析：躲避敌下部近扎时提起脚来的步法。

救步，倪觐楼所用步法，前脚被敌枪钉紧，用此步闪避，只向后退步。前脚无缘由地虚贴地面，是最大的弊病，一旦被敌枪钉住，前脚也就很难再贴紧地面（前脚不落实，无法蹲坐发扎），只能迅速退后脚以救前脚（如图27）。

解析：也相当于今日滑步，是后退的滑步，先退后脚，再退前脚，在今日拳击上广泛应用。前脚不要故意的虚步，一旦敌枪扎前脚，就无法踩实地面，也就无法革扎。

暂步，倪觐楼所用步法，黑夜里不要平步走，只能用这种步法（比图47提腿高度低）。

解析：平步指的是滑步，因为夜里路面看不见凹凸，故用踩踏的步法行走。

影脚步：倪觐楼的沙家竿子步法，脚要从我枪杆下进步，才能不受伤害，也称之为十字步（类似图26）。

解析：用枪杆遮住两脚，那么两脚与枪以及两臂基本都在同一直线上，是防止敌枪钉我腿脚。枪为横，身为竖，加起来即十字。

十字步，见影脚步。

剪刀步，倪觐楼的沙家竿子用法，前进后退经常使用，杨家枪应用的最多（如图48）。

解析：现代枪法也用剪刀步的名称，但意思可能与明末不同。按吴老的意思，剪刀步类似常人行走的步法，今之枪法应用很多。

虚脚步、鸭脚步，都有口授诀。

解析：虚脚步即前脚虚提，鸭脚步为全蹲式行走的步法。

四门枪步，倪觐楼的沙家竿子用法，用白猿拖刀势，左脚不落实，称作四门枪。左脚回到前面，是正规姿势；回到后面，即是后退的姿势；回到左面，右脚用后踮步进，即成作顺单鞭；回到右边，退右脚成作骑龙势。这是竿子的大略精要，故而称沙家枪法用在于脚，短枪不用这类步法。沙家以四门枪退法为核心，妙处在这，弊病也在这里。妙在于脚步灵活，病在于整体松散。后退是长枪降制短枪的情形，但长枪对长枪也要用到后退，那就松散了（如图38）。

解析：短枪用不着。

骑龙步，即回马步，不上前脚只是后脚的步法（如图31）。

解析：骑龙步应用很广，尤其是在闪避敌枪之时。

上述步法沙家竿子有，马家枪没有。

第十九章 行着

> 原文

戳革在行着用者,迥与练习者不同,不可以戳革论也,身法、步法大抵与二十四势相出入。

半拿、半拦:二法亦和枪也,有口授。

摩旗:拿、拦之不转腕者也,有口授。

半摩旗:亦和枪也。

白拿、白拦:我先发,有口授。破白拿、白拦,须于空处戳之,有口授。

挤:用小小右偃月形,有口授。

挨:用小小左偃月形,有口授。

此二法,真如有扎者名截枪,无扎者名和枪。

挑:地蛇势所用,有口授。

绷:揭之大者,从下而起。

绷退:手绷而身退也。

托:前手向右。

扯:前手向左。

小提:提之小者。

捺:与小提相反。

推:单手推也,有口授。

逆敧：即两手推。

点：蜻蜓点水所用。

叶底藏花：破中平，有口授。

砑：有口授。

圈击：圈而击也。

披扑：卷而深扑者也，法皆似香烟篆。

拖：我枪败于地，彼枪戳来，我拖近，以横力开其枪。

反拖：仙人坐洞所用。

铁幡竿：有口授。

吞吐：于彼枪胸两畔浅进复出，以探其能否也，须防彼点前手。竿子须用大踏脚，以身出入助手势。

穿：真如谓之投壶扎，有口授。

白卷：破高头枪。破白卷，有口授。

通神：捺之头高者也。

直符送书：挤之头高者。

左右颠提：探水之法也，真如名穿帘扎，有口授。

随龙枪：御串枪者，有口授。

反拿、反拦：有口授，二法敬岩心血也，又名缠拿、缠拦，有口授。

缠枪：有口授，冲斗谓之蛇蟠枪。真如破缠，用无中生有扎。

无中生有：有口授。

左右插花：冲斗云"提枪，斜步而进，以探其动静老嫩"。

披闪：轻白拦以动其枪，而换势于右也，意与颠提同。

扑缠：先扑又缠也，有口授。

滴水打：以滴水进步而劈之。

滴水反拦：滴水进又反拦之，有口授。

木鸡枪：又名镇守边墙，真如谓之截枪扎，有口授。

直走大梁：破铁牛，有口授。

懒汉锄田：亦截枪之类，有口授。

手臂录·无隐录释义——明代枪法短兵解密

金鸡独立：破戳前足。

白蛇登树：破戳前足。

青猿献果：破戳头。

紫燕穿林：破戳头，拿下即戳之。

有此四法，故曰"高不拦，低不拿"。

蜻蜓点水：破梨花三摆头、白蛇弄风，有口授。

铁扫帚：冲斗云"彼立中平势，我一拿，双足一跳，又一拦一跳，彼守势不得，即发戳"，余谓此但欺低手耳，一遇闪赚立败！

仙人坐洞：此右肩在前之反势也。初时，我于圈外进右足，以鹞子翻身戳之，彼拦开戳来，我即右手拖枪以革之，又蹲坐以躲之，舞法耳！

绷靠：拖刀势诱彼戳来，我从下绷起其枪发戳。

迎封接进：身法即卷也。拖刀、摆尾转而向前，故有此名（冲斗以从枪为迎封，以花枪为接进，又以滴水破法为迎封，皆误）。

活绷对：救圈里败枪，后蹜步斜进，两手绷起彼枪发戳。

死绷对：圈里败枪失前手，只后手阳仰斜拉向后，绷开他枪，前手即得持枪也。

活绷退：救圈里败枪，剪步跳出，后手斜拉向后，绷开他枪。

翻身绷退：圈里败枪失前手，只后手斜拦过头，绷开他枪，身从右转，退后足，前手即得持枪。

勾枪势：救圈外败枪，失前手，急移前足于后（孟浪极矣，必来不及），左手急持枪，仰掌一勾，左肘紧贴胁下，以开其枪（妄语也）。

此五法皆出于冲斗，前四势已疏，勾枪更谬！留此以破执迷者，非枪法也。

海马奔潮：短降长恃此，凡破皆可用，遇以逸持势者，即败。有口授。

跌落金钱：右偃月形，左右皆用，有口授。

左缠藤：破刀剑如神，铁枪不须，有口授。

三奇枪：有口授。

鸳鸯枪：上偃月形，开多枪甚善，有口授。

蜈蚣钻板：下偃月形，有口授。

梨花摆头：上偃月形，有口授。

香烟篆：重轮月形，有口授。

香烟梨花：有口授。

绦环枪：仰月形，有口授。

月儿侧：几望形，有口授。

逼无路：左、右偃月形，有口授。

螣蛇枪：仰月形，有口授。

行着至此十三法，百尺竿头矣！以上马有沙无。

凤点头：十字步追敌，将枪尖丢洒，闪左闪右以惑之。

白蛇弄风：与硬枪不同，用肩力推扯，枪尖打开丈许最有势，而左边偃处有空。

搭：竿子之白拿、白拦也。

梨花滚袖：两手托直，以身法颠提。

跌膝枪：骑龙势，左足拖出诱人，彼戳来，我收足，膝一点地，两手垂势，一拦即戳。

以上沙有马无。

黑鹞：圈外戳来不革，进右脚于圈外截之。

白鹞：即前势之先发者。

戳死脚：彼前足提松，即钉之。

戳活腿：破彼用回马，有口授。

戳后肩：即实扎，用其大者。

手臂录·无隐录释义——明代枪法短兵解密

左实扎：破圈里戳，有口授。

右实扎：破圈外戳，有口授。

仙人指路：破铁牛、八字打，有口授。

以上马、沙俱有。

溜压沉枪：我圈里斜进，彼枪串入圈外，我用骑龙入彼圈外，横压其枪于地。

压搅沉枪：进步圈外，横压彼枪，彼枪串入圈里，我又后踮步横压之。

此二势皆出冲斗，不可用也！盖横压，真如用之探手，先发制人者也。以为应兵，迂矣！何如戳之？"铁牛"应兵，可用横压，直势难当故也。然压搅难用！

圈里沉枪：蹲坐以枪压之，有口授，此真如法，不同冲斗。

圈外沉枪：用于右。

二势冲斗以为实杀，真如不然，以为探水，二公所见，相去天渊。

左顺打：有口授。

右顺打：有口授。

左拗打：即铁幡竿之用扑鹌鹑也，有口授。

右拗打：有口授。

以上四法专为铁牛、地蛇。

摩旗左打：脱枪乘势打下。

摩旗右打：即前法之对。

此二法用之对长柄叉最善。

连击：彼枪已死，连打而进，必无反覆。

颠提：地蛇打纫针者也，从圈外打其手，即缠拦手法，故名颠提。

以上借棍法。

〔 释义、解析 〕

行着所用的戳法、革法，跟我们平时习练的大不一样，不能用本书前文所说的戳法、革法来评判，身法、步法大多与马家枪二十四势相出入（行着专用于游场角技，不以杀死杀伤为目的，而是要制服，因此戳革方法因枪师水平的高低而良莠不齐，用什么的都有，有实战技法，也有花法，所以不能一概而论）。

半拿、半拦：两种技法也可称作和枪。拿、拦主要靠前手劲力，拿、拦是转腕90度，半拿、半拦只转45度（如图13、图14）。

摩旗：不用转腕的拿拦。即手不转阴阳，不用拧转枪杆，只是用枪尖顺时针或逆时针划圈，圈或小如铜钱，或大如锅盖，可以扰敌，也可以防御，属于虚枪。但两手阴阳一转，拧转枪杆，枪尖即可滚转扎出，可攻可守（如图3、图34）。

半摩旗：也可称作和枪。不用拧转枪杆，但手腕是有摆动的，摆动幅度近半拿、半拦，可用枪尖划上、下、左、右的弧（如图13、图14）。

白拿、白拦：敌还没向我发枪，枪尖离我还远，没到我用拿或拦的拍位时机，我主动发出拿或拦枪，目的是先革敌器，让他没法发扎。这种情况可适用于敌我对峙时，我主动出击。破解白拿、白拦，必须向敌不易防护的部位发扎。因为敌先发的拿或拦没有后手返上的动作，力度没有封闭强，但速度快，如果我来不及革，最多将我枪荡开，不能压死我枪，此时我要反败为胜，就必须看敌身哪里防御最弱往哪扎，就不要想贴杆深入了（如图7、图9）。

挤：贴着敌杆前手腕阴、后手腕阳摆动45度，枪尖轨迹小，呈小右偃月形（如图12）。

挨：贴着敌杆前手腕阳、后手腕阴摆动45度，枪尖轨迹小，呈小左偃月形（如图14）。

挤和挨，程真如管用这两种手法贴着敌杆进扎的叫截枪，没扎只革的叫和枪，跟白拿、白拦的手法一样。

挑：两臂下垂伸直握枪，大蹲坐，为地蛇势，于此势将压我枪的敌杆向

上、向左、向右挑起或直接挑敌（如图37）。

绷：自下向上而绷，主要是后手的发力比前手更强劲，瞬间的爆发力，向上挑如果劲道为绵劲，则绷劲更为刚烈（如图10）。

绷退：敌枪压在我枪上，我以后手将枪向上绷开，然后向后退步。此势是程冲斗汉口枪的用法，用在单杀手扎出去来不及收回而被敌枪压制的情况。

托：敌枪向我胸腹以上扎来，我利用步法、身法将前手向右横摆（类似图14）。

扯：前手向左横摆（如图10）。

托、扯，敌我近身两杆相交时易发生此类情况。

小提：幅度很小的提法，以拦的技法革圈里低来枪，用左纤月形月牙的右侧（如图14）。

捺：用拿的技法革圈外低来枪，用右纤月形月牙的左侧。小提、捺，后手都高于前手（如图13）。

推：仅用前手或后手握枪身推敌杆（如图48）。

逆敲：两手握杆而推（如图15）。

点：蜻蜓点水技法，一般用于两手握杆点刺敌持枪前手或者点杆，使敌撒枪或杆子落地（如图10）。

叶底藏花：由下向上绕敌杆进扎敌之前手，即串加子午枪，可破中平枪，又名月牙枪（如图3）。

砑：后手转杆向右向下发力滚压，力用在枪根，为纤月形（如图15）。

圈击：先用圈枪，再用劈打（如图6加图8）。

披扑：先蹲坐而拿，即卷枪，然后深打之（如图7加图8）。圈击和披扑的手法都类似香烟篆。

拖：我用单杀手扎枪，被敌枪革开，我枪尖落地，此时敌枪向我扎来，我疾速将我枪拉近我身，前手接枪，两手用横劲猛开敌杆。

反拖：我用单杀手势扎枪，枪尖落地，此时我后手后脚在前，而敌枪向我扎来，我来不及收枪收脚，顺势用后手将枪拉起，前手接住，两腕相交，并蹲坐，用横力开敌枪，此势名仙人坐洞（如图51）。汉口枪擅用，吴殳称此为

"舞法"。

铁幡竿：上骑龙步硬横力向左后开枪（如图41）。

吞吐：贴着敌杆前1/3段先浅扎再退出，以试探敌枪的防御能力，须提防敌顺我杆滑扎我之前手。如果是用沙家竿子，就要用大跨步跟着竿子进退，凭身体的向前向后来协助手臂的动作（言外之意，短枪是没必要动步法的，靠两手足矣，因为竿子长而软，易塌腰，所以需要身法的推动）。

穿：程真如称作投壶扎，即美人纫针（如图32）。

白卷：卷枪要蹲坐而拿，可破中平、下平枪，白卷也是我方主动出击的技法，当敌我双方对峙，敌枪尖较高未扎之际，我突然用卷枪将其压下，即白卷（如图7）。

通神：捻的枪头较高，即持杆前手高于后手。

直符送书：挤法，枪头高，枪根低。

左右颠提：左右指起势为中平势（如图24）或跨剑势（如图45），两势的枪为左右相对，这里的颠提指的是滴水势（如图30），直提敌之前手，程真如称之为穿帘扎。

随龙枪：防御敌串枪的技法，敌串我也贴着敌杆串，是闪赚技法。

反拿、反拦：这是石敬岩的心血之作，拿由跨剑势发出，即反拿，拦由中平势发出，即反拦，又名缠拿、缠拦。

缠枪：枪尖影迹为重轮形（如图4），程冲斗称之为蛇蟠枪。程真如破缠枪，用无中生有的扎法。

无中生有：我枪被敌枪缠住，看好时机将枪抽回，再扎入。

左右插花：程冲斗谓之使用提枪的技法，或用后踏步向左进，即滴水势（如图30），或用骑龙步往右进，即伏虎势（如图43），以试探敌之来枪是老是嫩。

披闪：以少许枪劲主动发出白拦技法，目的是引诱敌枪做出动作，敌枪的动作如果是避开我的拦法而将枪从我的左侧串至右侧，我则也随之将我枪由拦势转为拿势，枪项从左移至右，意思与颠提一样。

扑缠：先用打击敌杆，如敌杆未下落而采用革法，我再施以缠法（如图8

手臂录·无隐录释义——明代枪法短兵解密

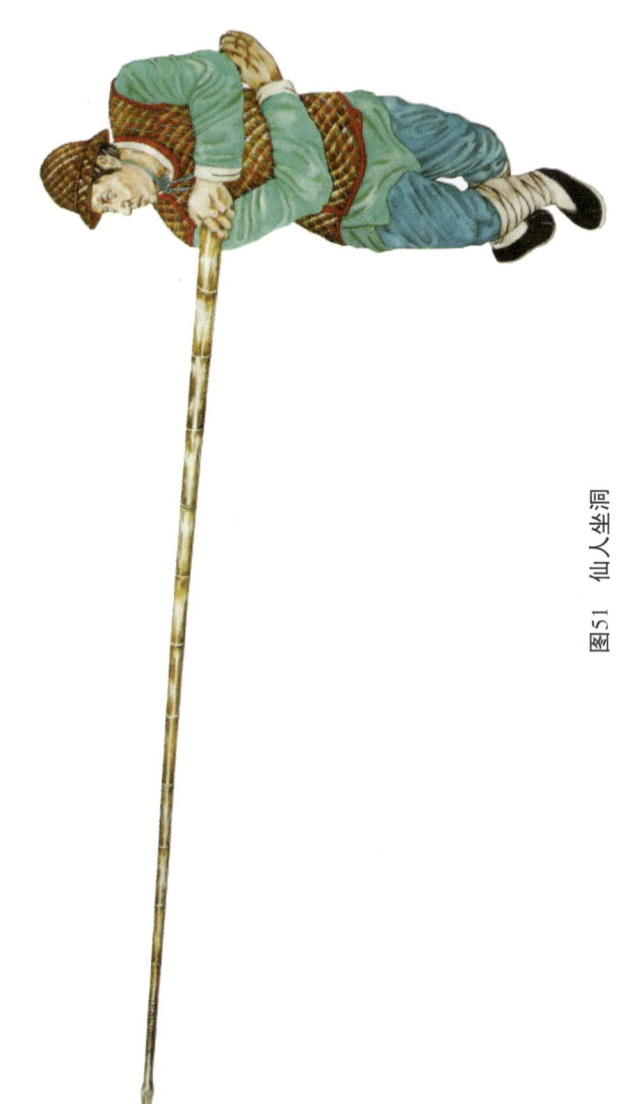

图51 仙人坐洞

图51注：藤盔、藤甲参考《武备志》赤藤铠绘，适用于步兵。

加图4)。

滴水打：由滴水势（如图30），进后踮步先提枪再打之。如再贴杆逆敲而推扎，即海马奔潮。

滴水反拦：敌发地蛇枪（如图37）扎来，我则用滴水势（如图30），我枪将敌枪提起，此时我枪贴在敌枪之下，用手法将我枪串至敌枪之上，以拦法（如图44）打击敌杆。

木鸡枪：又名杨六郎镇守边墙，程真如称之为截枪扎，石敬岩称之为懒汉锄田，轻用挤、挨手法。

直走大梁：可破铁牛耕地。敌用极低的身势扎进我身，我万万不能与其杆子硬磕，而敌的两脚是跨开的，不方便变换身势，我就上骑龙步绕到敌身后戳其后背。

懒汉锄田：也属于截枪。

金鸡独立：破敌枪戳我前脚，敌枪由下扎来，我提起前脚，所谓低不拿（如图46）。

白蛇登树：敌枪向我前腿脚扎来，我用提、掳将敌枪革开，再将敌枪打下，顺敌杆滑扎敌之前手，即逆敲，所谓低不拿。

青猿献果：敌枪向我头扎来，我闪过，即以单杀手法（如图29）还扎敌首，所谓高不拦。

紫燕穿林：敌枪向我头扎来，我将敌枪一拿至地（如图35），然后戳刺其身，所谓高不拦。

金鸡至穿林四法，可谓高不拦、低不拿。

蜻蜓点水：可以破梨花三摆头（枪头低于枪根，故易被点扎前手）、白蛇弄风（仅靠两臂左右摆弄枪尖），即点扎敌之前手。

铁扫帚：程冲斗说"敌立中平，我先一拿敌枪，然后跳起两脚（敌枪从下扎来），进而再拦一枪（敌枪又扎我下部），再跳双脚，敌则慌乱无法防守，我则可以发戳"，这个也就能欺负下低手，一遇到闪赚立马见败。此技法在现代的六合枪套路中仍有使用。

仙人坐洞：这是右肩在前的反架。我从敌之圈外进右足，即骑龙步刺敌，

敌拦开我枪还刺，我立即右手拖拉拽回我枪，并以拖拉的力量试图革开敌枪，同时蹲坐蜷身以躲闪敌扎，其实是舞法（如图51）。

绷靠：以拖刀势将枪尖指向地面向后退，诱敌追扎进来，我则从下面以腰力将我枪绷起而开敌枪，进而发扎。

迎封接进：敌枪向我圈内扎来，我蹲身小拿敌枪的同时并扎刺敌身，即卷枪的方法，这是拖刀势、摆尾势拦完敌枪的后续动作，即拿、扎，故而有此称呼。程冲斗把从枪称作迎封，把闪赚花枪称作接进，又把滴水提拿称作迎封，都是错误的。

活绷对：我枪在圈内被敌枪拿下，我则用倒插步向敌之右侧斜进，让我的枪与敌枪的夹角角度更大，便于我可两手绷起敌枪进而发扎。

死绷对：我枪扎至敌之圈内，我枪落败，前手不能持枪，只能靠后手阳面仰着将枪向后拉拽，并绷开敌枪，前手就能握枪了。

活绷退：我枪被敌枪压在圈内，未待敌刺，我即以剪刀步向后跳出，同时后手将我枪向我之身后大幅度拉拽，以绷开敌枪。

翻身绷退：此势开始动作是以单杀手向敌圈里扎的扎法，失败后（此时，右腿在前，并非左腿在前），右手在头部位置向后斜拦，绷开敌枪，右转身（转180度），右脚向后退，转过来后（此时左手左腿在前，变作中平势）恰好持枪。

勾枪势：敌从我之圈外向我发枪，刺我前手，我即撤回前手，立刻向后退前脚，即将左脚退至右脚后，变成右脚在前，前手即能握枪，仰掌向内一勾，左肘部紧贴肋部，即可开敌枪（吴殳说，这招这么使的话，第一，前脚向后退可能来不及，第二，动作不到位。其实这招在现在的六合枪套路中还真有人这么使，样子挺好看的，后退结束的样子，似乎是胸腹正对敌人。勾枪，是救急的枪法，向后退，不能幅度太大，因为来不及，仅用滑步后退就够了，而不能改变胸腹所对的方向，即不要转身。再者，前手不仅要贴肋，还要卷至乳前，才能破釜沉舟地使出勾枪之法。如图33）。

从迎封接进至勾枪的用法，都出自程冲斗，前四势的动作就大开大合，而勾枪更是错的，所以保留这些，是让那些执迷不悟的人清醒过来，这几势根本不算枪法。

海马奔潮：短枪破长枪，靠此势，即凭滴水势提拿而扎。但如果故意先摆此势而待敌，必失败（意指此势本是个枪头在下的动作，枪尖低于枪根，没有防守，当然易败）。

跌落金钱：右偃月形（如图8），敌枪扎来，我凭步法或左或右闪开敌枪，轻封敌杆，依其杆而下，即扎敌前手，又名画乌丝。

左缠藤：可破刀剑。敌之刀剑从我之圈外砍在我的枪杆上，欲顺杆滑斩我手，由于敌刃吃杆深，我则以勾枪之法将敌械甩开。如果我用的是铁杆枪，就无必要勾了，金属杆不畏刀剑（藤指枪杆）。

三奇枪：即跌落金钱、月儿侧、绦环枪。

鸳鸯枪：适用于被敌枪所围，我则蹲步，靠身法躲闪敌枪，并以枪攻击敌之最左边的人，每次都攻击最左边者，枪尖影迹呈上偃月形。

蜈蚣钻板：枪尖影迹呈下偃月形，游而不扎，攻敌下部。

梨花摆头：上偃月形，指敌内，扎敌外，或指敌外，扎敌内。

香烟篆：枪尖影迹为重轮形，即缠枪。

香烟梨花：即香烟篆加梨花摆头。

绦环枪：仰月形，又名螣蛇枪（如图55明军）。

月儿侧：几望形。

逼无路：左、右偃月形。

螣蛇枪：同绦环枪。

从海马奔潮至螣蛇，这十三招是行着的精微之处，可谓百尺竿头。上述马家枪有，沙家没有。

凤点头：用十字步（枪杆遮住两脚）追敌，将枪尖左右丢洒，攻敌持械之手。

白蛇弄凤：跟硬枪不一样，需靠肩膀的力量带动两臂推扯竿子，使枪尖可离我身外丈远左右摆动，特有气势，但我之左侧门户会有空当（偃，同堰，在此指门户）（类图70叉手）。

搭：沙家竿子的常用方法，抢先拿、拦敌枪。

梨花滚袖：主要靠身体躲闪，两臂抻直以提拿敌杆。

跌膝枪：摆出骑龙动作，故露左脚诱敌扎来，我则收左脚，跪左膝，膝一挨地，则两手垂下一拦敌枪即发扎。

上述方法沙家竿子有，马家没有。

黑鹞：敌枪向我圈外扎来，我不革，以骑龙步向敌圈外截击（类图52甲）。

白鹞：我与敌互立中平对峙，我抢先上骑龙步向敌圈外刺戳（类图52乙）。

戳死脚：敌前脚向上一提（类图47），即刺敌之后脚。

戳活脚：敌向后退，欲用回马枪（类图38），即刺敌之左脚。

戳后肩：以单杀手扎敌之右肩（类图1），因为单杀手力量足，扎得远。

左实扎：敌向我圈里扎来，我左腿斜向左上步以闪避敌之枪尖，即用单杀手扎敌后手。

右实扎：敌向我圈外扎来，我向右前上骑龙步以闪避敌之枪尖，即用单杀手刺敌。

仙人指路：可破铁牛耕地、八字打。铁牛耕地是先一打至地，然后再借向地的反弹力扎出，而少林八字打，是下三路的左右摆动打法，反复划上偃月弧线，这两种都是先打，那么我则上骑龙步先避其打，再提枪击敌腿。

以上马家、沙家都有。

溜压沉枪：我以后踏步向敌圈内斜步进扎，敌枪串到我的圈外，即我之左侧，我又变换步法成骑龙步，横枪将敌枪压至在地上。

压搅沉枪：我以骑龙步进到敌之圈外，即敌之左侧，横枪压制敌枪，但敌枪将我枪绷起，向我圈内即我之左侧扎来，我再变作后踏步压制敌杆。

这两招都出自程冲斗，不要用啊！其实横杆压敌枪，是程真如用作试探敌枪的手法（即降枪扎），是先发制人。如果刻意用作防守，就太迂腐了！有那个变换步法的工夫，还不如想办法戳呢！如果对付铁牛耕地，我可上骑龙步横压，这是因为铁牛力道直猛，来不及格挡。但压搅沉枪很难使用。

圈里沉枪：蹲坐以枪直压敌杆。真如也有此用法，跟程冲斗不同（程是大直压，真如是卷枪）。

圈外沉枪：骑龙步而用。

图52 甲乙丙丁

图52注：马上将领盔甲参考《倭寇图卷》绘，刀兵纸甲、牛皮甲参考《武备要略》绘，长枪兵盔甲参考《纪效新书》绘（甲、乙、丙、丁见腰牌）。

上篇 手臂录

两个动作,程冲斗以此为实招,大封大劈,但真如却注重手法,虚实结合,两位枪师的造诣,可谓一在天上,一在水中。

左顺打、右顺打:左腿在前,向左打,向右打。

左拗打、右拗打:右腿在前,向左打,向右打。

上述四种打法存于铁牛耕地及地蛇势中。

摩旗左打:脱开敌枪后向左打下。

摩旗右打:脱开敌枪后向右打下。

这两势可用于对付长柄叉,效果非常好。

连击:敌枪被我枪一打至地,为防止敌枪再起,我则继续打击敌杆,让敌械死于地上,不能再起。

颠提:地蛇势打纫针势,从敌圈外打敌前手,即缠拦手法,故名颠提。

这两势借用棍的打法。

第二十章 枪法微言

> 《原文》

枪本为战阵而设，自为高人极深研几（细微），遂使战阵之枪，同于嚼蜡。枪有六品：

一曰"神化"，我无所能，因敌成体，如水生波，如火作焰；

二曰"通微"，未宏全体，独悟元神，以一御百，无不摧破；

三曰"精熟"，敏悟未彻，功力甚深，犹如鲁贤，学由身入。

凡此三者，厥（音jué，其）品居上。

四曰"守法"，有传必习，不替家门；

五曰"偏长"，手、足、身、目，深有一得；

六曰"力斗"，虚实全无，动即犯"硬"。

凡此三者，厥品居中。

初学，须先知棍与枪之辨，次须知马、沙、杨之辨，则不惑于邪说。余三十年来，每问枪师云："枪与棍皆有革，何革为枪，何革为棍？"能对者绝少。嗟乎！枪棍犹不能辨，况深处乎！

先学成竿子，手松脚浮，于马家枪永世不入矣！先学成马家枪，分出十分之二，即是沙家枪，但加以大步耳！马、沙既成，杨家不学而得。

马取静，沙取动；马取手，沙取足；马取进，沙取退；马取小，沙取大；马取密，沙取疏；马取轻，沙取重；马取大成，沙取适用。杨无正名，杂出于二者之间，故曰"骡枪"。

须枪枪见血以论胜负，然后能辨敬岩、冲斗之得失，此事非独口不能传。

对枪稍留情面，即不能辨，此真破假也。

人有慧性者，方可教枪，不然，止堪叉、铲。每有于余学得敬岩法一、二分，一遇俗师，即溷（同混）于大封、大劈，尽失故步。人之识与志，岂易得哉！

杨家枪威势最动人，而一遇马家枪即败。以初学之时，马家枪步步进于人，枪头上夺得性命，故手脚紧密。杨家枪多半以退诱人，故粗疏。

杨家枪破短枪用退，短枪破刀棍亦退，法固然也！莫咎杨家，但学者不当，株守一杨家法耳！

大封、大劈，门外汉望而却步，同艺者以力为胜负。敬岩、真如见之，如篾缚纸鞔（音mán，鞋子）方相（驱鬼逐疫之神），才近身，即百杂碎，此紧破疏也。

意必相合法，则有与意违者，惟违乃真合也！以画譬之：衣折回转，与肢体相应，若画锦衣者，则于衣折完后，铺一层平锦。不合衣折，若于衣外挂以网者。以意言之，宁不大违？然必如是，乃成锦衣！苟随衣折而作锦，必不成锦，岂非违者真合乎？中四平，意也，衣折也；三十三势，法也，挂锦也！求枪法者，于此用心焉。

戚公鸳鸯阵，每队十二人，唯枪手四人，名曰"杀手"，以寡击众，莫善于枪，不可不知！

敬岩云："枪杆重八斤，极硬，学成上阵，着着杀人！在游场时，人不能用我枪。若以轻软者来对，如飘芦苇，何须更破？"此实破虚、重破轻也，乃练习时之法，战阵即用之。游场恶其带烟火气，犯硬不能必胜，须要脱化。问曰："战阵实事，生死胜败系焉，子以游场为难，不亦左乎？"答曰："棘院之文，贵贱系焉，岂非实事？而元魁墨义，敢与欧、苏较高下乎？"曰："予昔所见海上临阵必胜之将，至王圣通、王克之极矣！"敬岩对之，不立一势，不施一法，忽焉刃注其喉，罹慔（音lí mǒ，遭受羞愧）而退，临阵必胜之枪安在？

来枪之虚实，于将发时面上测之，最是要诀。

诱人不如逼人，诱可不受，逼无不受也。以动逼人不如以静困人，动则劳，静则逸也。呜呼！可与言此，其唯敬岩、真如哉！诱人，闪赚颠提也。动势者，海马奔潮等也。静势，须眼见口授。

唯欲革，劈打足矣，何须封闭？封闭非止革枪，古人立此以练手臂者也。深谙此意，乃可入峨嵋之门。马家、冲斗不知，洪转知而未深，世人可与言马家、冲斗之法如泥沙，可与言转公之法者如砖瓦，可与言峨嵋之法者如夜光之珠。

枪非可教可学之道，由教学而得者，至少林止矣。透过此关，方见峨嵋之妙。

战阵矢石之下，贤愚同尽，大将得如真如、普恩、德长、敬岩辈数人，宜客之幕中，大用之则以选择教师，小用之则防刺客。有如贺拔胜之袭高欢者。

敬岩枪法以万派归宗为最极，得此而视诸法，如登塔顶而视街衢也。手法中有二，身法中有一，只在此山中，云深不知处。

敬岩在游场，遇低手不用戳革，枪浅直如不见深者，拔而掷之，常曰："我乃可上游场，卿辈不可也！我上游场胜人，而人不能窃我枪法。卿辈得一胜，即以一法送人矣！"

打连环时，枪根空半寸、一寸，渐至一尺不败，对破放出，是长于人一尺矣！此敬岩秘诀。孟子云"自反而缩"、孔子云"躬自厚而薄责于人"，正合。

枪戳一条线，棍打一大片，初学练手事也，能人枪、棍如蛇行！来枪不妨拿、拦前着，万勿拿、拦后着，切嘱切嘱！未进关手宜轻虚，已进关手宜重实，"关"即《纪效新书》所言"拍位"也。枪法贵小，棍法借来物却贵大。欲知其戳，当验其目，目所射处，是其戳处！关外认器不认人，关内认人不认器，常道也！神化者，关外亦认人不认器。

最精密者"螣蛇枪"，粗则为"海马奔潮"，粗极则为"铁扫帚"。其意一也，同一转阴阳也，"圈手"力在枪头，"螣蛇"力在枪根，须久久练习，得悟入处方知之。

枪之借棍有五：一降长、二关内、三御众、四夜战、五舞弄。

倪觐楼短枪未纯，而竿子绝妙。余尝问："沙家法须更学乎？"倪曰："不然，子取竿极硬者，选马家法用之，必胜！"余从其言，每困竿子好手。

觊楼云:"竿子手动则脚静,脚动则手静,手脚俱动,便无法矣!"又云,"竿子头可软,胸、腰必贵硬!"

冲斗云:"闪赚细密,左右变化,不致犯'硬'。颠提局势阔大,诸势相破,无不赖焉。"其余枪法已知犯"硬"之贱辱矣,而悞(通误)横(放任)"阔大"二字于胸中,故其学与敬岩、真如毕竟相背。

冲斗云:"彼立中平,我以他势惊之;彼换他势,我以中平破之。"此言亦然亦否,各势自能相破,不需收入中平也。

《纪效新书》枪法不及冲斗,言棍甚精。余取其通于枪者八条:

"拍位早不得,迟不得,能见肉分枪,自知拍位矣。决不可一发便要伤人,徒使自势发尽,为人所乘。"

"须知他力出何处,我不于此斗力,姑且忍之。俟其旧力略过,新力未发,然后乘之",此语甚妙。

"转阴阳不宜太早",此深知甘苦之言,即翁慧生所谓"开枪宜先轻后重"也,"鸳鸯枪"不出此。

"一打一揭,步步向前,遍身着力",即少林棍之"五虎拦"也。

"剪打急起磕,起磕复剪打,相连而进,彼不能发戳",此即枪家入室语。

"打在他手前一尺",余谓此"拍位"注解也,练戳革二三年自知之。

"用彼败枪之法连步赶上,切勿杀他,只管住他枪",此语甚妙,即"连拿"也。

"持棍后手宜留三寸,以便换手,持枪必须尽根",余谓枪根当在掌心中,与臂骨相对,则灵活而长。

三家法辨不清,即是邪说,不需更有邪说也。

叉、铲头重,一被打即沉下,连打而进,胜之必矣,枪若发戳,必败。

铁十字,马家隐微处也。

力大者,得技艺三分,便可降人,故不能深入,自用则可,教人则疏矣。

刀剑降长,必须拼命扑身枪尖上去,逼之不得不发,乃能降之,稍松即败。此死中求生之法也!短枪于长枪亦然。

戳革是正,行着是变,功夫缺一不可。

正当前握手处，是枪之心，于此称（举起）之，两头正平，方用得灵活。杨家枪长，其心必在前手外二三尺，虽大力者持之，终不能用马家法，压手故也。

浅可破深，深又可以破浅；轻可破重，重又可以破轻；紧可破疏，疏又可以破紧；实可破虚，虚又可以破实；直可破横，横又可以破直；正可破斜，斜又可以破正；下可破上，上又可以破下；中可破上下，上下又可以破中；右可破左，左又可以破右；长可破短，短又可以破长；真可破假，假又可以破真；进可破退，退又可以破进，而进又可以破退。有师承、有工夫、有悟门者，自能明之。孙子曰："兵无常势，水无常形，能因敌之变而取胜者，谓之神。"

余初学时，敬岩问曰："君之学武，为意气名高耳？我有二三捷法，只一月之功，可以眩（同炫，迷惑，炫耀）俗。"

余曰："本以天下多事，故欲为此。若止眩俗，不能杀中原流贼者，吾不学也！"

敬岩曰："若尔非千日苦功不办（致力），须二年练戳革，一年学行着，方到小成。若要大成，必如我一世习练方得。"

余深信其言，癸酉甲戌，练戳革无间时者二三年。

行着甚多，岂能尽练？得其精要者数法，可以称"通微"矣！多而生，不若少而熟也。数着既熟，旋旋加之，以迄"神化"。

长对短，勿竟进，竟进必败。进而忽退，又进，则必胜矣。

短当长，若长竟进者，易破也。于其忽退时，能追入黏住不令脱去，则胜。不然必败，难哉难哉！

洪转曰："柔能制刚，弱能胜强，此即软中破硬之法也！彼以硬来，我亦以硬抵，是为犯'硬'，力弱者必败，力等而斗久，何能必胜？若于彼用力刚猛之时，我行'穿'、'勾'、'退步'之法以避其力，俟彼进深，猛气已过，乃移身斜步扎之，即巧法中之斜步'单杀手'也，此时彼亦无所用其力矣！我变为软，使彼气力落空，然后相其无备之处取之。此皆'以软破硬'也。又如彼此立势，我乃假作硬势进枪，彼亦以硬力革我，我却变'圈'、'串'软法扎之，谓之'借硬用软'。又如立势之时，我以软势'吞吐'进出，使彼不防，

我于进后忽用硬力，疾速取彼，谓之'借软用硬'。此中变于无形，动于无声，学者不可不留意！"观转公此段议论，见识高深细密之极矣！

少林之枪，所以与峨嵋有间者，"封闭"根本之工少！其于行着，未免因事制宜，不从根本而发，似乎下流塞水耳。

冲斗自取其性之所近，专抽少林刚猛之法以立教，偏于粗厉，其负少林者多矣！王子安（即唐代王勃）文章，为才所使，以致肠肥脑满，失江庾（即南北朝庾信）清瘦逍遥之度。冲斗枪、棍为力所使，以致掀天揭地，失少林强弱互用之意，其病正同。

敬岩于江南枪师，惟许程真如、程冲斗。余于二君年齿相悬，皆不及识面，而皆得见其书。真如深会予心，冲斗道不同也。

真如云："普恩立机空室，练习二载。"夫枪皆活法，岂立一机而可练习诸活法乎？予谓枪以"封闭"为根本，其所立机，只以练封闭耳。当是制一大弩，以杆为矢，张而发之。杆来深疾，不易革开。练至能革开一杆，则以二杆前后相随而发。加至四五杆而不伤身，则眼明手快之极矣！盖人力所发之杆，毕竟不如弩发之疾，且无情可畏也。普师诚志士哉，世不二见也！

深究敬岩、真如之异同，真如只学于普恩，一师而成，纯乎纯者也。敬岩自云马家枪法，而紧要处全同真如，盖初本马家之法，由其工力专深，不觉不知与普恩合，而马家带棍之法亦不驱逐，皆以枪法用之。由杂而纯，既纯之，后反以杂，故见其广大者也！真如如昌黎（即韩愈），合下（原本）便是古文，自始至终，不带六朝；敬岩如柳（即柳宗元）文，初本六朝，工力专深，不觉不知与昌黎合，具六朝之文在集中，反觉有别致也。

短枪如小楷，杨家枪如行书，沙家竿子如狂草。学成楷书，然后学草，乃有规则。先学草书，于楷远矣！行书杨家枪，在二者间，既得二法，中间者不学而得。

杨家枪气势雄猛，而必折于峨嵋者，以峨嵋之初，站住脚跟，手熟而后动身，身熟而后动脚，根本固也。杨家枪用处在脚，故跳跃功夫多，封闭功夫少，以抵峨嵋，无可跳跃，焉得不困？杨家破短枪用退步，短枪破刀棍亦用退步，法固然也，但学者不应株守一杨家法耳！

中四平之足贵者，以其能含藏百法，随宜即发也。死中平不如不学。

舞枪势，舞与歌同类，安责其实？用《饶歌》（汉代乐府歌曲）为军中之乐，则器舞亦军乐中事也。而其合手法、步法、身法、行着为一叙，习之则技自精熟，以此不为剩技，然非精妙之极者，舞必不佳。予不知真如枪舞云，而敬岩曾于娄之海宁寺一见其舞，又于斗室中以短杖作三四转身。六十老翁，白须如帚，赪（音chēng，红色）面长身，平日有戚施（本义蟾蜍，此喻指驼背）之消，及乎作舞，窃疑卫叔宝（晋代卫玠）、王卫尉（西汉初人）无此俊美也。太仓王元开，亦敬岩徒也，曾与同之皖城，每薄暮舣舟（停船靠岸），即于沙岸舞青田棍等法，皆枪法也。如是者半月，愈出愈精，无以复者（即无以复加），恨不同行而且击之。敬岩此行，遂死社稷，枪舞同与《广陵散》矣！

余交敬岩者仅二年，枪法之处德依仁，传犹未尽，何暇及于游艺？元开曾得其青田二三套，今亦为故人耳，徒怅惋矣！此中探海、压卵、朝天删自马家二十四势中，坐洞以下八法皆出冲斗《少林棍法阐宗》，而误杂于洪转之书。

少林有风魔棍法，棍长丈二，重四十斤，绝力之士，不须别法，只此一法，临阵枪犹避之，何况余器？无此力士，故仅存其名，而失实用，实用既失，同于舞法矣。少林谓之观音棍，盖其寺之观音堂曾有僧善此棍法，因以命名也。

夫舞字之转换处、寂寥处，须有虚势以济之，不可兼贵实用。冲斗于诸舞势曲为之说，以致疏舛（音chuǎn，错乱）。

释义、解析

长枪本来是专为战场布阵杀敌而设置的，自古以来，也被武学修为高深的民间人士进行细致的研究。如果民间爱好者按战阵的使用技法习练长枪，则会感觉索然无味，恍若嚼蜡一般。

枪法有六个品阶：

第一品称作"神化"，我之枪法没有什么特殊的招式，却能因敌之枪法而随之应对，好比水一动即出波纹，火一起即有光焰（此夸石敬岩，棍、棒、

刀、牌，皆化枪法）。

第二品称作"通微"，我的枪法并不全面（很多行着不知道），唯独能悟出枪法的元神在哪里（可活用封闭，举一反三），从而可以一敌百，各个击破（此夸程真如，行着没有，只用十二倒手、十八扎法）。

第三品称作"精熟"，对枪法的悟性虽然不高，却专门在封闭上下的功夫最深，好比孔子的七十二贤徒，各自在所学领域博得一技之长（此夸吴殳自己）。

凡上述三品，可谓上等。

第四品称作"守法"，只要有传授枪法的，就跟着学，不管他是哪一派的（此指少林僧洪记）。

第五品称作"偏长"，手法、步法、身法、洞察力，只有一样特别精湛。（此指沙家竿子倪觐楼，擅长步法）。

第六品称作"力斗"，枪法没有虚实，一动枪就是硬打猛扎（此讽程冲斗）。

凡上述三品，可谓中等。

对于初学者，必须先知道枪和棍的区别，其次要明白马家、沙家、杨家三家枪法的异同，就不会被那些歪理邪说的枪法所诱惑。我习枪三十年来，每次见到教授枪法的师傅就问："枪和棍都有革法，哪种革法是枪法？哪种革法是棍法？"能答对的人极少。唉！枪和棍的区别都不知道，更何况枪法的深邃之处就更别提了。

如果先学好了沙家竿子，则手法太松懈，且立足不稳，这辈子也就无缘再练出马家枪的元神了。如果先学好了马家枪，拿出十分之二的东西，就是沙家竿子的练法，只是增加了大踏步的步法。马家、沙家都练好了，杨家枪不用学就掌握了。

马家枪以静制动，沙家竿子是以动制动；马家枪重手法，沙家竿子重步法；马家枪强调进身杀敌（因为枪短，对付长器要扑身枪尖），沙家竿子侧重后退杀敌（因为枪长，对付短器要先虚扎，再退再扎）；马家枪枪圈紧小，沙家竿子枪圈阔大；马家枪擅长虚中藏实，沙家竿子侧重实刺猛戳；马家枪要求钻研入微，最终出神入化，而沙家竿子只要求满足搏杀需要即可。杨家枪本没有真正属于自己的枪法，其路数混杂于马家、沙家之间，故而称之为骡枪。

对练中，必须施以枪枪见血的杀招，与对手拼出胜负，才能分辨出石敬岩、程冲斗在枪法造诣上，谁的收益大，谁的错漏多。这种辨识，如仅靠师父用嘴说的话，你是体会不到的。对枪稍稍碍于情面，没有全力以赴地与对手搏杀，即无法辨别出石、程二者的造诣深浅，让你全力拼杀，就是要你以真实的招数破解掉对手的假把式（现代对练有很多假把式或者是假打、留手。不仅是枪，在现代的拳法中也存在此种现象，足见四百年前的吴老爷子是深悟实战技击训练方法的）。

对于悟性高的人，才可以教授他枪法，不然的话，也就只能习练叉、铲之类的兵器（叉铲类于棍，好蛮力，擅大封大劈）。每逢有人从我这学到敬岩师父的枪法刚刚一二成，他一碰到功夫平庸的枪师，立即施展开大封大劈，把此前学的路数全都忘掉了。对于所授新人的聪明程度和毅力，怎能轻易地就能观察出来？

杨家枪的威猛气势最能触动人的感官，但一遇到马家枪即为之挫败。这是因为初学马家枪时，步步向敌进逼，迎着敌之枪尖而上，方能保住自身的性命。故而马家枪手法、步法动作幅度小，少有破绽（即蜷身蹲步而行）。而杨家枪大多数的招数都是向后退，诱敌扎入，再反制，故而技法粗笨，漏洞多。

杨家枪破解短枪的进扎，用退步的方式反击，短枪破解刀棍的进逼，也是采用退步的方式，这本就是因器的形制而自然形成的方法。所以不应归罪于杨家枪擅长后退，只是习练者资质愚笨，只会死守着杨家枪的长破短之法。

大封大劈的枪法，能使门外汉望而却步，同门中人更是以力量的大小判定胜负。但像石敬岩、程真如这样的高手碰到大封大劈之人，就如同用草绳捆扎起纸糊的驱鬼之神，敌刚一近身，就算有百般杂耍本事，也会立刻瓦解，这就是以枪圈的紧密来破解掉漏洞百出的大封大劈。

使枪时的桩架一定要跟对应的用法相吻合。然而，却有与桩架相违背的用法，只有违背，才算真正的吻合。且用作画来打个比方：画人穿的衣服，褶皱往复，与人肢体的动作相一致。如果所画的衣服为缎子所制，就要在褶皱外再

平涂一层色彩，其走向与褶皱的方向不符，就好像在衣服外挂了一层网。如从构图角度而言，这种涂法岂不与之严重背离？而中四平势，作为桩架，即相当于褶皱，三十三势（戳法二十一、革法十二）是用法，相当于平涂的挂缋。索求枪法的人，当在三十三势上用心练习。

戚公的鸳鸯阵法，每队十二个人，唯独枪手四人称作"杀手"，以少胜多，没有比枪更好的兵器，不可不知！

敬岩说："枪杆八斤重，特别硬，学成枪法上阵，招招能杀人。在游场中，别人用不了我的枪，敌若用轻软的杆子与我对拼，我枪犹如荡开芦苇一般，还有必要再破他的枪法吗？"这是以实破虚、以重破轻。平日习练此技法，以备战阵使用。而游场上的枪家，厌恶这类夹带着硝烟火气的技法，且动作犯硬，没有必然取胜的把握，必须要脱化才行。

曾有人问敬岩："战阵交锋都是真打实干，关乎生死胜败，你将此类技法用来为难游场内的枪家，是不是太偏激了些？"

敬岩答道："考场里学子们竞相写作的文章，关乎自身命运的贵贱，难道不是真打实干么？但即便出自头名状元的文章内容，敢跟欧阳修、苏轼一较高下么？"

那人又道："我过去见过的海上临阵作战必胜的将领，到王圣通、王克之就是最厉害的了。"

敬岩随即与他比试，没有摆任何姿势，没用任何行着，忽然间枪尖抵触对方咽喉，对方遂羞愧而退，至于他所说的临阵必胜的枪法在哪呢？

敌人来枪的虚或实，要在将要发扎时通过他的面部表情做出判断，才是最妙的要诀。

诱人发扎，不如逼人发扎，因为诱他，他可能不受用，而逼他，他就不可能不受用了。以动势来逼人，不如用静势困住人，动就会劳累筋骨，而静则会身体安闲。呜呼！能够给后学者说出这些道理的人，也只有敬岩和真如啊！诱人的技法，即闪赚颠提。动势，即海马奔潮等技法。静势，必须亲眼看到师父讲解才能晓得。

但要革枪的话，用劈打足够了，何必还用封闭呢？封闭并非只是为了革枪，古人创立这种技法是为了锻炼手臂的缘故。只有深谙这层意思，才能入峨嵋之门。马家、冲斗不知道，洪转知道些，但知道得并不深。世间习枪者能相互谈论马家枪、冲斗枪法的多如泥沙，可相互谈论洪转枪法的量如砖瓦，可相互谈论峨嵋枪法的如夜光珠般稀少。

枪法并不是一方教另一方就能学会的，但确实靠师父教徒弟学才掌握枪术的，那就数少林了。要说能超出师教徒受的范畴而精通枪法的，可见峨嵋派确有其神妙之处。

战阵间矢石攻击之下，有本事的、没本事的都可能同归于尽。作为领兵的大将，如果得到像真如、普恩、德长、敬岩这般本事的几个人，应当将他们视为宾客，养在帐中。大用的话，就根据他们的特点选作士兵训练的教师，小用的话就用来防御刺客，就像当年贺拔胜率勇士执槊刺袭高欢一般。

敬岩的枪法以万派归宗为最高深的技法，掌握此技再看其他技法，如同登上塔顶俯瞰街巷一般。前文的手法中有两种，身法中有一种，正所谓只在此山中，云深不知处。

敬岩在游场碰到低手，不屑于用戳革，见敌枪直直地扎近身体，却似强弩之末般不能深入，即可从敌手中拔出枪杆掷于地上，常对对手说："我可以上游场与人比试枪法，你们不行！我上游场胜了对手后，对手无法窃走我的枪法。你们一旦胜对手一次，就将胜的招式送给对方了。"

与人对练戳革时，将后手内的枪根向外留出半寸、一寸，慢慢地，练到留至一尺而不败。再对攻时，突然将后手移至枪根尽头，此时对手就会感觉出我枪比先前多了一尺。这是敬岩的枪法秘招，孟子云"自反而缩"、孔子云"躬自厚而薄责于人"，正合乎这个意思。

枪的戳刺影迹是一条线，棍的抢打影迹是一大片，这是对于初学者练手法而言的，对于能人来讲，不论枪和棍，其戳打的影迹都如活蛇凫水一般。敌枪扎来，一定先用拿拦与其对招，万万不可后用拿拦，再三叮嘱！我枪未扎入敌之关内，手法应当轻巧，虚扎；我枪已扎入敌之关内，手法应当厚重，实扎。"关"，即《纪效新书》所说的拍位。

枪法贵在枪圈的影迹浅小，而枪中借用的棍法，贵在影迹壮大。

手臂录·无隐录释义——明代枪法短兵解密

想要知道敌枪欲戳之处，应当察验敌眼，眼光凝射之的，即是敌枪欲刺之处。敌之枪尖在我关外，我应考虑先控制住敌枪，而不要急于杀敌；敌之枪尖已进入我关内，我应速速毙敌，而不要再致力于如何控制敌枪，这是用枪的常理！对于用枪出神入化的人来讲，就算敌枪在我关外，我也能疾速毙敌，而根本不必考虑如何控制住敌枪。

最精深紧密的枪法为螣蛇枪，相对粗疏的为海马奔潮，最粗疏的为铁扫帚。这三者的相同点都是转阴阳，圈手之力用在枪头上，螣蛇的力用在枪根上，必须长久地习练，才能适时感悟从而了解到妙处所在。

枪从五个方面借用了棍法：

第一是以短降长（扑身敌尖，革杆滑入）。

第二是关内（敌枪入我关内，或我枪入敌关内，应速速避开敌械的缠黏而击杀敌身）。

第三是单枪突围（以身势的变化躲避敌械，如鸳鸯枪）。

第四是用于夜战（看不清敌，用棍的阔大之势）。

第五是舞弄（人前炫耀）。

倪觐楼短枪并不纯净，但竿子特别精妙，我问他："沙家的枪法要不要从头学起？"

倪觐楼说："不用，你找根特别硬的竿子，选些马家枪的技法习练，肯定能胜敌！"我听了他的话，每次与高人比试竿子都能制胜。

觐楼说："竿子手动时，脚不能动；脚动时，手不能动。手和脚同时动，即不成枪法。"又说，"竿子的头部可以软颤，但竿胸、竿腰一定要硬才行！"

冲斗说："闪赚时枪圈的影迹要小而密，枪尖忽左忽右变换方向，才不至于犯硬。颠提时枪圈的气势要阔大，诸多枪势相互破解，无不依赖于颠提时的气势。"但从他所留存下的枪法中，已然知晓他是自取犯硬之辱，错误地放任"阔大"二字根植胸中，故而他在枪上的学识毕竟与敬岩、真如相去甚远。

冲斗说："敌立中四平势，我用其他枪势打乱他。敌换作其他枪势，我用中四平势破解。"这一说既对也不对，各枪势自然能够相互破解，不必都归结为仅用中平来破。

《纪效新书》论枪法不如冲斗，但对于棍法叙述得特别精湛（《纪效新书》的棍法选自愈大猷的《剑经》），我选取其中与枪法相通的八条罗列如下：

1. "拍位不能过早，也不能过晚，能够见肉分枪了，自然知道拍位的时机。断然不能一出枪就想伤敌，白白地让自己因动作过猛而气力用尽，从而为敌所乘。"

2. "必须知道他的力用在何处，我不在此与其角力，暂且忍耐不发，让他把力发出来。待他刚把力用完，新力还没发出，就乘此间隙用力杀之"，这段话说得特别妙。

3. "两手转换阴阳不应过早"，这句话深谙用枪的甘苦，即翁慧生所讲的"革开敌枪应先轻后重"，鸳鸯枪例外。

4. "一劈一刺，步步向前劈刺，全身使劲。"即少林棍的五虎拦。

5. "提拿之后即速滑扎，滑扎之后再提再拿，连续进杀，使敌无法戳枪。"这句话可视作枪家内行的话（此处的"入室"并非指《无隐录》中"枪分五品说"的室中品级）。

6. "打在敌杆前手外一尺处"，我要说的是这句话即是对"拍位"的注解，习练戳革二三年后自然晓得。

7. "敌欲救护自己的败枪（如活绷对、死绷对、翻身绷退），我则以连枝步赶进，切记不能伤杀其身，而只需制住敌杆。"这句话说得很精妙，即连拿。

8. "握棍时，后手应空出三寸，以便换手，握枪时后手必须握在枪根尽头。"我要说的是，枪根应握在掌心中，并与小臂骨直对着，那么枪才能灵活运用到最长尺度。

如有人对马家枪、杨家枪、沙家竿子这三家的枪法都分辨不清从而夸夸其谈，那就可以判定他所说的就是邪说，再往下说的就更是邪说，也就不必听了。

叉和铲的头特别重，一被打杆，即沉下去，故而进步连打，定能胜过叉铲。而我要发戳枪，则肯定失败！

与敌枪十字交叉（正十字或斜十字），如铁锁般牢固地与其黏连，从而施以封闭的手法，这是马家枪的精密暗招。

力气大的人，学得三分枪法，便可降制庸手，故而这类人无法深入钻研，

仅满足于自身的使用，如果教授他人的话，其技法就太粗疏了。

用刀剑来降制长枪，必须拼命向前扑近枪尖，迫使枪手不得不发戳，才能降住枪手。如稍有松懈，即遭失败。这是死里求生的技法（《渔阳剑诀》里讲：死里得生坐铁屋），短枪对付长枪也是如此。

本书中的二十一种戳法和十二种革法是习枪的纯正用法，书中的行着是枪法的各般变化，两种功夫是缺一不可的。

立中平势时前手握杆的位置，即是枪心（根前三尺处），以此点单手平托，能够枪头、枪根正好平行于地面，达到平衡，此枪才能用得灵活。杨家枪比较长，它的枪心肯定在前手握杆外二三尺的位置，就算力气大的人来握持，最终也不能用马家枪法，这是缘于杆子太压手的原因。

浅扎可以破深扎，深扎又可以破浅扎；轻巧可以破重实，重实又可以破轻巧；手法紧密可以破粗疏，粗疏又可以破紧密；实扎可破虚扎，虚扎又可破实扎；直劲可破横劲，横劲又可破直劲；正对的攻击可破斜向的攻击，斜向的攻击又可破正对的攻击；下部的攻击可破上部的攻击，上部的攻击又可破下部的攻击；中部的攻击可破上下的攻击，上下的攻击又可破中部的攻击；右部攻击可破左部攻击，左部的攻击又可破右部的攻击；长器可破短器，短器又可破长器；真枪可以破假枪，假枪又可破真枪；进步枪可破退步枪，退步枪又可破进步枪，而进步枪还能破退步枪。有师父教授，肯花时间习练，具备悟性能入门的人，自然能够明白这其中的道理。孙武子说："兵无常势，水无常形，能因敌之变而取胜者，谓之神。"

我刚学枪时，敬岩问我："你学武不过是一时意气用事，就为混个好名声吧？我有两三个速成的练法，只要练上一个来月，就能在人前炫耀或迷惑庸手。"

我回答道："我本因为天下多乱事，才要习武。如果仅为了人前炫耀显摆，便不能剿杀中原的流寇，因此，我决不学速成的枪法！"

敬岩说道："既然如此，你非得下千日以上的苦功才行！必须练上两年的戳革，练上一年的行着，才能达到小成。如想有大成，必须跟我一样练上一辈子的枪法。"

我深信他的话，癸酉、甲戌年间，习练戳革从未间断，差不多有两三年的光景。

行着特别多，怎能全部习练？只要掌握了一些行着的精华要领，即可称之为"通微"。练的行着虽多，但生疏，不如练得少却能熟练运用。将少部分行着练熟了，再慢慢增加行着的数量，最终达到"神化"。

长枪对短枪，不要猛然进枪，猛进必败。先扎进去，再忽然退出来，再扎进去，必然取胜。

短枪对长枪，如果长枪猛然扎进，短枪很易破解长枪。当长枪忽然退回时，短枪能追进黏住长枪，使长枪无法脱开，短枪则能取胜。如不是这两种情况，短枪必败，难啊！难啊！

洪转说："柔能制刚，弱能胜强，这正是软枪可破硬枪的道理。敌以蛮力拼杀过来，我也用蛮力与其拼杀，这是犯硬。力小的肯定落败，力气相当的，拼斗的时间就会长一些，但两者各自靠什么技能来赢取对方呢？如果在敌用劲正值刚猛之际，我用穿枪、勾枪或退步枪避其强劲，等敌枪已深入进来，我则变换身势，斜着上步而扎之，即用巧法中的斜步单杀手，这时敌也无法使用其蛮力了。我变作软枪，让敌的强劲之力落空，找到敌无防备的漏洞之处而反击之。这都是以软破硬的例子。再比如敌我各立好架势，我即装作以硬蛮力戳枪的样子，敌也用蛮劲来革我枪，我却中途变作圈枪、串枪，以此扎之，称作借硬用软。这其中，变化不能有先兆，动作要隐蔽，习练者不能不留意！"看洪转公这段谈论，觉得他的见识真是高深细密之极！

少林枪所以与峨嵋枪有隔阂，那是因为少林在封闭的根本功夫上花费的时间太少！他们对于行着，未免是根据实际的情况再采取应对策略，却不从根本出发，好比在下流堵水一般。

冲斗根据自身的性情嗜好，专门抽取少林枪法中刚猛的招式教授弟子，使枪法偏于粗疏强劲，又背离少林枪法很多。唐代王勃写文章，自恃才思驱使，以至于文中肠肥脑满，失去了六朝以来像庾信《哀江南赋》那般清瘦潇洒的风采（庾信，南北朝时文豪，著有《哀江南赋》名作）。冲斗的枪、棍都是讲求蛮力驱使，甚至于掀天盖地（上揭就指天，下打必触地，绷枪拖拉一大片），

失去了少林枪强弱相互辅用的真意，这跟王勃的病症恰好相同。

敬岩对于江南的枪师，唯独欣赏程真如和程冲斗，我跟这二位由于年龄悬殊太大，都没有见过面，但却有他们各自的枪法著作，真如所说与我所习练的深深吻合，冲斗的则与之不同路。

真如说："普恩在空屋子里立了个机器，专门借此习练戳革有两年。"其实枪法都是与人对抗时活用的，难道立上个死机器就能练活法喽？我要说枪法以封闭作为根本，普恩立的机器，肯定是专门练封闭用的。应该是制备了一张大弩，以长杆作为弩箭，拉开弦即发射长杆。杆射出时劲远迅速，不易革开。练到能革开一根杆子了，就加上一根杆子前后相随而发，加到四、五根杆子而伤不到自己，即达到眼明手快之极！因为靠人力戳刺的杆子毕竟不如强弩发射得快，且弩发射的杆子不会因顾念情面而留手。普恩禅师真可谓执着之猛士，世上再难找到第二个！

如果深入考究敬岩和真如异同点的话，真如只跟普恩学过艺，仅是一个师父教的，所以他的枪法是纯中之纯。敬岩自己说他学的是马家枪法，但关键的地方与真如完全相同。这是因为最初学的是马家枪法，因为他功力专一高深，不知不觉与普恩的枪法吻合。而马家枪里夹带的棍法，他也不舍弃，都按照枪法来使用。他是由杂而转纯，既然纯了，又反而混杂了很多东西，故而可见他的枪法涉猎得很广。真如好比唐代的韩愈，一出笔写的就是古文，从开头至结尾，不夹带六朝文风。敬岩好比柳宗元，最初学的是六朝文章，由于在基本功上下足了功夫，不知不觉，其最终的文章与韩愈吻合。柳宗元把所著六朝式的文章收录于自己的文集中，反而让人觉得别具风格。

短枪如同小楷，杨家枪就像行书，沙家竿子好比狂草。学会了楷书，然后学草书，才有规则。先学了草书，那就距离楷书忒远了。行书杨家枪，在楷书与草书之间，掌握了楷书、草书，中间的不用学也能会啊。

杨家枪气势雄猛，却必然败给峨嵋，这是因为峨嵋枪初始习练时，要站住脚跟不移动，手法熟练了然后才能动身体，身法熟练了然后再动脚，其根本十分稳固啊！

杨家枪的使用关键在于脚步，故而跳跃功夫多，封闭功夫少，用来对付峨嵋，无可乘跳跃之机，怎能不被峨嵋困住？杨家枪破解短枪用退步，短枪破解刀棍也用退步，这种破解方法本来就是如此，但作为后学者不应只株守杨家枪一家技法（意指先学小楷再师草书，则杨家枪自能轻松掌握）。

中四平势所以足够贵重，是因为它能含藏百般技法，根据具体情况做出对应的动作。但如果是空摆架势的死中平，不如不学。

舞枪的架势，舞与歌是同一类的东西，还能指望舞枪会有什么实用的技法吗？将汉代乐府流传下来的《饶歌》作为军中的乐曲，那么兵器之舞也是配合军乐的东西。所以舞枪包含的手法、步法、身法、行着都会有专门的记述，习练的话技艺自然能够精熟，这是因为没有把它当作多余的技艺（由军队中产生，自然正规，有一定的规范要求）。但如果练不到精妙至极，舞法定然不好看。

我不知道真如会不会舞枪，但曾看到敬岩在昆山海宁寺舞枪，还在角技室内用短杖做出三四个转身。当时他可是个六十多岁的老头，白胡须如扫帚般繁杂，赤红的面庞，高高的个子。日常总因驼背而受人讥讽，等到舞枪之际，我都以为像晋代卫叔宝、汉代王卫尉那样的美男子也无这般俊美的风采。

太仓人王元开，也是敬岩的徒弟，曾与敬岩同赴皖城。每近黄昏时乘船出去，即靠于沙岸，舞青田棍等棍法，但实际上都是用的枪法。如此习练半个月，王元开愈跟着出去就愈练得精，达到了很高的水平。很遗憾我没有跟着同去，向他学习棍的击打技法。敬岩这次出行，后来也因平乱而殉国，而他擅长的枪舞也如《广陵散》般成作绝响。

我跟敬岩交往只有两年，所习的枪法如何处德依仁，犹没有传授完毕，哪还有闲暇顾及这些花俏舞艺？王元开曾得到敬岩传授的两三套青田棍法，现今也已故去，我也只剩下惆怅和惋惜了！该棍法中的夜叉探海、泰山压卵、朝天势都脱离自马家枪二十四势，仙人坐洞以下的八个技法都出自程冲斗的《少林棍法阐宗》，但这八个技法却错误地混杂于洪转的枪谱中。

少林寺有风魔棍法，棍长一丈二尺，重达四十斤，必须大力士才能使用，根本不必用其他技法，只凭这抡出去的力量，临阵时长枪犹且躲避，何况其他兵器呢？如果没有这样的大力士，那风魔棍法就是仅存个名称而已，失去了它

的实用意义，实用没有，就跟舞法是一样的了。少林寺称风魔棍法为观音棍，这是因为寺庙内观音堂里曾有大力僧人擅长此棍法，故而命名。

其实舞法中的转换及单调之处，必须有虚华的动作来辅助才好看，却不能以舞法冒充实用的技法。冲斗将各舞法胡乱解说作实用技法（如仙人坐洞势），导致其枪法阔大，错乱百出。

第二十一章 峨嵋枪法

原文

序

余髫（音tiáo，幼年）年即好武事，崇祯癸酉（即崇祯六年），受马家枪法于常熟石敬岩。又二年（即崇祯八年），敬岩弃世，得其六七。后又得沙、杨二家法。复询诸徽人，读《少林禅宗》、《耕余剩技》二书，识破程冲斗之技。十年之中，役心甚苦，致力甚劳，又甚自乐也。

革代之后，心如死灰，笔墨俱已废阁，况枪法乎！

辛丑冬，以呼德下相勉，作《敬岩枪法记》一篇，叙述大略，非独心所不存，兼以岁月良久，多所忘失也。

壬寅，鹿城辛五延余为子师，其友吴门朱熊佔，弓马精绝，而枪法得之程真如，真如亲受之峨嵋老僧。余与谈论，意气投合，因追数敬岩之法，以询质异同，而向所忘失者，顿还旧观，焕若神明焉！

既追得之，不忍复弃，因作《枪法元神空中鸟迹图及说》一篇、《枪法圆机说》二篇，以明敬岩、真如之正论，距避冲斗之邪说；

作《枪式说》一篇，以明马、沙、杨立法之根本；

作《六家枪法说》一篇，以别其门庭之高下；

作《杨家枪说》一篇，以正其源流；

作《竿子用法说》一篇，以明沙之大异于马者；

作《枪根说》二篇，以明马家之根本；

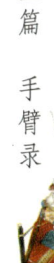

作《闪赚颠提说》一篇，以明大小之用；

作《脱化说》一篇，以明终始之理；

作《短降长说》一篇，以明不得已之故；

作《临阵兵枪说》一篇，以不没冲斗之长；

作《古论注》一篇，以为敬岩、真如之证据；

作《二十四势解》及《说》各一篇，以详明破法；

作《子势图》以神二十四势之用；

作《戳法》一篇，凡二十有一法；

作《革法》一篇，凡十有二法；

作《步法》一篇，凡十有七法；

作《行着》一篇，凡一百有二法（行着者，枪家口语，游场所用，以望尘知敌，出其制胜者也，共百五十六法，马、沙、杨三家之法皆备矣）；

作《枪法微言》一篇。

后之有志于枪者，能于戳革下十年苦功，四体不言而喻。得余此言，神而明之，上也；功力深久，不得余法者，次也；手足生疏，得余此书，仅以助舌锋、眩无识者，斯为下矣，非吾徒也！

夫将击刺，犹儒者之诗文，不可不能。若过于求精，则为玩物丧志。而余入其元中，不能自已，然后知读书不求甚解之难能也。

又尝考之真如亲得于峨嵋、敬岩之师刘德长，不言德长所自出。然敬岩常云："德长初本少林僧，枪未造极，复遍游天下，而后特绝。"夫曰"遍游天下"，安之不得之峨嵋乎？不然，何其如水入水也？

夫技艺之学，必累代专门，然后推为正法眼藏。若一人独擅，后无传人，则名著而随泯。今石电之名，东吴父老犹能道之，而知德长者绝少，百年之外，后生闻见，愈疏微矣！惟峨嵋师弟相传，历世不替，有志裹粮，即可亲炙。况冲斗邪说，遍于海内，不标峨嵋为宗极，人亦何由知邪正哉？

是以余枪本得之敬岩，而辄名之曰《峨嵋枪法》，非独以吻合，亦欲见此书者，知有峨嵋，则不锢于冲斗也。刘、石二公，九泉有知，必快然于余言。

——壬寅中秋　娄上吴殳修龄撰

《峨嵋枪法》

峨嵋僧普恩立法

海阳弟子程真如达意

古吴后学吴殳辑

昔蚩尤悖叛,而涿鹿兴师,攻击之用始备。自此而代有征伐,如干将、莫邪、风胡、薛烛、蒲元之铸,皆极奇尽巧,神铸鬼熔,兵家器用,未易更仆数也。乃谈艺者,必以枪为首,称其为诸器之门户也!

若沙家竿子、马家六合,进退奇伏,跳荡盘旋,亦有能事。但开张漫衍,非夷原旷隰(音xí,田地),未易设施。若遇险阻,即窘束矣!而短枪则地之大小险夷,无往不利,洵(音xún,诚然)绝技也!承平日久,武备日弛,世鲜其传。

西蜀峨嵋山普恩禅师,祖家白眉,遇异人授以枪法。立机空室,练习二载,一旦悟彻,遂造神化。遍游四方,莫与并驾。

属余客游蜀中,造席晤言,师每首肯,问及武事,则笑而不答。余揣其意在求人也,因与荆江行者月空礼师请教,师命余二人樵采山中。经历二载,师笑曰:"二人良苦,庶可进乎?我有枪法十八扎、十二倒手,攻守兼施,破诸武艺,汝砍采久而得心应手,不知身法、臂法已寓于是。"遂教余二人动静进止之机、疾驰攻守之妙。

久之,余南还,又访沙家枪、马家带棍枪,则意味疏浅,较之余师之法,相去远矣!

余叙其法,不忘所自,命之曰《峨嵋枪法》。苟非其人,千金勿示,其珍之哉!

——海阳弟子程真如撰

治心篇

用技易,治心难。手足运用,莫不由心。心火不炽,四大自静。泰山崩于前而色不变,麋鹿起于左而目不瞬,能治心者也!故曰:"他行任他行,他搭由他搭。惹动真主人,龙动如摧拉。"

治身篇

持龙之道，身心为本。身法不正，则心无主而手足失措。持龙不固，进退无节，机局荒唐矣！故曰："心动神离壳，神疲气必虚。"

沧尘子曰："练习之功，积如丘山，则心身不治而自治。不然，起心治心，只益其乱而已。"此真如言外之意，读者不可不神会也。

宜静篇

持龙贵静，静岂易言？必身心皆治，而后能静。故持龙如止水、如峙岳，淆之不浊、触之不摇，机深节短，使人莫测。龙静不可太凝，凝则势久，势久则心息思沉，而龙怠矣！故曰："金龙不贵渔龙贵，野鹤无粮天地宽。"

宜动篇

动者为行龙，阳也，其性刚，其德暴。持龙者当知其暴制其刚（流、和二法是也），如行云流水、电射风飘，恍惚变幻，乍潜乍现，或有或无，与神消息通之，莫得其端，视之不见其迹，乃行龙法也。然动也不可太过，太过则劳能，胜人者鲜矣！故曰："呼吸如经，其精愈固，来回有节，其妙无穷。"《法》（即《孙子兵法》）曰："始如处女，动若脱兔。"

和暴制刚，即敬岩所谓脱化也！不脱化，游场多败，胜亦牛斗耳！

攻守篇

攻者捣其虚，守者备我暇也。

攻则一十八扎，随机而运，可虚可实，遇众龙则鸳鸯更妙；守则十二倒手，可劈可盖，遇众龙则缠扑（即石之缠拦、缠拿）为佳。

不攻之攻，降枪扎法是也；不守之守，鸳鸯扎法是也。

攻为阳，守为阴。降枪扎法，阴中之阳。鸳鸯扎法，阳中之阴。阳中之阳，连扎、带打，攻守均堪。阴中之阴，和枪倒手，龙不两着，息力养神，无如此善。迴龙扎法，手中最利。谓之截龙，带扎带打，攻击莫当，是曰狠手。攻守之法，该括于斯。故曰："有开无扎，岂能伤人？有扎无开，焉能守己？"《法》曰："善攻者，攻人之所不守；善守者，守人之所不攻。"

审势篇

两龙相当，先审其强弱虚实。

施之以强，以观其弱；施之以弱，以观其强；施之以速，以观其迟；施之以迟，以观其速；施之以守，以观其攻；施之以攻，以观其守。

《法》曰："审敌之虚实而趋其危。"

形势篇

龙未形时，先须得也。

我取高而与彼以下，我取夷而与彼以险，我取晦而与彼以明，我取阴而与彼以阳，我取长而与彼以短，我取劲而与彼以柔。

取高则彼不能侵突，我得乘势而临之；取平则彼不能驰骋，我得挪移而进之；取晦则彼不见我形，因而扰之；取阴则彼为日所眩，因而欺之；取长、取劲，则彼不能攻，我因而困之。

先发制人，莫若虚扎、带打二法，与卷枪、击枪二倒手互出，人无所措手足矣！

戒谨篇

泞地还宜避，侵晨莫向东。

灯前不举手，月下勿持龙。

最恶时多酒，偏嫌腹已空。

好胜休交姤（音gòu，善），当取莫教松（此言游场，临敌不论，当取莫教松）。

旨哉言乎，是谓八戒，不知者不与言，不仁者不与传，谈元授道，贵乎择人。

倒手篇

有劈枪倒手，有缠枪倒手，有流枪倒手，有和枪倒手，有击枪倒手，有盖枪倒手，有提枪倒手，有扑枪倒手，有勾枪倒手，有封枪倒手，有挑枪倒手，有卷枪倒手。

劈贵坐膝，枪头起不过五寸，直劈而下，后手一出，以击其手。

缠者，先虚搭，彼转下，我从上转右而下；彼又从左转上，我又从下转左而拿之也。

流者，龙来或左或右，我身稍退，随其左右而劈之，待龙老直捣其主人。

和者，挤、挨、扯、托也（即后所谓先轻开也）。

击者，左右击之，即继以缠，入死龙之法也。

盖者，进步斜压其枪也，彼动即戳。

提者，革低来枪者也（枪根忌高，惟提枪根高）。

扑者，似卷而打也。

勾，即拦也，其紧密者，肘贴胁下。

封，即拿也。

挑者，彼盖我枪，我伺其起枪稍松，即挑起扎之也。

卷者，开步蹲坐而拿，直至彼前手取胜也。

此十二倒手者，开枪之法也。

扎法篇

有单杀手扎，有左右串扎，有左右圈扎（即石之叠穿），有穿帘扎（即颠提），有带打扎，有左右插花扎，有投壶扎（石名穿），有实扎，有迴龙扎（石名就），有截枪扎（即石之木鸡），有无中生有扎，有迎枪扎，有虚扎（石名圈手），有月牙扎，有子午枪，有螣蛇枪，有鸳鸯枪，有降枪。

单杀手者，进步尽手扎之，伤人虽猛，自亦有空，不可轻用。唯恃腾跳（石名偷枪），先以带打，则无虞矣。

串，即流俗通用者，粗法也，而峨嵋用之，别有神解。

圈者，串而串也。

穿帘者（即颠提），破叉、破锐者也。

带打者，扑、击发扎也（与冲斗不同）。

插花，有左右，破叉、锐。

投壶，破地蛇之扎也。

实扎，不下招架，开前足，扎后手。

迴龙扎者（敬岩名就），彼枪来，我随枪稍退；彼收枪，我乘虚而入。

截者，轻用挤、挨手法，开之即扎也。

无中生有者，于彼缠枪中退出而用迴龙枪也。

迎者，两来枪而我中彼开也。

虚扎者，串之无影者也。

月牙者，串而子午也。

子午者，单杀手之神妙者也。

螣蛇者，绦环之扎也，坐膝进步，枪头稍高，左右连扎，妙在手法，以制其动，然勿多游以衰我气。

鸳鸯者，曰遇迴龙，则鸳鸯更妙；又曰不守之守，鸳鸯是也；又曰鸳鸯扎法，阳中之阴，有云攻为阳、守为阴，此乃以攻为守，故曰不守之守。其用之于众龙者，谓只攻左畔一人，即得远余人矣，故曰身法躲闪。

降枪者，龙来我斜压之，不令得起，彼挑起即捣其主人；彼不挑，待龙老即进。

此十八扎者，攻人之法也。

破诸器篇

枪破诸器，用各有宜。

带打、穿帘、左右插花，破叉、镋也，勾、扑破鞭铜也。长竿虽利，提击可降。双刀虽奇，带打必落。三停偃月（古人将偃月刀分为三停，刀头、柄、钻各一停），虚串用而亡精。神棍一根，降枪举而束手。虚迎兼用，挫戟锋芒。插花互施，入牌（即藤牌腰刀）门户。

破艺要诀，悉吐于斯。带打可以破提刀势，而不能破风雷滚转。

身手法篇

身法乃艺之门户，进退盘旋，皆由身法。身法既正，则十二倒手、十八扎法，无不应心矣！

手法，凡开枪，后手低则坚实，头不过五寸，惟提，后手则高。

卷枪之法，前卷后出，无不伤人。

缠、提、盖、击，观彼来龙为左为右，进步即胜。

勾、扑、和、封，尽在两手。

实扎，移身而进。

鸳鸯，开法宜坐膝，须身法躲闪，乃生死之斗。

子午、月牙，两手微细功夫。

单杀手、左右插花,全赖腾跳进出。

连扎(即螣蛇)、带打、劈枪,皆为狠手。

总要篇

翁慧生(洞庭东山人)补作

持龙之法,贵乎坐膝。身心手足,相应为佳。

凡扎之求中而中者,未尽善者也!尽善者,不求中而中,人之所不及防,神妙莫测。求中而中者,以巧取人,为彼识破,则反受伤矣!

凡倒手,身心手足之运用,不离(彼手)尺五,坐膝如鸳鸯、缠、流、降是也,身心相契,手足相孚(信任),动则必当,来急匆忙,安闲久熟,自然中节。

凡欲开人,先须守己,胜乃可全。若欲先发取胜,虽胜,半也!

凡开枪,先轻拿,近彼手乃重。起手重,则无救应。轻、重、疾、徐,贵相当也!龙来宜轻开者,恐彼阴阳互变,流而未定。我用重力,则顾右失左、顾左失右矣!故以轻开降住,使不得左右变幻,龙老则为我有矣!当取勿令松,谓不可放过也。若先发扎人,宜临犯其穴,必须留性,以防其挨龙直下,深宜戒之!

凡应酬,须知虚实,先为运补,得宜为妙。譬如彼龙虚来,我但用轻开之法,彼必于我空处尽力实来,待临主人二寸许,然后身心手足俱到,用缠、降之类,斜挨来龙,直犯主人,无不败矣!

诸扎法、倒手,无一不善,攻守并得,超群绝伦之学也!

真如之没,后于敬岩十年,时游吴门,竟不一见,抱恨何极!此书其手授翁慧生、朱熊佔者也。壬寅冬初,熊佔以惠余,字字珠玉,如见其人,可宝也!

——沧尘子吴殳敬志

评程真如《峨嵋枪法》

余汇集诸家之枪,遂得五百余法,以皆棍杂枪故。至如枪、棍本二器,岂可等视?逐末法愈多,而枪意愈失!二器之法,遍行海内,知枪、棍之辨者谁乎？

余所师者石敬岩也，其于习练，门路最正，功力最深，手臂最熟，晚年棍、棒、刀、牌，入手皆化枪法，故于枪、棍之届不甚留心。余自于五百法深思久用，乃得其辨。

而徽州程真如所著《峨嵋枪法》，唯有革法十二、扎法十八，不言立势，不言步法，卓哉，绝识家之正法眼藏也！然敬岩淄川之法，有以制百法者也。三十法中无之，彼（指程真如）岂不知？盖不轻泄于楮墨耳！其他行着，亦不可废。故余书合收百法左右，敬岩、真如博约（言简意明）之间。

释义、解析

序

我从小就喜好武术，崇祯六年，随常熟人石电学习马家枪法。又过了两年，敬岩去世，只学到他枪法的六七成。后来又学到了沙家竿子和杨家枪法。再从徽州人处了解到他们的枪法传承，得以阅读《少林禅宗》和《耕余剩技》，从而看破二书作者程冲斗在枪法中的短缺之处。习武的十年间，用心研习，颇费精神，付出的体力特别多，但却自得其乐。

清朝统治后，心情悲恸，恍若死灰，笔墨都已闲置书房，何况枪法！

辛丑年冬月，经呼德下的劝勉，我写了篇《敬岩枪法记》，叙述敬岩枪法的大概。但心中没有存下多少内容，且时间太久了，多数东西都忘记了。

壬寅年，鹿城辛五请我做他儿子的老师。辛五的朋友吴门人（吴门，指苏州一带）朱熊佔，弓箭、马术精湛绝伦，所习枪法学自程真如，而程真如得自峨嵋老僧普恩的嫡传。我跟熊佔谈论枪法，脾气秉性很投的来，因而罗列出敬岩的枪法追问之，以期问出与程真如枪法的异同点，而此前头脑中遗失的、忘掉的枪法，霎时间想起，还原出旧貌，眼前一亮，恍若有神灵暗助一般。

既已追问出敬岩的枪法，不忍再抛弃，因而写出《枪法元神鸟迹图及说》和《枪法圆机说》两篇文章，以向世人公布敬岩、真如枪法的正理精论，远离

冲斗的歪理邪说。

后来又写的《枪式说》，以便让人辨明马家枪、沙家竿子、杨家枪枪法建立的根本。

写的《六家枪法说》，以让人区分出各家枪法造诣的高低。

写的《杨家枪》，以说明其枪法传承的真正脉络。

写《竿子用法说》，以展示沙家竿子与马家枪有很大的区别。

写了两篇《枪根说》，以明确马家枪法的根本。

写《闪赚颠提说》，以说明枪圈阔大和细小的应用范围。

写《脱化说》，以说明枪法由最初习练至最终要达到的目的。

写《短降长说》，以解释短器要降制长器不得已而为之的条件。

写《临阵兵枪说》，以不埋没冲斗枪法的长处。

写《古论注》一篇，以作为敬岩和程真如枪法的依据。

写《二十四势解》及《说》各一篇，以详尽地阐述各势间的破法。画了《子势图》，以明示二十四势的神用。

写了《戳法》一篇，共二十一个。

写了《革法》一篇，共十二个。

写《步法》一篇，共十七种。

写了《行着》一篇，共一百零二个（行着是枪家的口头称呼，专用于游场，须在飞扬的尘土中认识了解对手，从而出其制胜。游场中共有一百五六十个技法，而我仅选了一百零二个，有关马家、沙家、杨家的技法也全都包含在内了）。

写了《枪法微言》一篇。

后辈中有志于练枪的人，能在戳革上下十年的苦功，四肢受益不言而喻。能读透我这本书，将枪法展示得出神入化，这是上等枪师。能长期致力于基本功的习练，练出深厚的功力，却不能掌握我之枪法精粹的，是中等枪手。手脚生疏，仅靠我这本书夸夸其谈，在庸人面前炫耀，这类人位居下等，算不上我的弟子。

劈刺对于将官而言，好比儒生写作文章，不能不会。但要过于求精，就难免玩物丧志（意指将官的主业不是劈刺，而是指挥作战）。而我自开始迷上枪之后，就不能自已，以至于后来看枪谱如不能细细品味揣摩则绝不罢休。

也曾经考证真如的枪法是来自峨嵋的嫡传，而敬岩是学自刘德长，但他没说过刘德长是跟谁学的枪法。可敬岩常跟我说："德长原本是少林和尚，那时枪法还没达到顶峰。后来他遍游天下，才使枪法绝伦。"既然说是遍游天下，怎不可以推断出刘德长的枪法也是学自峨嵋？不然的话，他的枪法跟峨嵋相比，又怎能如水入水般地合而为一？

其实技艺的学问，必须几代人专门研习，才能推举出正宗宝贵的东西。如仅是一人独擅专长，后辈中没有传人，则名声虽响亮但技艺却随人逝去而泯灭。现今石电的大名，东吴父老还能娓娓称道，但知道刘德长的人特别少，而一百年之后，后辈人能知道他们的，就会更加稀疏。唯独峨嵋师父传给弟子，代代有传承，不致衰败，其中那些有志于携带干粮远赴峨嵋的求学者，必然能亲身体会出其枪法的精妙之处。但冲斗的枪法邪说遍布南北，我如果不向世人公示出峨嵋枪法的正宗极致之处，世人怎能知道何为正法何为邪说？

因此，我的枪法本学自敬岩，所以命名为《峨嵋枪法》，并非仅因为敬岩与真如的枪法吻合，还是想见到这本书的人，知道有峨嵋派，则不会仅着眼于冲斗的歪理邪说。而刘德长、石电二位前辈，如能在九泉之下知晓我这分心愿，定然会大力支持我所说的话。

——壬寅中秋　娄上吴殳修龄撰

《峨嵋枪法》

峨嵋僧人普恩创的枪法。

海阳人弟子程真如根据普恩师父的枪法撰写成枪谱。

东吴人后辈习练者吴殳据程真如的枪谱重新整理编辑成稿。

远古之时，蚩尤叛乱，黄帝于涿鹿组织联军将其歼灭，那时候刚刚应用上攻击的器具。自此之后，世代都有战争，像干将、莫邪、风胡子、薛烛、蒲元等人铸造兵器，都各自施展精湛技艺，似有神助般浇铸铜铁，使其如恶鬼般溶解在一起。战争中的兵器，一下子不易数的全，而要谈及武艺，必然从长枪开

手臂录·无隐录释义
——明代枪法短兵解密

始，因为它被称作各般器械的门户。

像沙家竿子、马家六合枪法，枪兵在进攻、撤退、奇袭或埋伏时，可凭此跳跃革击或摇身舞动，这也是这两家枪法擅长的地方。然而，像这种大开大合的舒展动作，如果不是在平原或开阔的田地里，就不易发挥出来。如受到道路险隘的阻拦，立马会觉得所学技艺特别受限。然而，短枪不管是在开阔地带还是狭小空间，不论是险地还是平地，所过之处，都能行得通，这其中定有绝技！只是太平日子过久了，对武艺器械的关注度日趋松懈，世间的传承也就越来越少。

川西峨嵋山普恩禅师，俗家为蜀汉马良的后裔（按《三国志》：乡里为之谚曰"马氏五常，白眉最良"，良眉中有白毛，故以称之），曾遇到奇人传授他枪法。他便在空荡的屋子里设立了一个机器，练习了两年，某日突然彻底领悟出枪法的元神，从而创立了出神入化的枪法。于是乎，遍游四方，向人讨教，无人可与之齐名。

后来，禅师托人要我赴川坐客游玩，我登门拜访，与其交谈，每当我抛出一些我的想法，禅师都点头认可，而一旦我问询武艺方面的事情，他却笑而不答。我揣度他的意思，是在寻觅枪法的传人，因而就和荆江行者月空向普恩禅师行拜师礼，请其教授我们枪法，师父命我们到山里砍柴。两年以后，师父笑着对我们说："你们二人这两年来表现得非常好，也付出了辛苦，都是大有长进吧？我有枪法十八扎和十二倒手，能攻能守，十分齐全，可破解诸般武艺。你们长时间砍柴，已经得心应手，恐怕还不晓得枪法的身法、臂法都暗藏在你们平日的辛苦之中。"自此，师父方传授我二人有关枪法动、静、进、止的时机，以及如何动作迅速，如何攻击，如何防守的奥妙所在。

很久以后，我回到南方，又寻访到沙家枪、马家带棍枪，感觉其枪法粗疏不深奥，对比我师父的枪法，相差太远。

我记录的这本枪谱，不能忘却我学自何门，故而命名为《峨嵋枪法》。如果不是可习此枪法的人，就算他馈以千金，也不要拿给他看，一定要妥善珍藏。

——海阳弟子程真如撰

治心篇

施展武艺容易，控制心思困难。

手脚的运用，无不始于心中所想。心中的欲望不强烈，四肢自然安静。泰山坍塌于面前而脸不变色，麋鹿在左侧跳跃而眼睛不眨一下（为什么不在右边跳跃？因为持枪立中平是左手左腿在前，鹿起于左而不眨眼，表示左眼的余光也就是最极限的目光也不受其干扰），这才能够控制心中的欲念。故而可以说，敌枪爱怎么动就怎么动，他要搭我枪，就让他搭，一旦入我关内，危及我身，再挥动我枪，如摧枯拉朽一般（此说强调忍）。

治身篇

用枪的关键，在于身法与心思的协调一致，这是用枪的根本。

身法不对，则心中没底，以致手脚错乱。握枪不牢固，进枪、退枪就不受自己控制，促使战机乃至全局都会慌乱失控。故而称之为："由于身法不对而导致的心思动荡，从而使精神离开躯体，以致精神疲惫，最终胆气也就没了。"

沧尘子道："练枪的功力，如能一天天的积累成山，就算心思与身体一开始不协调，功夫到了，自然能协调一致。如果下的功夫不够，心思杂乱，而一味地只想静心却不下足功大，只会使手脚更加混乱。这是真如的言外之意，读者不能不领会。"

宜静篇

用枪贵在平静，而平静怎是轻易说说就能做到的？

一定要身体和心思完全步调一致，然后才能让枪平静。故而用枪好比平静的河水，好比静立的高山，就算加了浑水它依然不浑，就算触碰它依然不动。如同船在深水里行进，如果用来测量船速的绳节太短，人就无法测出航速。枪要平静，但不能凝滞不动，一凝滞就会使动作迟缓，动作一迟缓则心思懈怠、沉重，而枪就不灵巧。因此可以说："金龙不贵渔龙贵，野鹤无粮天地宽（金龙算不上贵重，贵重的是如何捕获到金龙。野鹤无人喂食，却可在广阔的天地间觅取食物）。"

宜动篇

运动着的枪称作行枪，其外在阳刚，性情刚烈，品行凶狠。

使枪之人当晓得用自己枪的凶狠来压制敌枪的刚烈（流枪、和枪两种方法正是此类，都属于截枪），有如行云流水，电射风飘（杀招要快），恍惚变幻（不断变化），一会儿沉下一会儿浮起（如豁里透），时有时无（有时则枪进扎与敌枪缠黏，无时则枪退出敌枪之圈），可以跟神灵互通消息（有如神助一般），令敌人无法觉察其中端倪（不知如何破解），根本看不透枪尖的运转规律（即枪圈的各般变化），这才是用枪之法。然而，使枪的动作不能太过火（动作幅度、迟缓、枪圈的大小紧密等），太过火则徒耗体能，很少能胜敌。所以说："呼吸要有度，体内的精华才得以稳固。用枪时进出也要有节奏，其中的奥妙才会无穷无尽。"《孙子兵法》说："始如处女，动若脱兔。"

用和枪的凶狠来压制敌枪的刚烈，即敬岩所谓的脱化。不能脱化，在游场比试中就会大多落败，即使胜也是靠蛮力如牛斗般取胜。

攻守篇

攻击者要往对方的空虚处击刺，防御者要防范自身的漏洞。

攻击有十八种扎法，随时可以动枪，可虚扎，可实扎，遇到很多枪来袭，则用鸳鸯扎法更为精妙。防守有十二种倒手，可以劈打，可以盖打，碰上多枪来袭，最好使用缠打（即石敬岩的缠拦、缠拿）。

没有攻击的攻击，即降枪扎，没有防守的防守（仅靠身法躲闪），即鸳鸯扎。

攻击在明处，防守在暗处。而降枪扎，是暗中之明。鸳鸯扎是明中之暗。明中之明是连扎（即螣蛇枪）、带打，攻击、防守都能胜任。暗中之暗，是和枪倒手，虽与敌杆贴着，却不与敌劲斗力，而是留劲等待时机再发，没有比这招更精妙的枪法了。迴龙扎，是手上最易取胜的招式（两手拧枪返而再扎，出敌不意）。所谓截枪，既可以扎又可以打，其攻击无可抵御，故而称之为狠手。攻击、防守的枪法，主要的用法罗列于此处。因此说："只有革开敌枪的防守，而没有扎法，怎么能伤人？只有扎法，而没有革开敌枪的防守，怎么能守御自己？"《孙子兵法》讲："善攻者，攻人之所不守；善守者，守人之所不攻。"

审势篇

两枪对峙，先要观察敌方的强、弱、虚、实。

我试发猛烈之枪，以探明敌弱势在哪里。我故意示敌以弱势之枪，以探明敌枪的强劲在哪里。我发以快枪，以探测敌枪的防守是否迟缓。我发以慢枪，以探测敌枪是否反应神速。我作防守，看敌如何攻击。我作攻击，看敌如何防守。

《孙子兵法》讲："审敌之虚实而趋其危。"

形势篇

枪未动之前，务必抢占天时地利的先机。

比如：我抢占高处，让敌人处在低处；我抢占平地，让敌人处在蹩脚的地方；我藏于隐蔽之处，让敌处在明处；我背对太阳，让敌人面对太阳；我用的是长枪，而敌用的是短械；我用的是猛枪，而敌的枪劲很弱。

我选取高处，则敌人不能抢攻突刺，而我可以借高处的有利地形向下戳刺。我抢占平坦之处，而敌处在蹩脚的洼地，不利于疾进，或策马奔驰，我却可以闪步躲开敌击而进杀。我在暗处，敌看不见我，我可见机扰杀之。我背对日头而站，敌则苦于阳光刺眼，进而被我赚杀。我用长枪，发猛枪，则敌限于器短劲小，难以攻进我身，我则将敌困杀。

如想先发制敌，没有比虚扎和带打扎这两种技法更好的扎法，再与卷枪倒手、击枪倒手相为转换，敌就会手忙脚乱。

戒谨篇

用枪时，应避免身处泥泞的湿地，临近早晨时不要面对东方（阳光刺眼）。

不要在灯火的对面挥舞长枪（灯火之后有没有人看不见，却把自己暴露了），也不要在月光下握枪行进（这两句说的都是不可暴露自己，谨防埋伏）。

最忌讳战斗前觉得肚子饿，就着大量的酒水填充肚子（人一醉，枪法也就错乱无力）。

既然想取胜，就不要发善心留手，当赢之际，一定不能放松警惕（这是说无论游场、战场，能赢之时，一定不要大意）。

上述宗旨，称作八戒。不了解的人，不要告诉他；不仁义的人，不要传给他。传授枪法，贵在选好人才。

倒手篇

包括劈枪倒手、缠枪倒手、流枪倒手、和枪倒手、击枪倒手、盖枪倒手、提枪倒手、扑枪倒手、勾枪倒手、封枪倒手、挑枪倒手、卷枪倒手。

劈枪倒手：关键在于蹲马步，枪头向上抬起不超过五寸，垂直下劈，主要是后手发力，目的是砍击敌持枪之前手（如图42、图8）。

缠枪倒手：先与敌杆虚搭上（圈里搭），敌杆向下转，我从上向右转杆至敌杆之下。敌又从左边转到我杆上面，我再从敌杆下面向左转杆再拿敌杆（此招谓之缠拿，如图4）。

流枪倒手：敌枪忽左忽右向我扎来，我身体稍往后退，不管敌枪是扎左还是扎右，我果断向其杆子劈下，待敌枪一无力，我直接戳刺敌身。

和枪倒手：即挤、挨、扯、托技法（即后面所述的先轻开敌枪，影迹为纤月形）。

击枪倒手：向左向右打，继而缠住敌杆，是让敌枪成为死枪的技法。

盖枪倒手：进步斜压敌枪，敌一动，我则滑杆而扎。

提枪倒手：用来革开向我下部刺来的枪（用枪时，忌讳枪根过高，唯独提枪的枪根特别高，如图30、图9）。

扑枪倒手：类似卷枪的打法（须马步桩架而打之）。

勾枪倒手：即拦枪，要想枪圈小而密，必须前肘紧贴胁下（如图33）。

封枪倒手：即拿枪。

挑枪倒手：敌进步斜压我枪（即盖枪），我待敌起枪之际压的我枪不那么紧时，随即挑开敌枪疾扎敌身。

卷枪倒手：斜进左脚马步桩架拿敌枪，直接拿在敌前手的位置，即可赢敌。

这十二倒手，都是革开敌枪的技法。

扎法篇

包括单杀手扎、左右串扎、左右圈扎（即石敬岩所谓的叠穿）、穿帘扎（即颠提）、带打扎、左右插花扎、投壶扎（石敬岩称之为穿扎，即美人纫针）、实扎、迴龙扎（石敬岩称之为就扎）、截枪扎（即石敬岩之木鸡枪）、无中生有扎、迎枪扎、虚扎（石敬岩称作圈手）、月牙扎、子午枪、螣蛇枪、鸳鸯枪、降枪。

单杀手扎：进步放尽手臂，仅靠后手扎出，伤人虽然猛烈，自身也有漏洞（扎完来不及快速收枪），不要轻易使用。只有依赖向后跳跃（石敬岩称之为偷枪，防止敌定住我枪杆），才能躲过敌枪的反击。用这招之前，先用打法，再用单杀手扎，就无后患之忧了。

左右串扎：即世俗枪师所用的粗法，峨嵋派用之，另有神韵（串扎，庸师靠前手摆动杆子来改变枪尖圈里或圈外的方向，而峨嵋仅凭后手控制）。

左右圈扎：串上加串。

穿帘扎：即颠提，可破叉、镋（叉、镋头重，一打就沉，即海马奔潮）。

带打扎：即扑枪倒手、击枪倒手打后而扎（跟程冲斗的不一样，程为一打至地，借地势反弹而扎。而峨嵋则为击缠敌杆而扎或扑卷敌杆而扎）。

左右插花扎：可左右使用，能破叉、镋（提法，后踮步左进用滴水势，骑龙步右进用伏虎势）。

投壶扎：可破地蛇枪（即美人纫针）。

实扎：敌枪扎来，我不招架，直接移前脚斜上步，以单杀手技法扎敌后手。

迴龙扎（敬岩称为就扎）：敌枪扎来，我身体及我枪随着敌枪的进势稍作后退，敌一收枪，我则趁其枪劲虚弱之时进身进枪。

截枪：轻用挤、挨的手法，革开敌枪即滑杆而扎。

无中生有扎：在敌与我枪缠黏时，我枪忽退出，从而用迴龙枪。

迎枪：敌与我同时进枪，我枪扎入敌身，而敌枪被我杆挤开。

虚扎：枪圈非常紧小，让敌觉察不出的串枪（石敬岩称作圈手）。

月牙枪：串枪加上子午枪（也称作叶底藏花）。

子午枪：神妙的单杀手技法（于敌杆上疾速扎敌前手）。

螣蛇枪：枪圈类似束身的丝绦环扣，要马步进扎，枪头稍微高（指向敌头面），或左或右连续扎刺，其奥妙在于手法，目的是不让敌动作。但不能做得太多，容易耗费体力（前手阴持枪杆）。

鸳鸯扎：所谓碰到迴龙枪，最好用鸳鸯枪守御。又有人说没有防守的防守，即鸳鸯枪。还有人说鸳鸯枪的扎法，是明枪中的暗枪，常言道攻击为明，防守为暗，而鸳鸯枪是以攻为守，故而称之为没有防守的防守。此枪用于对付多个持枪者，只要永远攻击最靠左边的那个枪手，就可以远离其他人的进攻，故而此枪称作靠身法躲闪（迴龙枪直线退去，又直线进来，我则迅速向左侧进步躲过，进扎敌身。这种枪主要是应对多枪的，不管敌枪再多，我则靠身法躲闪，我之枪永远依次解决最左边的敌人，只认左边。如同鸳鸯一只永远尾随另一只，故此称之为鸳鸯扎）。

降（音xiáng）枪扎：敌枪扎来，我斜着压下，不让敌枪起来，如果敌枪向上挑起，我则趁势直戳敌身，敌若不挑，待敌枪无力，我则进枪。

这十八种扎法，是攻击的技法。

破诸器篇

用枪来破解诸般兵器，各有各的破法。

带打扎、穿帘扎、左右插花扎可以破叉和镋，勾枪倒手、扑枪倒手可以破鞭和锏。沙家竿子虽长而锋利，用提枪倒手和击枪倒手可以破解。双刀即使招数再奇妙，用带打的话肯定掉地。对付偃月刀，就要用虚扎、串扎，使刀术难以施展它的长处。长棍神乎其神，用降枪扎，敌棍一挑，我则上戳，敌即束手而败。虚扎、迎枪同时使用，可以破解戟的锋芒。左右插花交替使用，可以破解藤牌腰刀。

破解各般武艺的要诀，全都表述于此。带打扎还可以破提刀势（指双手倭刀的下部提法），但无法破解风雷滚转（双手倭刀的技法，类似于长枪的勾法）。

身手法篇

身法是枪法的门户，进步、退步、闪身、环绕，都来自身法。身法练得正确，那么十二倒手、十八扎法无不随心所欲。

手法，凡是革敌枪，后手如果低于前手，则我枪上的劲就会重而实，而枪头要上抬的话则不超过五寸，唯独提枪倒手时后手要高出前手很多（见滴水势）。

卷枪倒手的手法，如果先卷后刺，没有不伤人的。

缠枪倒手、提枪倒手、盖枪倒手、击枪倒手的使用，要看敌枪是向左还是向右，必须进步才能取胜。

勾枪倒手、扑枪倒手、和枪倒手、封枪倒手的使用，完全在于两只手的手法。

实扎，要向侧前移身上步。

鸳鸯扎，革枪应马步，必须靠身法躲闪，是生死之斗。

子午枪、月牙枪，是两只手上的细微功夫。

单杀手、左右插花扎，全靠跳跃进出。

连扎（即螣蛇）、带打、劈枪，都是狠手。

总要篇

洞庭东山人翁慧生（程真如弟子）补充。

持枪的技法，贵在马步的使用上，身体、心思、两手、两脚互相呼应才好。

凡是一发扎就一门心思图命中的，这种心态很不好。心态好的，应该是不想命中却中了，使敌人来不及防护，这枪才用的神，令敌难以琢磨。一门心思想命中的，是以巧赢人，一旦被敌识破，反而自身受伤。

凡是倒手，身体、心思和手脚的运用，应使我杆离不开敌前手外尺五的位置。马步应用包括鸳鸯扎、缠枪倒手、流枪倒手、降枪扎，身体与心思协调一致，手脚相呼应，一动枪就能挡革敌杆，即使敌枪疾速地向我扎来，我也能淡定，似乎早已成熟于胸，使敌很自发地进入到我的攻防节奏中来。

凡是想伤杀敌身，先必须做好自身的防御，才能完胜。如果想先发枪取胜，就算赢了，也是只赢了一半（没有防护）。

凡是革敌枪，先要轻拿敌杆，只有接近敌手了才要大力。一出手就重，就会没有救应（防敌闪赚）。轻、重、快、慢，贵在用得恰当。敌枪扎来，我所以轻革敌杆，是怕敌两手阴阳互换，如流枪倒手般忽左忽右，不能确定扎我何处。我如果用重力，就会只顾及右边，而丢掉左边，或者顾及左边，而丢掉右边。故而轻开敌枪，并用降枪扎法斜压之，使敌枪无法左右圈串，其枪一无力，我即有机可杀。枪谱中说"当赢之际，绝不能松懈"，是指不能放过敌人。如果发枪扎敌，应当奔敌人的防守漏洞处发扎，一定要耐住性子，不能用力过

猛,以防范敌人顺着我的杆子直接滑扎我手(如单杀手,我若发猛枪来不及后撤,敌则可劈打我枪,定住我枪,顺杆滑扎),务必深记、警戒!

凡是与敌枪交战,必须知道敌之来枪是虚还是实,先要合理地控制好时机才妙。比如敌枪虚扎而来,我只轻革敌枪,敌定会再向我防守空隙处全力实取,等敌枪离我身有二寸多的时候,我即身体、心思和手脚一起动作,用缠枪倒手或降枪扎之类的技法,斜压住敌杆,直戳敌身,敌则必败。

(诸般扎法和倒手,没有一样不是好的,每一招中攻守都有,真可谓超群绝伦的武学!真如比敬岩去世晚十年,那十年间,真如曾到吴门游玩,而我竟然没能跟他见上一面,万分遗憾!这篇峨嵋枪谱是程真如亲笔书写后,传给了翁慧生、朱熊佔。壬寅年冬初,熊佔将此书惠赠给我。此谱中字字珠玉,如见真如,真可称得上是宝贝!——沧尘子吴殳敬志)

评程真如《峨嵋枪法》

我收集了各家的枪谱,经统计一共是五百多种技法,所以这么多,是因为枪法里掺杂了棍法。其实枪和棍本是两种兵器,怎么能同等看待?越是过多地习练枝梢的技法,则枪的真意也就越丢得多。两种兵器的练法,遍布于国内,可有谁能知道枪和棍的区别?

我的枪法学自师父石敬岩,他在枪的习练上,传授的门路最正宗,功力最深厚,手臂最熟练。晚年时,长棍、大棒、刀及团牌一上手就能化作枪法,故而他对于枪和棍的界面划分不是很关心。我从五百种技法中长期琢磨、练习,才找到二者的区别。

然而,徽州人程真如写的《峨嵋枪法》,只有十二种革枪技法和十八种扎法,书中不谈如何摆架子,不谈用什么步法,其见识远高于他人,对枪的理解可谓超越了各般行家。而敬岩在淄川学的枪法中,其中含有可以制敌的上百种技法(即行着),可程真如的三十种技法中却没有,他怎能不知道?只是不愿轻易地泄漏于纸墨间,因此,那些行着,他也没有将其废掉。所以,我在《手臂录》中一共收集了一百来种行着。而敬岩和真如,这二位都是在枪法上言语或所立文字简练,但枪意十分明确的人。

第二十二章 梦录堂枪法

原文

序

少林寺僧洪转著
古吴吴殳修龄辑

少林棍法，出自神授，名重古今，余颇染指焉。山高海深，诚称绝业，得其一枝片叶，为俞（安定）为将，犹足以专门一时，复何间然？

然枪之为器，则与棍迥异，古语云："枪为诸器之王，棍乃枪之奴婢。"所以然者，枪扎一条线，形影全无，如菽（音shū，豆）一孔即可竟入。其入也，千变百幻，莫可控揣。上下不数，唯中间一点至恶，赖有封闭革之，故练封闭小成也须三年也！且其练之也，须得至猛之扎手（意即发扎者），如矢如电而入，又须知双头枪、子午枪、月儿侧等至难御之扎法者，以扎我至二年之久，见肉分枪，坦然如无，而后谓之有根本，乃教以破法。其法不繁，往无不中，而皆不利于封闭，所以称奇绝。

棍则不然，打一大片，形影广阔，又皆一直而来，更无变幻，御之非难。所练革之功，不及枪百之一二，其制胜全赖架势、脚步，师徒注心，全在于此。少林诸僧曾不觉知，同类而等视之。以其棍之点为扎，然非透臂之扎也；以其棍之封闭为革，然非御双头、子午之封闭也；以其棍之脚步、架势登游场，然枪之妙用，初不在乎脚步、架势也。宇内知枪者，本无其人，所以公然行教耳！

少林僧洪转，彼家堂头也，所著《梦录堂枪书》，有八母、六妙、五要、三奇之法。洪转与洪记为昆弟，敬岩少时，与洪记至真定，同刘德长角技，而所执竿子为德长所击落，则洪转可知矣！

余久得是书，今附置于《峨嵋》之末，欲使见者知所去取焉。

时戊午岁桂秋下浣

古吴沧尘子吴殳一氏修龄序

释义

少林僧洪转著

古吴吴殳修龄辑

少林寺的棍法，据说出自紧那罗王传授（程冲斗《耕余剩技》中提及），其知名程度享誉古今，我也专门跟人着重学习过。此门棍术可谓山高海深，确实可称作绝学，如能掌握一枝片叶，自可安定一隅或恃此带兵打仗，可凭此技专逞于一时，还能再有什么可挑剔的呢？

然而，枪作为兵器使用，却跟棍的用法大不相同。古语说："枪是诸般兵器的王者，棍只是枪的奴婢。"所以这么讲，是因为枪扎出去就是一条线，没有影迹可寻，如同豆角，找到个合适的缝隙，顺着这个缝隙就可一下子顺畅划开。而枪由哪个位置扎进，却是千百般变化，令敌无法掌控、揣测。枪尖上下反复，数不清影迹，但向我中间扎来的看似一个点的枪尖最为险恶，要靠封闭革开，故而封闭练到小成也需三年的时间。且练封闭时，需要陪练用以猛烈的扎法，如射出的箭如闪电般扎进。还应知道双头枪、子午枪、月儿侧等最难防御的扎法，让陪练以此扎法扎上我两年，能够见肉分枪，敌枪近我身，我能淡定无惧，这以后才算掌握了枪法的根本，师父再教授各类行着及其破法。这些行着技法并不复杂，能练到出枪即中，使敌很难用出封闭，这才算将枪法练到奇而绝了。

棍法就不一样了，打出去就是一大片，影迹宽广，又都是一根直条打出，没有什么变化，防御并非难事。所练的革法功力，赶不上枪法的百分之一二，取胜的关键全都依靠架势、脚步。师徒棍法上倾尽的心血，全都花在架势和步法上。少林寺僧人对此全不知晓，反将棍法与枪法视作同类用法。用棍的点打作为枪的扎法，却不是用上两条手臂的整劲扎法。用棍的封闭作为枪的革法，却不是可以防御双头枪、子午枪的封闭技法。用棍的步法、架势登临游场，然而枪法的灵妙用法，本就不在步法和架势。他们那个圈子内，真正了解枪的，本就无人知晓，却能公然传艺授徒。

少林僧人洪转，是少林寺的住持，著有《梦录堂枪法》，内有八母枪、六妙、五要、三奇枪的用法。洪转和洪记是非常亲密的师兄弟，石敬岩年少时，曾跟洪记来到真定，与刘德长比试枪法，洪记所执的竿子被刘德长打落，那么洪转什么样的水平也就知晓了。

我很早就有《梦录堂枪法》这本书，现将它附在《峨嵋枪法》的后面，还望读者见此后知有取舍。

时戊午岁桂秋下浣
古吴沧尘子吴殳一氏修龄序

解析

《梦录堂枪法》对于枪的论述与吴老的观点是相背离的，真要用心钻研学习的是吴老的《手臂录》，正如吴老所说，将此篇仅作为一种借鉴，适当选取其中有利的要点以作指导。

原文

枪法八母

封：我立四平，彼扎我圈里，我略开门户，诱彼枪进满，我前腕向前一覆，后腕向后一仰，枪项离彼前手六寸许用力封开彼枪，即扎彼虎口。然须后脚必得用力一踹，枪根贴则重，又根不离正中，紧顾圈里，防彼串枪。

闭：我立四平，彼扎我圈外，我略开门户，诱彼枪进满，我前腕向后一

仰，后腕向前一覆，枪项离彼前手六寸许用力闭开彼枪，即扎彼心肋。然亦必须后脚得力一踹，腰间着力，则重而不横，紧顾正中，时时取直，防彼串枪。

提：我枪立势稍高，下部虚，彼于圈里扎我膝脚，至进满时，我后手提高过头，枪尖垂下，就势起枪，于彼前手尺五寸许提开彼枪，于圈里即斜身进步，扎彼膝脚。若彼枪就势削我前手，我用拗挂。

掳：我立高势，彼于圈里扎我膝脚，我两手离胸，前手一覆，后手一仰，腰力向前一摆，掳开彼枪，于圈里就势将彼手压下，前手抬上，扎彼心穴。彼若跳出，换步取圈外，则用高搭袖破之。

拿：我枪立势稍低，则上空虚，彼乘空扎我面门，我待彼进满，我前腕向前一覆，后腕贴身向里一仰，枪项离彼虎口尺许用力拿下，复手推根扎彼面门腰肋，当用勾手，内外皆然。

拦：拦者，救败者也。单手扎入，若枪被击落，即用边、裙二拦以救之。

边拦者，我从圈外发扎，彼必开我枪于面前，我以后手阳仰遮身，后脚移上。彼若扎我下，则覆手压落彼枪，落步立四平。若扎我上，则伸手绷起彼枪，覆手收枪，落步立四平。

裙拦者，我从圈里发扎，彼必开我枪于身后，我则以彼手收枪遮护，身向前、脚斜踏，侧身蹲倒，待彼枪上来则绷，下来则压，落步立四平。法曰"二拦收败枪"者，正此意也。

还：我枪着彼，不可因胜而怠，须防从死中返活，弃怠还枪。若彼枪着我，我必就努力还枪，若彼收定，则无及矣。法曰"吃枪还枪"也。

缠：缠者，如绳之缠物，上下四周匝而无空处，令彼不能知我所向，我得以乱彼之出进。其法必须两手紧固，枪根着腰，二足用力，使枪尖左右旋转无隙，如碗大。所谓两手不动枪梢圆，其妙在精熟，生疏者不能为之。

释义

封：我摆下中四平架势，敌枪向我圈里扎来，我稍微露出右半躯体，引诱敌枪完全扎进，我前手腕向前一覆，后手腕向后一仰，我的枪项在离敌前手外六寸左右用力拿开敌枪，随即滑扎敌前手虎口。用力时必须后脚向地上一踹，枪根贴在腰间，枪项上的劲才能大，枪根还不能离开身体的中线位置，紧盯着敌扎入我圈里的枪头，防止敌枪串到我的圈外。

解析

枪根虽在腰间，但枪根却在身体中线位置，这是与程冲斗的练法一样的，是为了方便大力劈枪，现代很多人这么练，与吴殳不符，封时为防敌串枪，应该力小。正确的中平架势，参见《二十四势图》，且无大力踹地动作。

释义

闭：我摆下中四平架势，敌枪向我圈外扎来，我稍微露出左半身体，引诱敌枪完全扎进，我前手腕向后一仰，后手腕向前一覆，我的枪项在离敌前手外六寸左后用力拦开敌枪，即可扎敌之胸肋。用力拦时也必须后脚着力踹地，腰上也要用力，那么我的枪就会有向下的重劲，不会使劲力横向偏移，紧紧关注着我的正中防线，随时可令我枪直接返回防守，目的是防敌串枪。

解析

此与吴殳练法也不同，闭时要引诱敌枪扎至我身后三尺，并蹲坐，加以研法，令敌枪抽不回去。

释义

提：我摆出的架势较高，枪尖在上部，因而下部空虚，敌向我圈里扎我膝脚，待快要扎上时，我将后手提高超过头部，枪尖低垂而下，借势向上起枪，在敌前手外一尺五寸位置提开敌枪，随即向敌圈里斜身进步，扎敌膝脚。如果敌枪借我提开之势顺我杆滑扎我前手，我则上骑龙步挂开敌枪。

{ 解析 }

此提法定义与峨嵋派枪法相同，后手提时要过头，是各派枪法的共识。

{ 释义 }

掳：我摆出高的架势，敌向我圈里扎我膝脚，我两手离开胸部，前手腕向前一覆，后手向后一仰，利用腰力向前一摆，向后掳开敌枪，进而向敌圈里借势将敌前手压下，然后我前手向上一抬，直扎敌心。敌若跳开，变换步法向我圈外扎来，我则用高搭袖的棍法破解。

{ 解析 }

此处掳的用法如同摇橹，是向后摆的动作，与峨嵋动作相反，峨嵋的掳是防敌向我圈外扎来的枪，动作跟提一样，必要时可借用腰力抬前腿一摆。高搭袖属于棍法，此处为向圈外即向左侧上方摆拦的动作。

{ 释义 }

拿：我立的枪势较低，则上部空虚，敌乘我上方空虚扎我面门，我待敌枪完全扎出，我前手腕向前一覆，后手腕贴腰向里一仰，我的枪项在离敌虎口一尺左右用力拿下，再以后手推送枪根，可扎敌面门腰肋，拿时前手要勾。圈里圈外，都是一样的拿法。

{ 解析 }

拿时后手要贴腰，这是关键。

{ 释义 }

拦：拦法，是要救我的败枪时才用。我枪以单杀手向敌扎进，若我枪被敌打落，即可用边拦枪和裙拦枪救护。

{ 解析 }

峨嵋派并非如此使用，单杀手一旦扎败，即迅速向后跳出，再还击。且单杀手在实战时只能用八分力，以备失策有缓手之机。

{ 释义 }

边拦：我向敌圈外发扎，敌必然拦我枪，使我枪落于我正对的面前，我则阳仰后手用来遮护上身，并将后脚前移一小步。敌如果扎我下部，我则两手向下一覆压落敌枪，并在后脚踹地后摆下中四平的架势。如敌扎我上部，我则两手上伸绷起敌枪，再覆手收回我枪，后脚踹地后摆下中四平的架势。

{ 解析 }

此为棍法。

{ 释义 }

裙拦：我向敌圈里发扎，敌定然拿我枪，将我枪头震打在我之身后，我即趁敌两手收枪时速做防护，身体向前，脚斜着向右前踏出，侧身蹲倒，待敌枪上扎就绷开，下扎就压，步法安稳后摆出中四平架势。枪法说"边拦、裙拦可以收败枪"，说的正是如此。

{ 解析 }

裙拦也是棍法。

释义

还：我枪优于敌枪占得上风，不能因为有胜的把握而怠慢，必须防敌枪死中返活，因此必须不能懈怠要准备好及时还枪。如果敌枪优于我枪占得上风，我定要贴近敌杆努力还枪，如果敌枪已将我枪定住，那就来不及了。枪法说"吃枪还枪"就是这个意思。

解析

还，只不过是一个反击的技法，最多相当于《手臂录》中的换，确难称作八母之一。

释义

缠：就像绳子缠东西，我枪缠上敌枪，上下四周没有空隙，令敌不知我枪所向，我得以乱破解敌枪的进出。用缠法必须两手紧固握枪，枪根贴着腰际，两脚用力，使我的枪尖左右旋转没有空隙，枪圈如碗般大小。所谓两手不动，枪梢圆转，妙法在于手法的精熟，手法生疏无法运用得当。

解析

缠法，妙在手法精熟。

原文

枪法六妙

一截：（程真如亦有截法，与石敬岩之懒汉锄田相似，与此大远）法曰"此直来横受"也，彼枪从我枪底正中扎我手背及腹，则我之封闭提拿皆不能用矣。须将后脚移上，侧身将枪横下，如锯之截木，即以我枪贴彼枪削上，伤彼前手。凡彼枪正中来急，我不及拿提者，均可用之，然须防彼勾起。

二进：法曰"步步要紧进"，然非无法而能进也。盖封闭提拿防人之扎，所谓"应兵"，若但应而不能攻，应多力衰，为人所欺。则当于人未发之先，相击而进，于人即发之后，乘势而进。

三乱：乱者，乱而取之也。彼此立势，坚固静暇，若必伺其动而进，则久而气急，又难必其动中无变，当以梨花摆头、凤点头之类或出或入，倐左倐右，使彼心手俱乱，而不知我之所向，则我可以因乱而进矣。然须前手圆活，后手坚固，又不可深入，防彼以静待动，此中元机当熟讲也。

四定：定者，以逸待劳也。如被先发，必俟发满而应，若未满而应，则彼易于变换巧法，所谓隔水偷花也。若彼枪或左或右、或上或下，浅出浅入，是谓乱我，但须坚固两手，定而不动，待彼久而力衰，我以养成猛力，因衰进攻，以逸待劳，无不胜矣。总之，坚固正中，则彼自不扎我，我何虑彼之乱乎？法曰"能乱人，勿为人乱"，正谓此也。

五斜：斜者，言身法也。盖彼此枪身长短相等，我能着彼，彼亦能着我，封闭提拿之法，亦彼此均晓之，必须进步扎枪，使彼难避，若竟直身讲扎，则反受彼之扎，当待彼枪进时，斜身偏闪，使彼枪从我胸前背后过去，而我则斜行进步发扎，则彼自不及革矣。兵法所谓"以迂为直，以难为利"也。

六直：直者，言枪杆也。盖身既以斜进，枪须紧对彼之心喉头面，在我可以照顾正中，在彼难于封闭，法云"时时取之"是也。

释义

一截：（吴殳注：程真如也有截法，跟石敬岩的懒汉锄田法相似，跟此篇说法大不同），枪法说道"这是直来横受的技法"。敌枪从我枪下正中扎来，扎我手背和腹部，那么我的封闭提拿都不能用，必须将后脚上移，侧身将枪横着下压，就像锯子横着截木料一般，既而用我的枪贴着敌枪杆向上削敌前手。凡是敌枪向我正中急扎，我来不及拿提，都用此技法破解，但必须防敌枪向上勾起。

解析

此处讲的是依靠步法而作的架势，程真如的截法是轻用挤挨的手法。

释义

二进：枪法说"步步要紧进"，然而并不是说毫无章法地前进。封闭提拿是用来防敌的扎，这是说防守敌器，如果只能防守不能反攻，防守过多气力就会衰竭，就会被敌所欺。因而就在敌未发扎之前，看准情形先打再进枪，而在敌刚发枪之后，就要趁敌收枪之际进枪。

解析

此为进枪反击的时机。

释义

三乱：所谓乱，就是要在乱中取胜。敌我摆下架势，各自都桩架牢固静待其变，如果等敌一动我再进枪，则我的架势摆得太久就会气力懈怠，又难恐敌枪动作中会没有变化，因此我要用梨花摆头、凤点头等枪法或出或进，或左或右，令敌心手都乱，而不明白我枪所向，那我就可乘乱进扎。但必须前手圆活，后手紧固持握枪根，又不能往深处扎，防止敌以静待动，这是乱中用枪的关键，必须详细告知。

解析

此为如何借乱取胜的方法。

释义

四定：所谓定，就是以逸待劳。如果被敌先发扎，一定要等到敌枪完全出尽再防守，如果敌枪未出尽就防，那么敌则容易换作灵巧的闪赚手法，正所谓隔水偷花。如果敌枪或左或右，或上或下，浅出浅进，这是要把我打乱，我只须紧固两手，淡定不动，等敌乱扎久了自然气力衰退，我则存以猛劲，趁敌力衰而反攻，正是以逸待劳，无所不胜。总之，我紧守中线，则敌自然不能扎到我，我又何须为敌枪之乱而费脑筋呢？枪法说道"能乱敌人，不能因敌而自乱"，正是说这个意思。

【解析】

对敌时的心理素质尤为重要，不仅仅是枪法，其他亦然。

【释义】

五斜：斜指的是身法。敌我双方枪身长短一样，我能刺到敌，敌也能刺到我，封闭提拿等革法，互相也都知晓，所以一定要进步扎枪，令敌难以逃避，但如果径直探身进步发扎，则反被敌扎。要在等敌枪讲扎时，我斜身偏闪，令敌枪从我胸前或背后扎过去，而我就能斜身进步发扎，则敌自然来不及革我枪。正是兵法所说的"以迂为直，以难为利"。

【解析】

此段讲的是身法运用，跟吴殳讲的颠提时借用身法如同一类。

【释义】

六直：直是说枪杆要直。身体虽然斜着进身，但枪尖要紧对着敌人的心喉头面，对我来讲既可照顾自己的正中防线，对敌而言又难使用封闭，正是枪法讲的时时取之的意思。

解析

此段直的意思与吴殳讲法不同,吴老以闯鸿门势喻义,强调身势要直,以备长兵短用。

原文

枪法五要

一圈: 法曰"先有圈枪为母,后有封闭提拿",圈枪者,取其左右圆活,上下旋转,无有定律,使彼心手摇惑,我即乘机而进,其法较之缠法稍疏,其转动之圆活处,全在身法。后手将枪根转动,前手则仍固正中,若两手俱摇,则恐彼乘虚而加力分排,取我之正中也。

沧尘子曰:"察其语气,乃右手虚松枪在手中转动者,此王孟通法,力大犹可,力小者,被人击落枪器矣。"

二串: 串枪之法,在上下左右,因势而攻开进扎,使彼不能闪赚躲避。如彼用铁牛耕地等低势,利绷起我枪,故上扎以就其绷,及彼绷起,则我先串于下,因其往上之势而绷起之,未有不胜者也。左右与上下皆然,循环无方,变化不一,如活龙生虎,不可拿捉。知此者,进乎技矣!学者不可不讲也。

沧尘子曰:"此法甚粗疏,峨嵋所不出也。"

三排: 排者,我枪未动,彼枪从左右浅进出以乱我,则我用分排之法,后手固根不动,前手持紧,左右两下着力排开彼枪,直取正中,连身挨步进扎咽喉,势如破竹,彼虽急退,亦难以躲闪,所谓中间一点难招架也。

沧尘子曰:"此时只点其前手,以逸治劳,以观其变,分排挨进,失于轻易,非变法也。"

四压: 压者,我枪从上压下彼枪也。我立四平,彼枪于虎口之下、脚膝之上而进,我之封闭提拿均不便用,虽有高搭袖可破,然恐急而莫及,法当先挪身略斜,以避其枪,后手推枪,抬在后膝上,则出枪技,专前手用力,将枪尖向彼虎口压下,则彼落枪而虎口必受伤矣。

沧尘子曰:"峨嵋之法,初练封闭时,须善扎者枪枪用此法扎我,以练成封闭。又用梨花三摆头、蜈蚣钻板以扎我，我之封闭皆能御之，方为艺成。此所言者，皆梦语也，总由根本不固，于枝叶立法耳。"

五扎：法曰"当扎不扎，是一大病"也，持枪相对，彼此各存猛力，若彼扎来，我或用封闭以落之，或用偏闪以空之，彼枪既落坐，则力过矣。此时不扎，彼收枪定势，新力复生，则难以进扎，故必于彼旧力才过、新力未生时，进步扎之，则不能躲闪革架。若彼立此势未动气力，坚固之时，而先扎，则彼可架革，而我先力，此谓不当扎而扎也。

释义

一圈：枪法说起初用圈枪作为枪法的母招，然后才发展出封闭提拿。所谓圈枪，就是要左右圆转灵活，可上下旋转，没有一定的规律，令敌心手摇摆迷惑，我则可趁机而扎。其技法较缠法相对粗疏，其转动灵活的关键，全都依靠于身法。后手转动枪根，前手仍然紧固握杆，对着身体的中心线，如果两手都摇动的话，则怕敌乘我枪杆劲力虚弱而大力往旁排打，进而扎我正中。

沧尘子（即吴殳）道："按洪转的口气，这是右手虚松着持握枪根转动，这是王孟通的技法，力气大的人这么用还行，力气小的人这么用，易被敌打落枪杆。"

解析

峨嵋圈枪是右手紧握枪根，前手松握，这是与此的最大区别。

释义

二串：串枪的技法，可用于上下左右，因实际情形或攻或革或进步发扎，令敌不能闪赚躲避。如果敌用铁牛耕地等低的枪势，利于将我枪绷起。故而我要想向敌上部发扎，就要借用敌的绷势。等敌将我枪绷起，那么我枪先串到下面，这是因为借用敌往上绷的动作而转用作串枪，没有不胜的道理。往左往右串跟上下串都是一样的，循环无章法，变化不一定，似生龙活虎般，无法拿

捉。掌握此般技巧的，才算学得了枪技，对后学者而言不能不说。

沧尘子道："这种技法特别粗疏，峨嵋派不用此粗法。"

【解析】

吴殳认为粗疏，是因为此处有绷枪这种大封大劈类的技法使串成形。

【释义】

三排：所谓排，即我枪没动，敌枪或左或右浅进浅出以乱我心手，那我就用分排技法，后手握紧枪根不动，前手也要握紧，或左或右两下用大力分别排打开敌枪，再径直扎取敌之正中，并连带进身随步进枪扎敌咽喉，势如破竹，敌即使迅速后退，也难以躲闪，正所谓中间一点难招架。

沧尘子道："对付浅进浅出的，只需点击敌之前手，即以逸治劳，以观敌变。用分着排打的技法挨枪进扎，似乎太轻率，无法另用变化的技巧了。"

【解析】

此段只需知道排是什么意思即可。

【释义】

四压：所谓压，即我枪从上向下压敌枪。我立中四平势，敌枪向我虎口下方膝脚上方的位置扎入，我的封闭提拿都不便使用，虽然有高搭袖可以破解，然而恐怕情势太急来不及使用，此时应当先将身体略斜，以避开敌枪，并用后手推枪，将枪抬在后膝上，那么就能使出技巧，专门前手用劲，将枪尖向敌虎口压下，则敌枪被击落而虎口定然受伤。

沧尘子道："峨嵋练法，刚练封闭时，必须由扎法好的人枪枪用这招扎我，以促成封闭的练就。再用梨花三摆头、蜈蚣钻板等扎我，我用封闭都能防御，才叫学艺有成。而洪转写的这段话，都是梦话，终归根源在于根本不坚固，注重枝叶的技法（即不会两手靠封闭运用枪根，只注重枪尖借用身法步法的使用）。"

解析

封闭是革法的根本，其他身势步法都是辅助的，孰轻孰重，要有分辨。

释义

五扎：枪法说"当扎不扎，是一大病"，两方持枪对峙，彼此各留用猛劲，若敌扎来，我可以用封闭击落敌杆，可用斜身偏闪使敌枪扎空，敌枪头一旦落地，则他枪上的劲力早已过时，这时如果我不扎，敌一收枪再摆定架势，新的劲力又生长出来，我则难以进扎，故而一定要在敌旧劲刚过、新劲还没产生时，进步发扎，则敌无法躲闪革架。若敌摆下架势未耗动气力，门户坚固，我如果先扎，则敌可以架革，而我先没了劲力，这就是不该扎时而发扎。

解析

此为扎法的时机，需要掌握。

原文

枪法三奇

一软：兵法有云"柔能制刚，弱能胜强"，即此中之软硬之道也。盖彼以硬进，我以硬进抵，两家用力，是为犯硬，力弱者必败，或力同而斗久何能必胜？若于彼枪用力刚猛之时，我用穿、勾、退步之法，候彼进深，猛气已过，却挪斜步扎之，则彼无所用其力，即巧中之斜步单撒手（即单杀手）也。又如我枪先发，彼以猛力提拿，我却变为软，使彼力空，乃乘其不备之所取之，此皆谓之以软破硬。又如彼此立势，而我软势，吞吐进出，使彼不防，我于进后方用硬力疾速取彼，此谓借软用硬也。此中变于无形，动于无声，学者不可不

讲也。

石敬岩、程真如峨嵋枪法，以重硬为初门，以轻虚为脱化，若软字，枪中至极处也。程冲斗只言重硬，不言轻虚，所以火气不除。此段非冲斗所及，乃少林本法也。但言用时之软，而不言练时之强，实则无根本，所以不及峨嵋。

二闪：法曰"不招不架，只是一下"，枪来只不招架也。如彼枪扎飞来，我革落之，彼必退出，此时我若进枪，则彼出，我追着亦不深，非胜算也。故必于彼进枪之时，左右斜闪而直进，扎彼空处，使彼不及收枪，而我枪已着身矣。且彼来我往，着则无不深也。闪法详于诸巧法之内，乃枪中神境，不可忽也。

沧尘子曰："此即黑鹞翻身之类，彼枪未死，轻易进扎，何能必胜？而以为神境，卑浅极矣！总之，峨嵋之法，只欲制死彼枪，使不能动，不须发枪着彼，彼自心伏。若一发取胜，纵彼不能吃枪，犹未心伏，非峨嵋法也。"

三赚：古语曰"香饵可以钓鳌"，即此意也。盖能扎枪者，必非庄家，定是会手。若我立势坚固，则彼不肯满进，彼进不满，则我之以进亦不深。必先落空处，以赚彼进扎，而我乃以巧法取之，此中元机不可枚举，知此者进乎技矣。

释义

一软：兵法说"柔能制刚，弱能胜强"，也可以作为枪法的软硬之道。敌以硬枪进扎，我以硬枪还迎，两家都用劲，这是犯硬，力量小的定然失败，或者力量差不多，但斗得久了，又以何能取胜？如在敌枪用劲刚猛之际，我用穿枪、勾枪及退步的方法，待敌枪扎得深了，其猛劲已过，我则斜上步扎敌，则敌无可用其力，正所谓巧技中的斜步单杀手。又比如我枪先发扎，敌以猛劲提拿，我却变作软劲，使敌劲力虚空，即乘他没有防备的地方而取之，这都是说的以软破硬。还比如互相摆下架势，而我的架势较软弱，我枪浅进浅出，令敌不屑防护，我却在我软枪扎进后突然用硬劲快速取敌，这是借软用硬。此类技法变于无形，动于无声，对后学者不可不说。

沧尘子道："石敬岩、程真如的峨嵋枪法，在刚入门时要用重劲硬劲，往后脱化要达到轻灵虚巧，就好像一个软字，这是枪法的至极之处。程冲斗只讲重和硬，不讲轻灵虚巧，所以枪的火气无法除掉。这一段文字是冲斗赶不上的地方，其实就是少林寺的原本技法。然而，却只谈在实战时为何用软，却不谈平时习练时要猛劲训练。所以实际上没有根本可言，故而赶不上峨嵋。"

解析

由硬到软，这是一个过程，很少人能做到，除非痴迷于枪术的人，能按照吴殳的思想坚持下去。

释义

二闪：枪法说"不招不架，只是一下"，是说敌枪扎来，不必招架。如果敌枪飞速扎来，我将敌枪革落，敌定然后退，这时我如果进枪，则敌人退出，我追上也扎不深，没有胜算。因此一定要在敌进扎之际，我或左或右斜闪而径直进扎，就扎敌的空当，令敌来不及收枪，而我枪已着敌身。且敌来我往，一旦枪尖触体，无不深入。闪法详述于各巧法内，是枪中的神境，不可忽视。

沧尘子道："这无非是黑鹞翻身类技法，敌枪没死，我就轻易进扎，有何能耐定然取胜？其理论卑浅至极！总而言之，峨嵋枪法，定要先将敌枪制死，使之不得动弹，根本不必发枪扎敌身体，敌自心下服软。如果一发枪侥幸取胜，而敌人连吃枪的机会都没有，其实他从心眼里就不会认输，峨嵋枪法绝不会如此。"

解析

闪身是需要练习的，是颠提的技法，用枪时要先定住敌枪，这是关键。

释义

三赚：古语说"香饵可以钓鳌"，即这个意思。擅长扎枪的人，不是庄家，

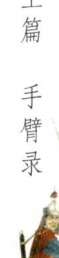

手臂录·无隐录释义——明代枪法短兵解密

必是会手。如果我摆的枪势坚固,则敌枪就不肯全力扎进,敌枪没有完全扎进,那么我的枪扎进也不会深。一定要故意暴露出空当,诱敌进扎,而我才能用巧法取胜。这其中的元机不可枚举,能掌握此技即学到枪法。

解析

古人兵器拳脚,都要故卖破绽,诱敌反杀,此为战术思想。

原文

八母,本也;六妙,用也;五要,变也;三奇,巧也。尽此诸法,枪可以冠诸艺矣!

释义

八母枪,是用枪的根本。六妙,是枪的使用技法。五要,是枪的变化。三奇枪,是枪的巧用。这些方法都掌握了,用枪就可以强过其他各般武艺了。

解析

"枪可以冠诸艺"这句话未免言过其实,不同的兵器都有不同的用途,如弓弩铳箭。

附一 枪法答疑

1. 或问："枪之元神鸟迹图何解？"

曰："鸟迹图不明，无以习枪也。鸟迹者，即滚转枪尖划圈或弧也。欲尖滚转，须杆滚转；欲杆滚转，则须两手阴阳互转，乃能于扎中见横力焉。"

2. 或问："卷、反卷、勾、反闭如何用之？"

曰："彼圈里扎入，移前足脱其锋，坐膝而拿，削彼前手，即卷也。彼圈外扎入，我偷枪于其杆之右而拿之，即反卷，亦名缠拿。彼高枪圈外扎入，乃屈前臂贴胁而闭之，以防削前手，即勾法；彼枪圈里来，我偷枪于其杆之左而闭之，即反闭，亦名缠拦。"

3. 或问："何谓砑？何谓劈？何谓摭？"

曰："砑即封闭之后手返上而下之力也，所谓开枪先轻而后重者。砑而长重，即劈也，枪头起不过五寸、低不下膝。砑、劈贵乎坐膝。摭乃前手虚拢枪杆，后手圆转以开枪。"

4. 或问："何谓单杀手？"

曰："戳革随处可用单杀手也，乃入门枪技。非直戳也，即后手转阴阳以发梨花等凶枪也，单杀手熟，方可习豁里透、子午枪。"

5. 或问："何谓出而能圆？收而能圆？"

曰："世人但知滚转扎出，不意收枪亦要枪杆滚转也。唯两手阴阳互转，久而能熟，即持杆不弃封闭也。"

6. 或问："何谓拦前跨剑、拦后中四平，拿前中四平、拿后跨剑？"

曰："中四平、跨剑为枪尖左右相对之势也，拦拿用之，盖皆故露门户诱

彼扎入而后革戳也。"

7. 或问："枪棍之用等同否？"

曰："枪棍之介，修龄公已备之详尽。总言之，枪技重手法而轻势，棍术重势而轻手法。"

8. 或问："何谓串枪？"

曰："串，亦称作穿。世俗之串，多用前手，峨嵋用之后手，谓之圈手，亦名双头枪。圈而不扎，俗称蜈蚣钻板。圈而又串，谓之叠穿。皆闪赚之法也。今世有以白蛇弄风而冒双头枪者，唬门外汉也，实则沙家竿子用法。"

9. 或问："枪之革法，根置何处？"

曰："枪为缠腰锁，故根应置腰间，此乃正法。亦视实情而变，若提则枪根直过头。有置于胸腹者，便用诸朝天、压卵等棍势而大封大劈也。"

10. 或问："峨嵋、马家、石家枪法异同？"

曰："三家枪式相同，石电先出少林，后师马家，马家法杂棍也。中年投刘德长，专心封闭二载，晚年棍棒刀牌皆化枪法，遂自成一家耳。后修龄公遇朱熊佔谈议石电、程真如，乃知其枪法相近。"

11. 或问："今世之枪，三米杆谓长枪乎？"

曰："今世多以二米四上下为多，短者更有一米八者，俗称花枪（非闪赚花枪也），按明营造尺，似七至八尺夹枪棒也。又此类枪头重根轻，白蜡细软，不求枪心，有类线枪，擅与刀牌共耍，实舞势讨巧耳。然亦有三米者，俗称长杆，长度类于峨嵋、马家也，唯杆用白蜡，非牛筋木也。四至五米者，实类于明季杨、沙也，而用法迥异。"

12. 或问："今世枪法有传承乎？"

曰："峨嵋、马、沙、杨之法，去除棍技，皆两手转阴阳之法，唯枪圈疏紧不同。今世枪派林立，枪式不一，盖以少林、汉口影眼至今，明手法者少，重枪势者多，更以舞花、棍势广施其间，故所下功夫多不在封闭也！"

13. 或问："何谓鸭踏步、连枝步？"

曰："鸭踏者，蹲身而坐，后脚迈于前脚前，亦作偷步，类今之盖步。连枝者，类今之滑步也。"

14. 或问:"枪之扎力在两手乎?"

曰:"实扎若单杀手者,力源自蹬地之后足,以髋旋转催手而发,类今世后手直拳也。虚扎在乎两手封闭之灵活。"

任鸿(翊将军)

撰于2012年5月15日

附二 见肉贴杆

枪的奥妙在于滚转杆子划圆，要做到扎中有革，革中有扎，直力中显现横力，即枪之元神。对敌时，想做到此点不容易，需要长时间的训练，少则五六年能有小成，十年、二十年或到大成。如果仅凭大封大劈，或以棍乱枪，毕竟是逞莽夫之勇，失去枪的真意。

因此，守则见肉分枪，攻则贴杆深入，是枪法实战的关键！

吴殳讲"封之枪尖开于前一尺弱，闭之枪尖开于后三尺强"，何解？

这正是毫无隐讳地透露了防守的时机！

敌之枪尖向我圈里扎来，要在其枪尖扎到离我身前一尺处时，我再以枪朝敌持杆前手外六寸的位置封下其枪，用力要小，以防敌枪闪赚。敌之枪尖向我圈外扎来，要在其枪尖扎到我身后远离我身三尺外的地方，我再以枪朝敌持杆前手外六寸的位置闭下其枪，用力要大，目的使敌抽不回枪。此即"见肉分枪"，而要想达到一尺或三尺的距离，在封闭的同时，更需要以身法步法进行辅助。

而"贴杆深入"，即贴着敌杆扎入，首选目标是敌之前手，以先定住敌器为首要目的。若想使见肉分枪、贴杆深入一气呵成，就必须练好封闭。

封，敌枪圈里扎来，我前手拿枪，后手返上而下，正好转了一个圈。闭，敌枪圈外扎来，我前手拦枪，后手返上而下，也是一个圈。闭的时候，还要加上蹲坐和砑。

封的枪尖旋转轨迹是一个顺时针的圆环，封之前，前手阳，后手阴。封之后，前手阴，后手阳。封完紧跟着扎出，扎出的轨迹不能再是顺时针，而是要逆时针转杆行进方能削击敌手，扎完前手阳，后手阴。按身势讲，即所谓封之前是中四平势，枪尖靠左，封之后是跨剑势，枪尖靠右。

闭的枪尖旋转轨迹是一个逆时针的圆环，闭之前，前手阴，后手阳。闭之后，前手阳，后手阴。闭时要蹲坐，闭完要砑，砑时主要用后手力，即右纤月形，前手随后手而转，砑完前手阴，后手阳。砑完再逆时针旋转贴杆扎出削敌前手，扎完前手阳，后手阴。按身势讲，即闭之前是跨剑势，前手要阴持枪杆，枪尖靠右，闭之后是中四平势，枪尖靠左。

封闭还可以演化出迎枪，即省掉后手返上而下的动作，直接随前手的仰覆贴杆扎出，达到我中彼开的效果。但是没有一开始用几年时间练习封闭与连环，迎枪只不过是个偷工减料以求速成的摆设，横力不足，无法革开敌之重枪。现代有很多人就是这样偷工减料练的，承传下来，封闭为何物早已不明，而代之口头随意称呼的"拦拿扎"。

起初练枪，封的力度要大，闭的力度要小。几年下来，渐渐转作封的力度小，闭的力度大。而所转的圆，也由鸡蛋大小渐渐趋作铜钱大小。

任鸿（翊将军）
撰于2012年10月31日

器王正眼无隐录

[下篇 XIAPIAN]

QIWANGZHENGYANWUYINLU

第一章 自序

> 【原文】

道与艺，俱有正眼，得此而后工，力有所施，否则毕世捂捂（音kù，用力的样子）茫茫耳！

枪虽小艺，而古今究心于此者有人，人繁则法杂，而浅近之说易于入瓦釜雷鸣，则黄钟毁弃矣！此艺之著声者六，短则峨嵋、少林、马家、汉口，长者沙家，在长、短家者杨家。

予皆曾有事焉，而以峨嵋为正眼，盖枪为器中之王，棍乃其奴婢，家不可无所使，若广列棍之身势，而昧枪之手法，则认奴作郎矣！

峨嵋绝无身势，少林不逮（不及）峨嵋，而身势亦稀，沙、杨少有之，而马与汉口全论身势，不重手法，棍也，非枪也。

石敬岩，峨嵋之嫡派，不知者以为马家，盖由峨嵋之法人世鲜知，而器之长短，两家正同，故传讹也。五十年前，敬岩名震江南，而混以马家之名，人将以二十四势为正眼，其误何极！

余以生平所习六家之法，剖其品类，辨其邪正高下，以敬岩之法、程真如之书为内编上卷，沙家、少林、马家、汉口、杨家及杂器为外编下卷，名之曰《器王正眼无隐录》。

内编首敬岩，尊师说也；次真如，尚同志也。外编先沙家，能成家也；次少林，不失家门也；次马家，别自为长棍也；次汉口，可为临阵将兵之用也；杨之用同于汉口，而置最后者，贱其杂也，娼婢之子，不与良人伍也。

凡敬岩、真如之良法微意，录中无不正告侧出，一无所隐，公之天下。使

下篇　器王正眼无隐录

见者皆知正眼，不惑于浅近之说也。

每见世人于微末一技秘惜过于珠玉，心甚鄙之，夫枪难事也，纵得正眼，而造艺之高下，存乎工力之浅深，秘之何为？

峨嵋在西南，从学者鲜，而敬岩、真如又无传人，余深惜之，故作此录。

丁卯夏尽日沧尘子吴乔修龄氏撰

释义

修行和习武，其中都有要诀，知道了要诀，然后在此下足功夫，才能使枪的劲力有针对性。不然的话，只能一辈子乱用蛮力。

枪术虽然是门小的技艺，但古往今来诚心研究枪法的大有人在。习练的人多，枪法也就混杂着很多非枪法的东西，以至于肤浅不深的理论学说很易充斥习者的耳朵，使真正的枪法被埋没。当前枪法比较著名的有六家，短枪是峨嵋枪、少林枪、马家枪、汉口枪，长枪是沙家竿子，在长短之间的是杨家枪。

上述各家枪法，我都学过，但我把峨嵋视作正法眼藏（佛教语）。事实上枪是百器之王，棍好比枪的奴婢，有如富家之中不能没有仆役。如果大量推崇棍法身势，而埋没了用枪的手法，就是以奴婢冒充富家的主人。

峨嵋枪绝对没有身势，少林枪虽然不如峨嵋，但身势也少，沙家竿子、杨家枪有一小部分身势，而马家枪和汉口枪都讲求身势，不注重手法，实际是棍术，不是枪法。

石敬岩，得自峨嵋派枪法的真传，不知道的人以为他习练的是马家枪。这是因为世人很少了解峨嵋枪法，而枪的长短规格，两家正好一致，故而将敬岩的枪法讹传成马家枪。五十年前，敬岩的枪法名震江南，之所以将他的枪法混谈成马家枪，是因为庸人都把二十四势当作枪法的正法眼藏，可谓荒谬至极！

我将一生致力研习的六家枪法，剖析研究，按品阶划分出类别，区分开哪些是邪说，哪些是正法，哪些高深，哪些低下。将敬岩的枪法和程真如的枪谱作为《内编·上卷》，沙家竿子、少林枪、马家枪、汉口枪、杨家枪及其他兵器作为《外编·下卷》，整本书命名为《器王正眼无隐录》。

《内编》中的卷一列的是敬岩的枪法，这是因为我必须尊重师父的枪法理念。卷二列的是真如枪法，这是因为他的枪法与我师父的枪法志同道合。

《外编》中卷一是沙家竿子，这是因为沙家确实能独成一家枪术。卷二是少林枪，这是由于少林枪有自身的特点，没有辱没家门。卷三是马家枪，其实是另类的长棍技术。卷四是汉口枪，可作为战场之枪使用。杨家枪的使用特点与汉口枪相同，所以放在卷末（卷五），是耻于杨家枪混杂了马家枪、沙家竿子的技术，好比娼婢的孩子，不能跟富家子弟同列。

凡是敬岩、真如的好枪法或暗含的深意，在《无隐录》中无不正面表述或侧面点到，没有任何隐藏的东西，只为将二人的枪法公示于天下。目的是让看到此书的人都知道什么是枪法的正法眼藏，不被那些肤浅不深的邪说所迷惑。

每每遇到世俗庸人对于那些细微的小技法吝惜得如珠玉般不肯轻示，我打心中就鄙视他们。习练枪法是件很不容易的事情，就算知道了要诀，而技艺的高低，在于封闭上下的功夫是深还是浅。所以说，那些小伎俩，还有什么可藏着的？

峨嵋派居于西南，跟着学枪的人少，而敬岩和真如又没有后辈传人，我深感遗憾，故而写下此书。

丁卯年夏末沧尘子吴乔修龄撰

解析

1. 此篇是吴老将近80岁时写的，对枪的认识跟50岁时写《手臂录》不一样：

（1）果断地下了结论，石敬岩学的是峨嵋枪。在《手臂录》的峨嵋枪法一章里，仅是推断刘德长可能从普恩那里学过枪法，而石敬岩学自刘德长，所以自然归于峨嵋。而在本录，直接把石敬岩的枪法归为峨嵋派了。

（2）《手臂录》中还是比较推崇马家枪的，虽然说其杂了棍势，但总体的评价还是比较高的，可能是因为那时期吴老将石敬岩视作马家枪的传人。但在此录中，也干脆将马家枪全看作了棍法，只因为马家讲求二十四势。

(3) 杨家枪的地位在本录中更加低下，成作娼婢之子，不与良人同列。

2. 吴老写此录的动机，是因为石敬岩、程真如没有再传弟子，石敬岩的枪法传给了夏君宣、夏玉如、吴殳、陆孚亭，程真如的枪法传给了翁慧生、朱熊佔，而这些弟子要么战死沙场，要么没有找到合适的传人，要么因本身功夫不深而转了行，加之程冲斗枪法在大江南北的流行，吴老才写出此录，以求后学之人研究学习。

3. 本序可看作该录的目录，从中可知，《器王正眼无隐录》分为上下两卷，上卷称之为《内编》，下卷称之为《外编》。内编即本门枪法整理的意思，外编自然是本门以外的枪法和其他兵器用法的编撰整理。

可能的大致纲目推测如下：

《内编·上卷》只有两卷：

卷一　石家枪法（含源流、枪式、身法、步法等，除与《手臂录》内容相近外，应该还有很多的补充）

卷二　程真如枪法（除内容与《手臂录》峨嵋枪法相近外，亦有补充）

《外编·下卷》可能为六卷：

卷一　沙家竿子法

卷二　少林枪法

卷三　马家枪法

卷四　汊口枪法

卷五　杨家枪法

卷六（或称附卷、杂说）　诸器编说（包括渔阳剑诀、双刀、单刀图说、藤牌腰刀、狼筅、叉、大棒）

根据这份目录可见，吴老的《无隐录》原本是很有逻辑性的，而现代流行的《器王正眼无隐录》影印版稿是极不完整的，原本极可能早已遗失，而流传下来的仅是手抄本，将一些与《手臂录》不一致的关键内容抄录下来了，所以才显得没有章法，非常杂乱。在未收集到新的资料之前，也只能就目前现存的文字进行应用、释义、解析。

无可奈何，我只能按照流传下来的手抄本，尽可能地合理排序，重新拟出目录，毕竟现有的东西，也是吴老于《手臂录》上的完善和补充，比如"万派归宗"在《手臂录》里是没有解释的，而在《无隐录》里仍然没有解释，但却以良工建塔、日积月累进行喻义，可见吴老的良苦用心，为正宗武学能够传承花尽了一生的心思，在此，谨以这部释义、解析的文字向吴殳老先生致敬！

下篇　器王正眼无隐录

手臂录·无隐录释义——明代枪法短兵解密

第二章 石家枪法源流述

原文

敬岩自少时受双刀法于本县令君耿橘,少不知教,为靴尖所蹴者不可数记。已,后出塞征苗,只以双刀临阵。枪、棍得之少林僧洪记,自谓有得矣!

年三十七,与洪记见刘德长于真定巡抚韩公晶(音xiǎo)宇署中。洪记与德长校技,而手中兵器为德长拨去,乃心折,百拜请受教。刘师曰:"二子根本无工,枝干皆虚也!当息心泯志,不学破法,不与人角技,下死工夫于根本者二年,则可受我法。自今日请辞,至期相见。"

乃如所言,与记用根本工夫足二载,复往见。刘师试之而实,喜曰:"吾教二子枪法已竟,无多求也。二子所学,博极诸家,惟不知有根本,不曾加工,故遇吾而败。今根既实,则旧法皆吾法也,复何教为?"又命与昔旧平手者校,其杖皆可拨而去也。

我离刘师二十年,杆子未尝一日去手,今则刀、牌皆入枪法,何况于棍?殳是以棍、枪之介不留心别白者二年。

洪记以崇祯时将兵击流贼,大破之,追远遇生贼,援兵不至,终不肯退。贼益众,奋斗以死,不负所学云。

刘德长初亦出于少林,自嫌技未至精,又遍游天下,而后有得。殳谓刘师遍游天下,则必受学法于峨嵋矣!不然,何以与普师(即普恩)之传如水入水也?

石师偃月刀开枪,用刀尖弯处,以枪法封闭开之。又问:"牌之去枪远,何以可入枪法?"石师曰:"我身前三尺枪圈子中,蝇蚊不能入,非团牌而何?"

释义

敬岩从小就跟原籍地的县令耿橘学习双刀,因年纪小不能立即领会所学的技艺,就无数次地挨耿县令靴尖的踢打。学完武艺,不久就随军征剿苗寨,只凭两口钢刀上阵杀敌。而枪法、棍法学自少林僧人洪记,自认为得到真传。

三十七岁时,敬岩和洪记在真定巡抚韩晶宇的官署见到了刘德长。洪记跟德长比试枪法,而手中兵器竟被德长拨掉,心中特别丧气,百般向德长恳求给以教导。刘宗师说道:"你们俩封闭上没下功夫,才导致整条枪虚弱无力。应该静下心来,专心致志,不要学各种枪势的破法,不跟人比试武艺,在封闭上认认真真地花上两年工夫,到那时就能学我的枪法了。自今天开始,请回去习练,到两年后的今日再来与我相见。"

于是,师徒二人听了德长的话,敬岩和洪记在封闭上满满地练了两年,再次与德长相见。刘宗师再试他们的武艺,感觉他们的枪劲很重实,就高兴地说道:"我已将二位的枪法教授完毕,也没有再多余的要求了。你二位所学的枪法,包罗各家,唯独不知道枪法的关键在封闭的运用,故而没有在这方面下足功夫,才会被我击败。现在你们的枪根已经厚实有力,那你们过去所学的各家枪法也都是我的枪法,我还有什么可教的?"刘宗师又令他们跟之前打平的对手比试,各自都能拨去对手的杆棒。

我学艺时,刘宗师已逝世二十年了,而我那时候,没有一天杆子会离开我手的。如今,刀和团牌都能纳到枪法中,何况于棍子?我有两年的时间是因寻找枪和棍各自的特点而进行了专门的研究,既而不再留意其他的兵器。

洪记在崇祯年间率兵进剿流寇,大破敌军,但追得太远,又碰上另一拨流寇,援兵没到,而洪记最终不肯撤退,敌人越来越多,最后洪记奋战而死,毕竟没有辜负其生平所学。

刘德长起先也是从少林学的艺,仍嫌自身技艺不够精湛,就游遍天下寻访名师,最后觅到真传。我要说的是,刘宗师游遍天下,那么肯定学过峨嵋的枪法。不这样的话,怎能跟普恩禅师传下的枪法如水入水般地相似?

敬岩师父以偃月刀革枪,就用刀尖的弯处,用枪法的封闭手法革开敌枪。

我曾问他:"团牌腰刀离枪这么远,为什么可以革枪而入?"

师父说道:"我体前直径三尺来长的枪圈子里,苍蝇、蚊子都飞不进来,敌人还妄想团牌可以进枪?"

> 解析

封闭上下足功夫是用枪之根本。

第三章 枪王说

原文

语云："枪为诸器之王。"以诸器遇枪立败也！降枪势所以破棍，左右插花势所以破牌、镋，带打法破剑、破叉、破铲、破双刀、破短刀，勾扑法破鞭、破锏，虚串破大刀、破戟。

人惟不见真枪，故迷心于诸器，一得真枪，视诸器真如儿戏者也！

不知者曰："血战利短器。"夫敌在二丈内，非血战乎？真枪手手杀人，敌未有能至一丈内者，短器何所用之？唯劫营巷战宜用刀、鞭、棒耳！至于弓、弩、鸟铳之发，必在二十步外，牌、盾可御；大炮能不能命中，付诸天数。二者虽更长于枪，而非所畏也！

释义

常言道："枪是各兵器之王。"这是因为其他兵器一碰上枪就立马会失败。

像降枪势，可以破棍。左右插花势，能够破团牌和镋。带打扎，可以破剑、叉、铲、双刀、短刀。勾枪倒手、扑枪倒手能破鞭、锏。虚扎、串扎，能破大刀（按明《武备要略》，大刀含偃月刀、斩马刀）和戟。

人只有见不到真正的枪法，才会被其他的兵器所迷惑，一旦得到枪法的真传，完全可以将其他兵器看作儿戏。

不懂枪法的人会说："血战中，短兵最有利。"敌人离我将近两丈远，就不能血战么？真正的枪法，每次出手都能杀人，敌人就没有能进入到一丈内距

手臂录·无隐录释义——明代枪法短兵解密

离的,短兵在这样远的距离血战还怎么用的上(按《纪效新书》,明代短兵,包括长棍、钯、叉、铲、镋、偃月刀、腰刀、鞭、锏、团牌等等,这其中较长的棍、钯、偃月刀也仅七八尺长,远远不及枪的长度)?唯独劫营或巷战中应当用刀鞭棍棒。至于弓、弩、鸟铳的发射,一发就必然射在二十步以外,即可凭团牌、立盾来防御。大炮能不能命中,就要听天由命了。这两类远射之器虽然比枪的杀伤距离长,但并不能令人心生恐惧。

{ 解析 }

　　从现代枪械火器的角度来看,最后这些话未免过分地抬高了长枪在战争中的能力。在冷兵器时代,长枪在战场上是除去远射兵器以外的王者,但什么兵器都是因需要而诞生的,不然的话,戚继光也不会训练鸳鸯阵进行兵器组合了。

第四章 枪棍辨

原文

长棍七尺五寸，短枪九尺七寸，其体相近，其用天渊：

棍重三斤，枪重十斤，一也；

棍用打，枪用扎，二也；

棍打一大片，有定向，枪扎一条线，无定方，三也；

打大易见易革，扎小难见难革，四也；

棍之打与勾扳，举手即是，枪之扎革，苟完亦须二年之工，五也；

用棍，手与身、足，其工正均，须有架势，枪之用处，全在乎手，身与足以成就其手而已，不须架势，六也；

打之锋影作人字形，封闭之锋影作圆相形，七也。

有此七件，所以棍易会，枪难能。

世乃有兼枪带棍之语，人情之乐易畏难，犹水避高趋下也，兼枪者固棍也，带棍则枪亦必尽入于棍矣，枪安在哉？

释义、解析

长棍（也称作大棒，南人称棍，北人称棒）长七尺五寸（按明代营造尺，合今2.4米），短枪长九尺七寸（按明代营造尺，合今3.1米），样子相似，但用法大不相同（明代棍棒是根粗梢细，枪也是根粗梢细，所以才会样子相似）。

长棍三斤重，短枪十斤沉，这是第一个区别（由于材质、长短、粗细不

同，导致重量不同）。

长棍主要靠打法，短枪主要用扎法，这是第二个区别。

长棍一打就是一大片，有一定的挥动方向。而枪扎出去就是一条线，没有固定的方向，这是第三个区别。

棍打的话，动作幅度大，棍梢影迹大，容易看到，容易革开。而枪扎的话，动作幅度小，枪圈影迹小，不易发现，不易革开，这是第四个区别。

棍的击打或勾拨，抬手就能施展，而枪的扎与革，要想基本掌握也必须下上两年的功夫，这是第五个区别。

使用棍，两手和身体及双脚，各自分配的力量要平均，要摆架子。而用枪的话，完全在于两只手的技法，身体和脚只不过是为两手提供辅助，不需要摆架子，这是第六个区别。

棍打出的影迹是人字形（如左劈右劈，都是直线），枪的封闭影迹是以圆变化的图形，这是第七个区别。

有上述这七个区别，所以说长棍容易学会，而枪比较难练。

世俗间有夹枪带棒的说法，人的本性就是喜欢干容易的事而害怕做困难的事，就像水流避开高处从低处流下。夹枪带棒的练法，本身就是棍法，如果能夹带棍法的话，那么枪法中也就完全掺入了棍法，而枪法还存在吗？

第五章 枪式说

> 原文

右军（即王羲之）大令（即王献之）之腕，亦须宣城诸笔，乃能相发。

枪式，敬岩首务也！枪不合式，扎与封闭、连环（一方扎，一方以封闭革）皆入邪道。

枪材，以徽州牛筋木者为上，剑脊木次之，红绫劲而直，且易碎，白蜡软，棍材也。

冲斗（程冲斗）绝力用十二斤，余（吴殳）止得八斤，最轻不可下五斤也。

其劲如铁，根大逾握，削之使就手，渐细至尖，尖径半寸（按明营造尺，合今1.6厘米，此尖应为削后入枪筒的杆尖），搦（音nuò，握）于根前三尺，衡之正平。居重御轻，用之乃得灵变。

过丈二，腰必软，欲腰不软，根太大，不可握矣。

故以九尺七寸为定式，战场、游场皆用此器，此峨嵋入门第一步。

观器可以知人，遇用重大劲枪者，不可轻忽，遇用轻细软枪者，安步平行取之。

握枪，欲根与臂骨对。

舞枪，则轻软悦目而已。

释义、解析

王羲之、王献之父子写字，也必须凭借宣城出产的毛笔才能写出好的书法。

而长枪的规格，也是敬岩教枪时最先强调的。枪的规格不合适，扎法和封闭及打连环都会进入邪门歪道中。

枪杆的材料，以徽州的牛筋木为最上等，剑脊木居次等，红绫木有劲且比较直，但容易脆折，白蜡木软，适合用作棍材。

冲斗的最大劲力是能使十三斤的长枪，我只能用八斤的枪，对于习练者而言，所练的枪最轻不能低于五斤。

枪杆产生的劲力如同铁一般强硬，枪根的粗大程度要超过手可以抓握的极限，枪根的末端要根据手的握持程度适度削减，一直从虎口握处慢慢地细到枪梢，梢径半寸粗，单手握在枪根前的三尺处，横置手中正好平衡，可平行于地。枪虽然重，却能轻便运转，使用时才能灵活变化。

枪杆一超过丈二长，枪腰必然软塌，想要枪腰不软塌，就得加粗枪根，但太粗了就没法握持了。

故而将九尺七寸的长度定为枪的规格，战场、游场都能使用，这是峨嵋枪入门第一步。

看枪的规格就能知道使枪人的本事，遇到使用重长劲枪的人，不能轻慢不重视（意指敌人力气大，我要以轻虚灵巧的技法破敌），碰到使用轻细软枪的人，稳住步法，随敌枪走向而相应进出（意指敌人力气小，我可凭封闭的重实将敌枪击开）。

握枪时，要使枪末端与后手的小臂骨对应在一条直线上。

对于舞枪，不过是用轻而软的杆子取悦观众的眼球而已。

第六章 直力兼横力说

【原文】

扎之力直,革之力横,峨嵋法不然,扎中有横力焉!

枪杆,如虎尾,如象鼻,百物近之,莫不进碎,所以能用锁枪、画乌丝、玉玦枪、绦环等枪,精妙入神之法,而皆出于封闭中。此须心领神悟,又有百倍练习之工,乃能得之,岂粗心力猛者能与哉?

【释义、解析】

扎出的力是直劲,革枪的力是横劲,但峨嵋枪法不是这样的,扎出的力中有横劲存在。

枪杆好比虎尾、象鼻,即使有百般物件靠近其身,无不被它强大的劲力荡开或击碎。所以才能用上锁枪、画乌丝枪、玉玦枪、绦环等枪法,而这些精妙入神的手法,都是出自封闭。学枪必须要心领神悟,还得下强于俗师百倍的习练功夫,才能得到真传,怎是粗心力猛的人能掌握的?

手臂录·无隐录释义——明代枪法短兵解密

第七章 纯杂说

〖原文〗

六家之枪，须分纯杂。纯中有长、短二门，杂中有知正、入邪、担板、骡学四门。

短而纯者峨嵋，二年精练之堂奥（堂上枪的奥妙，见第八章《枪分五品说》），而不失峨嵋手转阴阳之门径也。

马家谓之入邪，不知枪、棍之介，详于身势，疏于手法，欲得以势破势，是邪见也。

汉口谓之担板（担着板子走路，只注意一边，不看另一边），于马家、少林之法只见重大一边，不知峨嵋轻细一边也。

杨杂沙、杂马、杂少林，驴非驴、马非马，骡也，以为长途负载之用则可。

〖释义〗

六家的枪法，要分出哪些纯正，哪些混杂。纯正的枪法里分作长枪和短枪共两个门类（长枪即沙家竿子，短枪即峨嵋枪），混杂的又分作知正、入邪、担板和骡学四个门类。

枪短而纯正的当属峨嵋派，需要下至少两年的功夫精心习练，才能明白到堂内枪的奥妙，进而不会迷失峨嵋派两手互转阴阳的入门之径。

马家枪称作入邪，不知道枪和棍各自的特点，教授的身势很详细，对于手法的重视程度却不够，其理念就是以身势来破身势，属于邪见。

汉口枪称作担板，在马家枪和少林枪中只看到其中猛烈的枪势，不知道运用峨嵋轻巧细微的手法。

杨家枪混杂了沙家竿子、马家枪和少林枪的技法，驴不算驴，马不算马，如同骡子只用来长途驮物即可（喻指粗笨的士兵以此枪长途行军、埋伏，杨家枪属于娼婢之子，地位低下）。

解析

限于本篇的资料来源不足，该篇对如下几个方面论述不完整：

1. 纯正枪法的短枪属峨嵋是没有错的，但长枪是沙家竿子吗？从《手臂录》中可见，沙家竿子确实独成一家，由于枪长二丈四，多为竹制，无法掺杂棍法，但枪腰软，其特点是手动脚不动，脚动手不动。吴老对竿子也是研究很透的，从《手臂录》中可见，他还是个竿子高手，因此推测长枪中纯的就唯独是沙家竿子了。

2. 混杂的有知正、入邪、担板和骡学四家，其中，入邪的是马家枪，担板的是汉口枪，骡学的是杨家枪，那么知正的是哪家？

不难发现，就剩下少林了。

知正的意思就是知道枪法的真意，少林算吗？少林以棍见长，而枪法的真意在于封闭的功夫应用，这恰恰是少林欠缺的，但也是少林知道的地方。因为《手臂录》内"革法说"中封闭的解释都是借用了少林和尚洪转的话，而且还有个少林僧人洪记，曾经学艺于刘德长，最后在剿匪时战死，吴殳称其不负所学。因此，少林当然知道封闭才是正法眼藏的标志，然而，他们更加擅长和尊尚的却是棍法。

3. 值得深思的是，为何被戚继光推崇为有奇正的杨家枪，在《手臂录》中亦可说成不杂棍法的杨家枪，为何在此被骂成了骡子，甚至称作娼婢之子？

手臂录·无隐录释义——明代枪法短兵解密

第八章 枪分五品说

原文

枪法有五品：一室中、二堂上、三巷遇、四阶下、五门外。

长枪之左右抛洒，少林之缠枪、圈枪，汉口之大封、大劈、排靠、死绷对、活绷对、翻身绷退、勾枪、拖枪、绷枪，世俗之捛枪、叶底藏花、白蛇弄风、鹞子翻身，在门外者也。

勒、换、趵、偷、挂、吞吐、提拿、左右献花、蜻蜓点水、高低四平、高搭袖、放梢打，虽非无用，而在阶下者也。

迴龙、两节、双杀手、画乌丝、凤点头，遇主于巷者也，事半功倍，不可为恒。

封、闭、扎、砑、挨、挤、推、扯、扑、挑、高提、反卷、卷枪、流枪、截枪、月牙、鸡啄粟、梨花三摆头、两来、索穿钱、无影扎、豁里透、滴水势、半节枪、蜈蚣钻板，在堂上者也，学者宜致力焉。

万派归宗，室中枪也，自来不口授，自悟可得。

以画喻之，阶下为能品，堂上为妙品，室中为神品，巷遇则逸品也。

释义

枪法有五个品级，第一品是室中，第二品是堂上，第三品是巷遇，第四品是阶下，第五品是门外。

沙家竿子的左右抛洒，少林枪的缠枪、圈枪，汉口枪的大封、大劈、死绷对、活绷对、翻身绷退、勾枪、拖枪、绷枪，世俗间流行的搠枪、叶底藏花、白蛇弄风、鹞子翻身，都是第五品，只能在门外使用。

勒、换、鲤鱼趵、偷、挂、吞吐、提拿、左右献花、蜻蜓点水、高低四平、高搭袖、放梢打，虽然这些技法并不是没用，却处在第四品，可以阶下使用。

迴龙枪、两节枪、双杀手、画乌丝、凤点头，在巷子里碰到敌人时使用，事半功倍，但不能久用。居第三品，巷遇。

封、闭、扎、砑、挨、挤、推、扯、扑、挑、高提、反卷、卷枪、流枪、截枪、月牙枪、鸡啄粟、梨花三摆头、两来枪、索穿钱、无影扎、豁里透、滴水势、半节枪、蜈蚣钻板，可以堂上使用，习练者应当花大力气。居第二品，堂上。

万派归宗，是可以在室中使用的枪，从来不口传身授，需要自己体悟。居第一品，室中。

用画来比喻的话，阶下枪称作能品，堂上枪称作妙品，室中枪称作神品，巷遇枪称作逸品。

解析

此篇吴老将练枪的侧重点很严谨地按照品类进行了划分，相对《手臂录》戳法和革法二篇内容，此篇增加了很多行着，似乎更为全面，需要习练者在各个阶段下足功夫，逐阶掌握，不同的阶段会有不同的感触。

手臂录·无隐录释义——明代枪法短兵解密

第九章 短降长说

原文

长之制短在器，其故易知，短之降长在人，其故难知。苟不能洞然明白，则临事心惶惑矣！

盖枪长则腰软而头重，凡峨嵋灵变之手法，皆不能用，虚势虽雄，实事殊不足畏。

执短枪者，苟能识破，决然竟入，身近枪尖，便同赤手，会家惟跳出耳。

释义、解析

用长枪可以破短枪，这是因为长枪比短枪长，其中道理很易明白。用短枪降制长枪，关键在于人的使用，其中的道理很多人并不明白，如果不能豁然明白这个道理，那么真到短碰到长的时候心中就会慌乱。

然而，枪长就会腰软，而且会觉得枪头很重，凡是峨嵋派灵变的手法技巧，都不能使用出来，虽然枪圈的虚张之势非常壮大，其实对于峨嵋来讲根本不足以害怕。

用短枪的人，如果能识破长枪的运转规律，狠心拼命向前上步，以致自身接近长枪的枪尖，此时长枪就如同赤手一般（短枪可以缠竿而入，杀敌前手），对于竿子行家来讲，只有向后跳退。

第十章 针度篇

原文

予受敬岩戳革之法,练习两年,手臂粗得柔熟,乃许授枪法。敬岩不娴文字,法法口传,且传一法,练未熟,不教第二,第二法未熟,不教第三。半载中所传不多,而敬岩遽死王事。虽脱化之微意余已领会,终不知枪中有若干法也!

广而求之,于程冲斗之书得棍法,于洪转之书得少林枪法,于郑华宇得马家枪法,于倪鞔楼得杨家、沙家枪法,在聊城得敬岩所自出之淄川韩氏枪法,而昔所未闻者,备闻之矣。最后得程真如峨嵋枪法,卜有倒手十二、扎法十八。知其技艺之精妙,与敬岩可为比肩,犹未悟其法仅有三十之意也。

悉心所得,遂有五百余法,亦觉其中多空疏不切于用者,而以为皆出于名家,不敢轻动。其后自有省发,乃知枪法不多,杂棍故多。以枪对别器,理应用枪法,以枪对枪,何以用棍法乎?知棍而借棍,已非,不知枪而以棍冒枪,其谬何所终极!法愈多而枪愈晦,至于少林、冲斗而极矣!止存短枪之法真如三十足矣!

以沙、杨二家之法,体制与短枪少殊,故亦自有其法,非杂棍也,不能不收。今得一百十法,亦云溢矣!

白大傅诗云:"鸳鸯绣出从君看,不把金针度与人。"此中不然,故名之曰《针度篇》。

〈释义、解析〉

我跟随敬岩学习戳革,习练了两年,直到手臂粗壮了,变得柔而顺(不再僵硬)了,才答应传授给我枪法。敬岩不会写字,每招技法都是靠口述来传授,且每教一样技法,习练不熟的话,绝不教第二招技法,第二招不熟,就不教第三招。故而半年之中教授的枪法并不多,而敬岩又突然死于王事。那时候虽然脱化的少许意思我已经领会出来,但终究还是不知道枪法中到底有多少技法。

于是就四处寻求,从程冲斗的书中习得棍法,从洪转的书中习得少林枪法,从郑华宇处习得马家枪法,从倪觐楼处习得杨家枪、沙家竿子的用法,在聊城又习得敬岩所学的淄川韩家的枪法。而过去从没听说过的,都知道了。最后习得程真如的峨嵋枪法,枪谱中有十二倒手和十八扎法。从而知道程真如技法精妙,可以跟敬岩比肩,但还没领悟为何他的枪谱中仅仅有三十招手法。

后来又花尽心思搜集,于是得到了五百多种技法,也觉得其中好多很空洞疏松,不切于实际应用,又认为这些都出自名门大家,不敢轻易剔除或改动。后来自己又有了更多的感悟,才知道这五百多技法中枪法并不多,其中掺杂的棍法特别多。用枪对付其他器械,理所应当使用枪法,而以枪对枪,又怎需用棍法呢?知道是棍法,还借用棍法,就已经不是枪法了。不知道什么是枪法,却用棍来冒充枪法,这种谬误的程度何其之大!棍法越多,枪法就会被隐匿得更深,直到少林派和冲斗是谬误之极。只留存真如的三十招短枪技法足够了。

以沙家竿子、杨家枪两家的技法,虽然其枪的规格跟短枪稍有不同,但也有自家的枪法,并不杂棍,因此在本书中不能不收这两家的枪法。现在共有一百一十招技法,也可以说是够多的了。

白居易有诗写道:"绣出的鸳鸯是美还是丑,要看观赏者对作品给出的评价,绝不能把所用的绣花针拿给评判者看,以防其根据针的规格就能揣测出相应的技法。"而习练枪法跟绣花可不一样(意指习枪者,首先要根据枪的规格确定对应的练法。各主要枪法的练法在《手臂录》和《无隐录》中都提及了,是公开示人的,不怕泄密,就看习练者是否肯下功夫),故而将本篇内容命名为《针度篇》。

第十一章 实用扎法说

原文

语曰："枪不破甲，同于不扎。"其妙者，至汉口而登峰焉。冲斗之犹子（侄），改姓名为张君玉，御流寇于江北，十三发，杀十二人，其一急跌下坡，得逸去。

平日能洞墙壁，则破甲矣，而游场忌之，谓为弃枪孤注。

实用扎法：单杀手，青龙献爪之扎法也。

将发，后踵着力一踹，奋十二分力，发十二分满，后手透出前手外，自踵至枪尖为一条，其体直，故出枪长而重。

手熟则速，一人发枪，多于三四人长矣、重矣、速矣，而后练紧，离彼枪半寸而入，则疏而易革，须自彼枪下扎之。既紧乃贵准，如射之能中钱孔，刺虎贵准以中其目。艺如此，战阵之用极矣！

入游场之用，却又须留性，非卫社稷立功名，而动辄血流肢折，何其不蕴藉之甚也？能留乃有名士风韵，刃注其喉而无所伤，贾坚射牛能不中之中之谓也。真留非数年之功不可，假留则抛梭枪也。

初学枪，只三发即止，扎必尽力，少歇更扎如跌者，却好尽力，故渐增之至五十扎止，多则手滑无实用。每扎，用索穿钱、无影枪、豁里透三法行之入妙。一日五百扎，百日五万扎，小成矣！

释义、解析

古语道:"枪如果不能刺破铠甲,就等于没有发扎。"而洞甲能力最精深的当属汉口枪,登峰造极!冲斗的一个侄子,改了姓名叫作张君玉的,在江北与流寇拼杀,扎出十三下,连杀十二个人,最后一人慌乱中跌下山坡,得以逃走。

平时练扎枪能洞穿墙壁,那么枪破甲就没有问题了。但在游场,忌讳用这种全力的扎法,称作孤注一掷的弃枪(《纪效新书》戚继光评杨家枪语)。

实用的扎法是指单杀手,即二十四势中的青龙献爪势的扎法。

将要发扎时,后脚用力向地上一蹬,拿出十二分的力气,让枪尖满满地透出十二分的劲力,后手刺枪时要越出前手以外(类似于今日的后手直拳,靠脚蹬地、拧髋、催手而发),从后脚尖到枪尖都在一个直线面上,扎出的枪要直,故而这种扎法扎得距离长,并且劲力重实。

手法熟了,出枪才能迅速。习练时,一个人与三四个人对杀,所用单杀手能比这三四个人扎得长,扎得重,扎得快速了,然后再练紧密。如果用自己的杆子在离对手枪杆半寸的上部位置扎入,那么这种就太疏松,且容易革开,必须练从其枪的下面扎入(从下扎入,为的是枪盘杆而上,可扎敌手,如豁里透)。既要练得紧密,还要练得准,好比射箭要射中悬挂的钱孔,因此,如用枪刺虎的话,贵在能刺中老虎的眼睛。武艺能练到这种地步,到了战场上也就游刃有余。

进游场比试用枪,却又必须存有留手。因为这并不是保卫社稷建立功名,枪一动作就要血流肢折,何不如君子般含而不露呢?能留手才具备名门武士的风度,枪尖抵于咽喉而不做伤害,好比晋代贾坚射牛,故意不射中牛身,但实际上他却具备射杀的技能。真要留手,非得在枪上下几年的功夫不可,但像二十四势中的抛梭枪动作,虽然也有留手,但那只是假留手。

刚开始练单杀手,只练一气扎三下,扎时一定要用尽全力,稍作休息再连扎三下,反复如此,直扎到自己无力要跌倒般,却是刚好用尽气力。故而渐渐地,增加到一气最多扎五十下,再多的话,手就滑了没有实用意义。每次与人练扎时,都要用索穿钱、无影枪、豁里透这三种技法,以此可渐渐掌握其中的奥妙。每天五百扎,百天五万扎,枪法就达到小成了。

第十二章 实用革法说

原文

实用之革，封也、闭也、劈也、拦也、高提也、低提也、砑也、连环所用之大封也、勾也、反闭也，共有十法，只练封闭，诸法自熟。

封闭以转阴阳者为活手，《纪效》云"转阴阳不宜太早"，盖用死手于前，用活手于后也。翁慧生云"开枪宜先轻后重"，盖留不尽以防左边，至彼枪出尽时，加以蹲坐，彼死尽也，此时防左边，全在手熟，不关心思。

了初时深苦双头枪难御，敬岩曰"久熟则能御之"，至二年后御如矣。且革手之疏密，在练习时扎手之精粗，粗者分前后门而来，革之易而疏矣！扎者必用子午枪，革手自密，此峨嵋、少林之分界处。

见肉分枪，革之心诀，工深自能致然。然须忍字在心方得，忍至枪进七分方革，则《纪效》与慧生之言尽在其中矣。

总之，封闭二字，三岁小儿也能说，而我八十老人行不到。练封闭时，两手阴阳互转，则机活而法圆，百巧皆从此出，前之圆相图是也。

封闭手熟，见法辄取，亦不覆案；不熟，说亦无用。子午枪来，先蹲坐以砑之，食进口腹，遍身得力。

封闭于诸法亦然。练封闭，欲重实，而闭尤甚！封之枪尖开于前一尺弱，闭之枪尖开于后三尺强，加蹲坐以助其力，压死彼枪于地，拔不出也。初时锋影作卵形，渐收作圆形，而重力如前，直收至如钱大，枪之能事毕矣！

诸法皆枝叶耳，学枪者只是封闭、连环，须二年苦工，方是峨嵋种草，不然只是少林耳！

长竿腰软,根尖不相应。

封闭后手返上,而方能开彼枪。

杨家有自考之法,封闭、连环,日日不缺,满足二年,总不知诸法亦必不败,不过遇峨嵋必破。

实用革法:封、闭、砑、拿、剔、拦、低提、掳、勾、反闭、高提、大封、连环革法也。彼扎革往来不已,名为"连环",用实工,使手熟乃可用诸法耳。

释义、解析

实用的革法,包括封、闭、劈、拦、高提、低提、砑、连环时常用的大封、勾、反闭,共有十种技法,只练封和闭,其他各技法自然能够纯熟。

封闭是以转阴阳的手为活手(用后手控制,前手配合),《纪效新书》说:"转阴阳不应太早。"这就是说先用前手或仰或覆摆动杆子,以试探敌枪的劲力或走向,然后再用后手或仰或覆转动枪根。翁慧生说:"革开敌枪手法要先轻后重。"这是说要留有余力不要把枪出尽以防备敌攻击我左侧,待敌枪快要出尽之时,我加以蹲坐,敌枪已如死枪般完全出尽,这时候我再防御左侧,全在手法的熟练,跟心中预想的没有关联(防左说的是闭,手法练熟,形成条件反射,所以不关心思)。

我最初深苦于双头枪(即圈手)很难防范,敬岩说:"练得久就能防御了。"两年以后,确实防范自如了。对于革枪者来说,革法的疏松和紧密,在于练习时扎枪者的扎法是精妙还是粗疏。粗疏的扎法就是要么从圈里要么从圈外扎来,对应的革法就很容易,也就疏松。扎枪者一定要用子午枪的扎法(单杀手技法,于敌枪上急扎革者前手),革枪者自然能练得革法紧密。这是峨嵋派与少林枪训练方法的不同之处。

见肉分枪(敌枪快刺到我身体的某个预想部位时,一般距目标约半尺至一尺,我再革敌枪),这是革枪的核心要领,功力深厚的话自然能做到。然而,必须忍字在心头才能成功,忍到敌枪扎出有七成的长度再革,那么《纪效新书》与翁慧生所说的要领都在这个时候体现出来(即转阴阳不宜过早、开枪先轻后重,都是说枪要扎进七成才革,再下重手)。

总而言之，封闭两个字，三岁的小孩也能说出来，但我八十岁的老人却做不到（意指封闭需要长期不间断的练习）。练习封闭之时，两只手要阴阳互转，那么扎革就会机动灵活，枪法就会圆滑，百般技巧都是从两手的封闭中变化出来的，可参见前文的圆相图（即《枪法元神空中鸟迹图》，由此推断，吴殳写《手臂录》时称作《鸟迹图》，写《无隐录》时亦绘此图，但称作《圆相图》，只是现存《无隐录》原稿为手抄残本，难见其全貌了）。

封闭练得手法熟练，现有的其他技法即能拿来使用，根本不用更换新的手法来练习。如果不熟的话，再跟你怎么讲，你也不会用。

敌子午枪扎来，先蹲坐砑下敌杆（靠后手之力滚压，所以采用砑法，因为砑主要靠后手使用，而敌之子午枪是单杀手扎来，首扎我之前手，故我前手有弃杆的可能），要在敌枪如食物送入口腹般进入到我的革杀范围，才好用我全身的劲力革下敌杆。

由封闭演化出的各种技法也是这个道理。习练封闭时，要说传到杆子上的力重大而厚实的话，那是对闭而言的！封时，敌枪扎近我身，离我身有一尺远时，我才革枪，用的劲力要小（防敌枪闪赚）。闭时，要让敌枪扎至我身后三尺远（靠身法、步法躲闪），我再大力革敌枪，并以马步蹲坐加大闭的力度，将敌枪压死在地上，使其抽拔不回去。

刚练封闭时，枪圈影迹呈鸡蛋形状，渐渐地练作圆形，但力度却跟先前一样重大，直到将枪圈收到铜钱般大小，枪的最高端技巧就学成了。

各种技法其实好比树的枝叶，其根本在于学枪者练封闭和连环要下至少两年的苦功，才能算作峨嵋派的门徒。不如此的话，只能说是少林派练法。

沙家长竿子，枪腰太软，枪根和枪尖不能协调一致。

封闭时，只有后手上返，才能革开敌枪。

杨家枪门内有考验弟子枪技的办法，要求弟子们封闭、连环天天都要练习，满足两年，就算不知道其他的技法，也不至于落败。但要碰到峨嵋枪，一定被破（杨家枪对付峨嵋短枪，靠后退进扎，首重步法，次手法。而峨嵋枪入门训练就不允许后退，遇杨家长枪则迎刃而上，先重手法，次步法，故而功夫更强）。

实用的革法包括封、闭、砑、拿、剔、拦、低提、捋、勾、反闭、高提、大封及连环时用到的革法。连环的意思就是敌我习练扎革，互为主客，相互往来，称作连环。必须用真实的功夫，才能让手法熟练，进而才可以用其他的技法。

第十三章 身法步法说

原文

身法说

敬岩曰:"身法宜侧而忌平,宜蹲而忌立。平则阔,立则长,所备者多;侧则狭,蹲则短,所备者少也。"又曰,"能蹲坐而进退如风,无往不胜,步法、身法皆尽于此!"

真如《治身篇》曰:"持龙贵身心为本,身不正则心无主,而手足失措。"又曰,"身法乃艺之门户,进退盘旋,皆由身法。"

故真如但有三十手法,绝无架势,敬岩虽时或言势,然所言之势,皆合乎手法以取胜,非若马家、冲斗以势破势也。

沧尘子曰:"身势有真有假,交枪之后,因用而成者,真者也,无形可图。枪未交时,悬立以待者,假者也,马家之二十四势是也。假势无不有幂(掩盖),所以有以势破势之说,而不知皆手法所可破也。真势不少,又不可图,要以高至滴水、低至地蛇为最极,智者自神悟焉!"又曰,"以短破长,短枪去彼身甚远,用手法无益,必须身势耳!只在此山中,云深不知处。"

步法说

足要早动,封闭不熟。初练时,垩(音è,涂白灰)地置脚后,至子午、双头、月牙等枪革之泰然,则身与手相应,足自随身,何步法之有哉?至游场，不免有步法。而沙家竿子其用处在手者十之三四，在足者十之六七，自当别论。

释义、解析

身法说

敬岩讲："身法应侧对敌人，忌讳正对敌人。应蹲坐，忌直立。正对敌，则暴露的身体就宽，直立则身体就长，需要防备的地方就多。侧对敌，身体暴露面就窄，蹲坐身体就矮短，需要防备的地方就相对少。"

又讲，"能蹲坐并且进退如风般迅疾，所到之处，没有不能取胜的，步法、身法的关键就在于此处。"

真如《治身篇》说道："用枪的关键，在于身法与心思的协调一致，这是用枪的根本。身法不对，则心中没底，以致手脚错乱。"又说道，"身法是枪技的门户，前进、后退、侧闪、环绕，都来源于身法。"

故而真如的枪谱中只有三十种手法，绝对不讲究架势。敬岩虽然有时候讲些架势，但所讲的架势，都是为了配合手法以便取胜，并不像马家枪和程冲斗那样用此架势破解彼架势。

沧尘子说："身体所摆的架势有真的也有假的，两枪交碰之后，因使用需要而自然形成架势的，那就是真的，无法绘出具体的情形。两枪还没交碰，就摆出高架势处在原地待敌，这就是假的，比如马家枪的二十四势就是这类情形。假架势无不隐藏其真实的动机，所以才会出现用此架势破解彼架势，却不知道实质上都是靠手法来破解。真架势不少，又不能画出图形，要将手法灵活运化到高至滴水低至地蛇势，才能将真架势运用到最好，聪明的人自然能神悟出其中的奥妙。"

沧尘子又说道："用短枪破长枪，短枪离敌身非常远，只用手法没有好处，必须还要加上身势。所谓只在此山中，云深不知处。"

步法说

　　脚如果早于手动作，说明封闭不熟练。刚练革枪时，在脚后画上白线，等到子午枪、双头枪、月牙枪等枪能从容自如地革开，那么身法就能跟手法相呼应了，脚自然能随身体协调一致，还会有刻意的步法存在吗？

　　到了游场，不免有适用于游场的专项步法。但沙家竿子的固有用法，手法只占十分之三四，步法却占十分之六七，自然不在此说之列。

第十四章 行着

〈原文〉

行着说

行着,游场所用之称也。非扎非革,亦扎亦革;非实非虚,亦实亦虚。前文中有之,而又有不在前文中者。陈龙门云:"风雨云雷,交亦而并呈;龙蛇虎豹,变现而出没。"斯为得之,然必以武侯之纶巾羽扇指挥三军,有名士风流者为尽善。若司马宣王戎服治事,不免白恨。况豕突中斗乎?

行　着

搭:以枪置彼枪上以探之。

提拿:海马奔潮手法也。

还:吃枪还枪,肚下翻交耳。胜者却要防此。

直走大梁:彼以极低势入来,不可犯硬,其足跨开,不能换势,我以骑龙势出其背后胜之矣,虚破实也。

一镬熟:卢氏郑某,幼为献贼掠去,随孙可望降清,三十年无日不在兵间者也。自言专以枪登阵致胜,叩以枪法,一无所知。乃再问其实用事,则滴水势也。自顶及踵,无一不合古法,作者无过习者之门哉!

地蛇枪:即后文程冲斗之"铁扫帚"势,亦或马家枪之"铺地锦"势。

海马奔潮:提而又拿,再提再拿,进后踮步,即海马奔潮也。

旋雷霹雳："藏花势"不扎，起至左畔，进步击其前手，中不中即发扎。此重轮形，前大后小。

蜻蜓点水：彼用花枪，即点其手，自止。若先发点入，前手防削，亦名凤点头。铁牛等低实势进来，我只左右抛洒跳跃，彼捉不住。而甚近其手，彼立势不得。

急捣碓：即铁牛手法。

压：来枪太低近地，以丁字身法作十字形压之于地。

枯藤绕树：即后文的"藤罗绕树"。

量天尺：两手直托上，虚下以诱人。

量地尺：彼用丁字身法于我前后手间枪下扎小腹，我托开两手斜身横压。

海底竖桅杆：圈里扎来，我蓦将枪尖指天枪根近地，先进右足，后进左足，直推而进，以枪根捣其头面。

钓杆刺鳄：圈外扎来，我用前法，于圈外直进。

（以上名四怪枪）

万派归宗：良工建塔，塔自七层，须七年之工，其址乃实，勤苦极矣！然不得涂金铜顶，塔终不完，万派归宗是也！塔顶贵美，为一塔宗主。而无七层砖土平常之物，亦不成塔，诸法是也。故不练扎革，则手臂生强，不为心用；不知身法，则崀嵻（音 làng kāng）笨钝，招揽风水；不知步法，则束缚浅小，不能开发多人；不知临阵之法，则虚花儿戏，不堪一用；不知游场之法，则昧于虚实，受人哄诱。直至法法精熟通晓，而后可得万派归宗之法。以一制百，神妙绝伦！然不可轻用，用则为人看破，便至世谛流布，反成无用之物。予曾在一处见数人皆知此法，乃一富翁以多金赂敬岩而得之，轻以示人也。而实根本虚疏，不知上阵、游场之法，予乃以重实枪法猛进，彼皆不能自存。故刘德长不即以此法教敬岩，使其阅练诸法，久久自悟。敬岩于我亦然！在今既无传人，形于楮（音 chǔ）墨（纸与墨），万不得已也！故孙真人（孙思邈）以宫禁方三十参之千金方三十卷中，以俟后之识者。万派归宗手法、身法、步法，俱备于前文诸法中。真如之书亦然。好学深思之志士，能默识之。

卷枪倒手：即画乌丝，开步蹲坐而拿，直至彼前手取胜也。

盖枪倒手：缠有迴龙盖有挑，可见缠、盖非真法也。久观降枪，知盖、挑互为胜负。

挑枪倒手：沧尘子曰，彼盖我挑，是犯硬，未为良法。

鸳鸯枪：行移坐膝，须身法躲闪，乃生死之斗。又曰遇迴龙，则鸳鸯更妙。又曰不守之守，鸳鸯是也。又曰鸳鸯扎法，阳中之阴，有云攻为阳、守为阴，此乃以攻为守，故曰不守之守。其用之于众龙者，谓只攻左畔一人，即得远余人矣，故曰身法躲闪。

提枪倒手：即敬岩之白蛇登树。又曰可以降长，即敬岩高提。

和枪倒手：即截枪之不扎者，而又有扯托手法。

流枪倒手：龙来或左或右，我身稍退，随其左右而劈之，待龙老，直捣其主人。

截枪倒手：轻用挤挨手法，开之即扎也。

降（音xiáng）枪扎：龙来我斜压之，不令得起，彼挑起，即捣其主人，彼不挑，待龙老即进。

昂头枪：绦环之扎，而兼砑扎者也。坐膝进步，龙头稍高，左右连扎，妙在手法，以制其动，然勿多游，以衰我气。

吞吐：倪觐楼法也，长竿子轻浅出入，以探其学识。觐楼有语曰："竿子，手动则脚静，脚动则手静。手脚俱动，则无法矣！"

以下诸家法

铁扫帚：冲斗云，彼立中平，我一拿一跳，又一拦一跳，彼立势不得，亦粗法也（注："铁扫帚"原载于程冲斗《长枪法选》，即地蛇枪势，"我将枪头置地，你扎我圈里，我颠起双脚一拿，使你枪跌开于右边。待你持枪复左，我又颠起双脚一拦，使枪跌开于左边。待你持枪复右，我又如前法一拿，复左又一拦，顺其势力，使你不得持枪立势"）。

白蛇弄风：郑华宇竿子法。两手握枪，两臂挺直，两肩牵扯摆动，枪头洒有丈许威风，手足不能发扎，可滴水竟入。

抛洒：亦名凤点头，通行之法。竿子革后，追入时，左右抛洒以惑之，能见肉分枪者不畏之。

鹞子翻身：浅夫遇圈外凶枪，不能革，即退前足，翻身单手发扎，甚能中人。然让之还扎，即死尽，自须戒用，防人用之。

拖：冲斗曰，我枪被开于左而扎来，我手腕向上拖之以开彼枪。沧尘子曰，拖固不能开枪，且彼不扎而连击以进，将如之何？

冲斗最喜用此等法，毕竟松浮，非峨嵋意。有"反拖"，舞法中"仙人坐洞"所用，亦冲斗法，无用。

叶底藏花：郑华宇法，圈里发圈，至彼枪肚，以"子午枪"扎手背，真如名"月牙枪"。

秦王摩旗：手法枪尖锋影亦圆，但两腕不转阴阳，取其手轻不失势也。于彼轻诱法用之，得其实，即转一阴阳狠手了矣。须平日先不转，后乃转习之。

铁幡竿：马家老法，枪着腰、肚，以硬横力开之。笨法也，即短枪之"白蛇弄风"耳。

跌膝枪：倪觐楼竿子诱势也，摆"骑龙势"，大蹲身，排出左足，彼扎来，（左足）收膝右，（左足）一点地即扎。丈四枪亦可用，冲斗之徒名为"三足炉"。

腊蛇枪：真如曰"绦环之扎"也，坐膝进步，枪头稍高，即"昂头枪"，左右连扎，妙在手法，以制其动，不可多做，恐伤我气。

蜈蚣钻板：手法同"双头枪"而不扎者也。下平以此惑中平，中平以此惑上平。

月下梨花：先圈而以"梨花三摆头"扎之。

玉玦枪：几望形也，前腕阴，稍高；后腕阳，稍低。搭其枪背，又略擦左胁，即转腕擦其左边枪肚手，连枝步细进，彼执枪不得矣。亦可用之于圈外。

半玉玦：即前势而浅用。于会家二法俱要防削手。

藤罗绕树：刀斫枪以此破之，用"白牛转角"法，卷紧两手，进步直捣心胸，刀必猛斫，我手臂渐舒而进，必伤之矣。杆之受刀，不在一处，如"藤之绕树"，故被斫不断。敬岩法也，奇幻之想。

缠：真如曰，"先虚搭，彼转下，我亦右转而下；彼又从右而上，我又从下转上而拿之。"又曰，"观彼枪来为左为右，进步即胜。"又曰，"缠枪坐膝。"

洪转曰："两手握固，枪根着腰，二足用力，枪尖旋转碗口大。"

沧尘子曰："真如之法，手活而深，故妙！洪转之法，手死而浅，无味。大抵少林枪法，只是隔靴搔痒。"

排：洪转曰，"彼以'吞吐法'惑我，我两手握固，随其左右，排开扎之。"

沧尘子曰："此法不违理，但'排'亦犯'硬'，扎亦轻进，岂若点前手之高逸哉？"

连击：彼枪落地，我不轻扎，连击之，使不得起。

进步倒根打：进近彼身用之，又以破"团牌"之虚，又利于人众挤塞处，亦宜于夜间。

击：真如曰，"左右击之，即继以入，死枪之法也。"又曰，"长竿虽利，提击可降（音xiáng）。"

扑：真如曰，"似'卷'而打也。"又曰"破鞭、锏"，又曰"勾、扑、和、封，尽在两手"。

沧尘子曰："马家打低处名'扑'，用于手指即名'削'。"

鸡啄粟：戚南塘法，程冲斗名"寒鸡点"，一挑一打，紧细而入。

释义、解析

行着说

行着，是对游场枪法的称呼。既不是扎也不是革，既是扎又是革。既不实也不虚。本篇中的行着，在此前的《手臂录》中有的有，也有在《手臂录》中没有提及的。陈龙门说："风、雨、云、雷，交替变化，呈现出各自的表象。龙、蛇、虎、豹，变换不同的攻击方式，或主动出击，或藏身埋伏。"掌握了各种行着之后，一定要像诸葛武侯羽扇纶巾指挥三军一般，练就出名士般的风格（喻指行枪要胸有成竹，随意控枪，不是依靠蛮力斗狠）。如

果像司马懿只凭自己顶盔贯甲以做出榜样来强化军队的作战意识，不免自叹没有诸葛亮阵前羽扇纶巾来得潇洒。况且行枪时，好比在奔突的野猪群中战斗，更要淡然处之。

行着

搭：将我枪置于敌杆之上，以探试其能（类图23）。

提拿：海马奔潮的手法（敌枪低扎，先提后拿，逆敲击手）（类图30）。

还：敌枪扎来，我还扎，敌枪交于我枪肚下，可能会翻转上扎我手，因此还扎得胜后一定要防范此招（如图1红方）。

直走大梁：敌从特别低的桩架扎进来，我不能与敌杆硬磕（敌枪能变化，如从地蛇逆敲而上），但如果敌是两脚跨开的，由于架子低，不易改变身势，我就能上骑龙步绕到敌身后而击之，这是以虚破实。

一镬熟：卢氏县一位姓郑的男子，年少时被张献忠的贼众掠走，后来跟随孙可望投降满清。三十年间每天都生活在军队中。自夸临阵专用长枪胜敌，于是我就诚心请教些枪法，他竟一无所知。就又问他有哪些实用的枪技，他认为滴水势是最实用的。他示范时，从头顶到脚，无一处不合乎古枪法的要求，但看他只注重架势，事实上仍算个初学者，没入门啊（此行着说的是滴水势，因为滴水势枪根在上，枪尖在下划弧，即用的是提法，有如用棍子搅拌锅里的汤一般，故而称作"一镬熟"。吴老说郑姓男子习枪三十年，其实没入门，是因为该男子只注重枪势，却不懂得手法才是致胜关键）！

地蛇枪：即下文程冲斗枪法中的铁扫帚势，也是马家枪的铺地锦势（如图37）。

海马奔潮：先提后拿，再提再拿，进步用后跐步，即称作海马奔潮。

旋雷霹雳：即叶底藏花势先不扎（叶底藏花，我枪在敌枪下，翻转至敌枪上扎其手），我枪起至敌杆左边（从我的角度看是右边，实际上是敌杆的左侧，枪尖呈下偃月形旋转），上步打敌持杆之前手（向右划了一个大圈），不管打没打上立即发扎（扎时向左又划一个小圈）。这一打一扎，枪尖的影迹呈重轮形，打得圈大（起杆不超五寸，圈如鸡蛋），扎得圈小（小如铜钱，直力中见横力）。

蜻蜓点水：敌用闪赚花枪时，我立即用枪尖点其前手，他自然停止闪赚。如果我先主动用枪点敌手腕，我的前手要防备敌枪的削扎。这一招也称作凤点头（凤点头指的是枪尖如凤嘴，现代很多人已曲解了凤点头的本意，甚至有人咬文嚼字，认为蜻蜓点水就是点刺敌眼）。敌用铁牛耕地等低而重实的架势打扎过来，我只要向左或向右抛洒我枪，跳跃闪身，敌枪就拿不到我枪，但我的枪尖却能离敌手非常近，敌也就无法做出还击的架势。

急捣碓：即铁牛耕地（如图35）的手法（一打一刺）。

压：敌枪扎来很低，快挨上地了（扎我脚），我用丁字步闪开敌扎（即用骑龙步蹲坐身法），我杆与敌杆交为十字形，将敌杆压制于地上。

枯藤绕树：即后文"藤罗绕树"。

量天尺：两手将枪杆直托水平向上，类似于举鼎势（棍法），故意露出下部空当以引诱敌扎（如图52马上将领）。

量地尺：敌用骑龙步蹲坐闪身，在我前后手间的杆子下进枪扎我小腹，我斜身闪躲的同时，两手将枪横压敌杆（类图42）。

海底竖桅杆：敌枪向我圈里扎来，我突然将枪尖指向空中，让枪根接近地面（垂直地面），先上右脚，后迈左脚，径直推着杆子上步，随即掉转枪根捣击敌之头面（如图52丁）。

钓杆刺鳄：敌枪从我圈外扎来，我仍用海底竖桅杆的技法，从敌之圈外径直上步。

上述量天尺、量地尺、海底竖桅杆及钓杆刺鳄，被称作四怪枪。

万派归宗：好工匠建造佛塔，佛塔设计的是七层，但必须花费七年的劳力建造（每年造一层），每层才能够夯实，这就体现出工匠非凡的勤劳和辛苦。然而，只要不在塔顶封盖上涂金的铜顶，佛塔最终也不能算作造完，万派归宗正是这个道理。塔顶贵在漂亮，是佛塔最主要的部分。但如果没有七层砖土这些平常物的累积，就不能称作佛塔，枪的各般技法正如同砖土。

所以说不习练扎革，那么手臂就会生疏僵硬，不能被心思所用（习练第一、二年）。不知道身法，就会身形笨拙不灵便，行动时拖泥带水（第三年）。

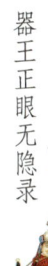

不晓得步法，就会自困于狭小的区域，不能够与多个敌人拼杀（第四年）。不熟悉临阵的枪法，那么所用枪技就会虚华无实，如同儿戏，不堪一用（第五年）。不了解游场的行着用法，就会被敌枪的虚实所迷惑，受人哄骗引诱（第六年）。

直到各般技法都精熟明白掌握，然后可以得到万派归宗的用法（第七年）。凭一杆枪对付上百敌人，就用此技，定能精妙绝伦！

然而，此招不能轻易使用，轻易使用就会被行家看破，以至于在世俗间广为流传，反而变作无用的技法。

我曾在一个地方看到有几个人都知道这一招，其实是一个富翁花了很多钱财从敬岩那里购得，那几个人就将此招轻易地耍给人们看。实际上他们的封闭功夫虚弱疏松，不知道上阵和游场的技法，我于是用重而厚实的枪法猛烈进攻，那几个人都不能自保。

因此，刘德长没有将此招传给敬岩，让他认识并习练各个技法，久而久之，自然能感悟出来。敬岩同样也没有将此招传授给我。而我现在既然没有传人，只能将枪法的大致面目写于纸上，也是万不得已的事。所以孙思邈真人将三十卷《宫禁方》混杂在三十卷的《千金方》内，以备后学者识别。

万派归宗的手法、身法、步法，都在此前的《手臂录》中有所记载，真如的《峨嵋枪法》中也有此技法。好学深思的有志之士，定然能够自行分辨出来。

卷枪倒手：又称作画乌丝，斜进左脚马步桩架拿敌枪，直接拿在敌前手的位置，即可赢敌。

盖枪倒手：敌用缠枪，我就用迴龙枪；敌用盖枪，我就用挑枪倒手。由此可见，缠枪和盖枪不是真的技法。看多了降枪倒手的运用，知道盖枪倒手和挑枪倒手各有胜负。

挑枪倒手：沧尘子认为，敌枪一盖我就挑，这是犯硬，不是好技法。

鸳鸯枪：行枪移步时要蹲坐，必须靠身法躲闪敌枪，属于生死争斗。又有人说碰到迴龙枪，最好用鸳鸯枪守御。又有人说没有防守的防守，即鸳鸯枪。还有人说鸳鸯枪的扎法，是明枪中的暗枪，常言道攻击为明，防守为暗，而鸳鸯枪是以攻为守，故而称之为没有防守的防守。此枪用于对付多个持枪者，只要永远攻击最靠左边的那个枪手，就可以远离其他人的进攻，因此称作靠身法躲闪（迴龙枪直线退去，又直线进来，我则迅速向左侧进步躲过，进扎敌身。这种枪主要是应对多枪的，不管敌枪再多，我则靠身法躲闪，我之枪永远依次解决最左边的敌人，只认左边。如同鸳鸯一只永远尾随另一只，故称之为鸳鸯扎）。

提枪倒手：即敬岩的白蛇登树技法（即逆敨）。又有人说可以降制长器（真如《峨嵋枪法》中提及），即敬岩称之的高提。

和枪倒手：即截枪挤、挨而不扎，其手法中还有扯、托的技巧。

流枪倒手：敌枪扎来忽左忽右，我身体稍向后退却，任敌枪置左或置右随即劈击敌杆，待敌枪扎尽，我枪径直捣杀敌身。

截枪倒手：轻用挤、挨的手法，将敌枪一革开我迅即发扎。

降（音xiáng）枪扎：敌枪扎来，我斜着压下，不让敌枪起来，如果敌枪向上挑起，我则趁势直戳敌身，敌若不挑，待敌枪无力，我则进枪。

昂头枪：枪圈类似束身的丝绦环扣，并兼有左、右砑扎（靠后手的灵活，力在枪根）。要马步进扎，枪头稍微高（指向敌头面），或左或右连续扎刺，其奥妙在于手法，目的是不让敌动作。但不能做得太多，容易耗费体力（前手阴持枪杆，如图55明军）。

吞吐：倪觐楼的技法，长竿子轻软，往复抽扎不深，目的是试探对手的本事。觐楼曾说："竿子使用时，手动脚不能动，脚动手不能动，手脚一起动，竿子不成枪法了。"

以下是各家的行着技法。

铁扫帚：冲斗说，敌摆出中平势，我将敌枪一拿（冲斗枪法，拿必至地），然后我跳起两脚躲过敌扎，再一拦敌枪（按冲斗想法，此时敌枪从地上又起扎，而将敌枪再拦至地），两脚再跳起，那么敌人就无法再保持中平势（这是说我枪离敌越来越近，迫敌慌乱），这其实是粗疏的技法。

白蛇弄风：即郑华宇用竿子的技法。两手握枪杆，两臂挺直，两肩牵扯摆动，枪头在身外丈远左右摆动，很是威风，而持枪的手和脚不易被敌人扎到，

敌可以迎着枪头用滴水势既提又拿，抢进（类图69枪手）。

抛洒：也称作凤点头（前文中蜻蜓点水也称作凤点头），比较通用的手法。用长竿子革开敌枪后，再追进时，或左或右抛洒竿头，以迷惑敌人，但敌人如能见肉分枪就不会畏惧此招。

鹞子翻身：对枪法研究不深的人（浅夫指的是程冲斗汉口枪一脉）碰到圈外扎来的凶枪，不知道怎么革，即速退前脚（由左腿在前变作右腿在前），掉转身形以单杀手发扎，特能中敌。然而，敌人如果故意让我以单杀手还刺，这一招出去枪就扎到尽头，很易被敌人反击而使枪死于地上，自然要谨慎少用，以防他人也学会此招。

拖：冲斗说，我发单杀手技法被敌枪革到左边（此时我发完单杀手后，是右脚在前），敌再向我扎来，我趁势将右手腕向上一拖以革开敌枪。沧尘子认为，拖本身就不足以革开枪，且敌如果不扎我的话，而连续击打我的杆子进而再扎，该怎么办（该技法在程冲斗《长枪法选》中称作绷枪）？

冲斗最喜欢用这类手法，毕竟是技法疏松浮浅，与峨嵋枪的宗旨不同。还有反拖技法，是舞法中仙人坐洞势所用，也是冲斗的技法，没有实用价值。

叶底藏花：郑华宇擅长此技法，我向敌圈里发圈枪，圈至敌枪肚下，用子午枪的手法让枪尖返上扎敌前手背，真如称之为月牙枪。

秦王摩旗：手法要让枪尖划出的影迹也是呈圆形，但两手腕不阴阳互转（即枪尖不旋转），为的是两手轻便不至于失掉进扎的时机。用时以此法轻舞诱敌，一旦瞅准敌的真实破绽，立即两手一转阴阳下狠手扎出（枪尖旋转枪杆滚动而出扎）。平时练习时，先不转阴阳，然后突然转阴阳扎出（如图34）。

铁幡竿：马家枪的老技法，敌枪挨上我枪腰或枪肚，我用硬横劲革开敌枪。这是粗笨的技法，类似于将白蛇弄风用在短枪上（如图41）。

跌膝枪：倪觐楼的竿子擅长用这招引诱敌人，摆出骑龙势（右腿在前，左脚在后），大蹲坐，故意探出左脚让敌人扎（左脚在左后）。敌扎来，左脚迅速从左后收到右膝弯处蹲坐（类图51），左脚一挨地立即还扎敌人（此时是左膝、左脚、右脚挨地，此动作类似于今日的歇步）。丈四长的枪也能使用（丈四枪为汉口枪的常用规格），冲斗的弟子称此势为三足炉。

螣蛇枪：真如称作绦环扎，蹲坐进步，枪头稍高于枪根，也称作昂头枪。可或左或右连扎，奥妙在手法的运用，以压制敌枪动作，但不能做得太多，有可能损耗自身的气力（如图55明军）。

蜈蚣钻板：手法跟双头枪一样（双头枪即圈枪），但不发扎。下平势用此招来迷惑中平，中平用此招迷惑上平。

月下梨花：先用圈扎，再用梨花三摆头扎敌。

玉玦枪：枪尖影迹为几望形。前手阴持，稍微高。后手阳持，稍微低。搭在敌枪背上，又略微碰触着敌杆的左枪胁，迅速向下转腕下削擦敌托持枪肚的左手，再用连枝小步进扎（枪尖再返上而扎），敌则不能持枪。此招也能用于圈外来枪。

半玉玦：也是上述玉玦枪技法，但用法相对简单（仅削擦而不进扎）。玉玦枪、半玉玦枪对于行家而言，都要防止敌人削击我手。

藤罗绕树：刀砍枪用此法破解，即白牛转角之法，卷紧两手，上步直捣敌之心胸，敌刀必然猛砍我杆，我手臂逐渐伸直疾速进扎，必然能伤敌身。而我枪杆被砍过的刀痕，不在一个位置，像藤绕树般，故而被砍枪杆也不会断折，这是敬岩的妙法，真是奇幻之想。

缠：真如说道："先与敌杆虚搭上（圈里搭），敌杆向下转，我从上向右转杆至敌杆之下。敌又从左边转到我杆上面，我再从敌杆下面向左转杆再拿敌杆（此招谓之缠拿）。"又说道："看敌枪是从左来还是从右来，我缠完后只要进步一扎即能取胜。"还说道："缠枪要蹲坐。"

洪转说道："两手牢牢地握住枪杆，枪根紧贴腰际，两脚也用力配合两手，使枪尖旋转的影迹有如碗口般大小。"

沧尘子道："真如的技法，手法灵活，功夫深，故而精妙。洪转的技法，手法太死，功夫浅，没有韵味。大致上讲，少林枪法，仅是隔靴搔痒罢了。"

排：洪转说道："敌以吞吐技法迷惑我，我两手握牢枪杆，任敌左右吞吐，革开敌杆即滑扎。"

沧尘子道："这招并不违背枪法的真意，但排法也容易犯硬，进扎的力度也小，怎能像蜻蜓点水般点击前手那么飘逸。"

连击：敌枪尖一挨地，我不轻易扎敌，只是连续击打敌杆，使敌枪不能起来。

进步倒根打：上步接近到敌前使用，又可以破解团牌的虚诈，又有利于在人多挤塞的地方使用，也可在夜间使用（实际上是棍法）。

击：真如说道："左右击打，接着进扎，是让敌枪成为死枪的技法。"又说道："长竿子虽然轻利，用提打可以降制住。"

扑：真如说道："类似卷枪倒手般的打击。"又说"可以破解鞭、锏"，还说"勾枪倒手、扑枪倒手、和枪倒手、封枪倒手都在两手的变化"。

沧尘子道："马家枪打下盘称作扑，打手指称作削。"

鸡啄粟：戚继光擅长此技，程冲斗称作寒鸡点头，即一挑一打，动作要衔接紧密，幅度要小，才能连贯地扎打（类图35）。

第十五章 游场扎法说

原文

游场扎法说

游场以困死人枪而无所伤为至善,猛扎在游场受破不少,岂可轻用以召侮或丧命?

游场扎法

紫燕穿林:彼扎我头,我拿之,即还扎彼。
青猿献果:彼扎我头,我不拿,蹲躲即扎。
金鸡独立:彼扎我脚,我不提,悬起前足即扎。
白蛇登树:彼扎脚,我一提,敲起即扎。
(此名四革,恃此故不畏上下,只练中平封闭也。)

钉死足:前膝虚曲即被制,不能发扎,唯急退可耳。
钉活足:长枪不用十字步进,其足可扎。
左右献花:圈里来枪不革,开前足扎之;圈外来枪不革,开后足扎之(真如名实扎,少林名闪,洪转谓枪之神境,浅哉)。

串指:从左而右。

手臂录·无隐录释义——明代枪法短兵解密

串袖：从右而左。

（真如名左右串扎，曰世俗通行之法，而峨嵋用之，别有神解，谓圈手也，又曰三停偃月，虚串用而亡精！）

勒：扎入于彼枪时，彼封我枪，我前手上迎，后手下按，再入必中。

就：枪来，我蹲坐少（稍）退，看彼收枪，乘虚即入，真如名迴龙枪。

抽拔：扎入至六七分，忽退出，再入必中。

捎（音xiāo，敲击）：前手虚笼，后手圆转以开枪，须防击落。

鲤鱼趵（音bào，跳跃）：扎至六七分，前手打枪于地，激起再入必中（有此等诱法，故革宜先轻也）。

挂：圈里扎入，彼革直下，我两手将枪推开向左，放其枪空下，再发必中（沧尘子曰："我之枪头，唯不能制彼之挂，故游场不宜轻用封闭也"）。

换：彼伤我缓处，我中其要害，故不可不扎彼前手也。

偷：会家难扎，我先作退意，发猛枪扎之（即单杀手），中不中急跳出。

飞蜂刺：真如名穿帘扎，轻轻刺其手，意与鸡啄粟同，能破诸器，亦能破诸势。

砑扎：砑而扎也，妙用在枪根，捎扎用处在枪胸，远不及此。

梨花三摆头：指其圈里，即扎其圈外，非摆尾不能革之。

索穿钱：能管前后手者也，于断贯索后用之，可破双杀手。

无影枪：彼于我枪下进来，扎其前手，至急者也，真如名子午枪。

豁里透：中平势开前门，彼枪于我枪下竟进，可伤我之前手腕之左边（单杀手之神妙者，此三枪耳！梨花三摆头并此三枪，谓之四凶枪）。

画乌丝：亦名跌落金钱，彼枪来，我用左开步以脱其枪，轻封之，依其枪而下，即着前手（翁慧生谓之挨龙直下，真如谓之卷枪倒手，少林亦有此法）。

双头枪：串，力在前手，此在后手，有右无左，亦名圈手，又名蜈蚣钻板（真如曰："圈手，峨嵋者如神"）。

串圈：先用串后用圈也，（梨花）三摆头之轻者。

半节枪：两手相去尺五，护膝势中手法，练至劈扎如心（杨家枪困于此），若蹲坐以前膝为中柱，倚以着力，枪头稍高，推扯俱可用。

两来枪：封之得力处，我中彼开（真如名迎枪，汉口名从枪，冲斗知此所造深矣，唯于正眼有间耳）。

锁枪：侧用双头枪之手法，连枝细步而进，锁住其枪，使不得去（敬岩专以此法困人）。

玉玦枪：即锁枪之加深者，如于彼掌中挖去其枪，手法之至精而至难者（敬岩善此）。

左右砑扎：用砑以扎，力在枪根，虽重实，故神妙。捕扎之不如者，轻浮故也。

双杀手：扎而用双手者也，亦不战而屈人之兵。

（自两来枪至此，谓五神枪。）

金童枪：前手亦阴，灵猫捉鼠手法，取前手不受削也。

缠枪倒手：先虚搭，彼枪转下，我从上转右而下；彼又从左转上，我又从下转左而拿之也。

无中生有：于缠枪中忽退出，而用迴龙枪也。

带打扎：单杀手者，进步尽手扎之，伤人虽猛，自亦有空，不可轻用，唯恃腾跳（敬岩名偷枪），先以带打，则无虞矣。

穿帘扎：即颠提（手一提即颠起），能破叉镋。

投壶扎：破地蛇枪，彼低来，我以丁字步身法脱其枪尖，而向下刺之，彼立身，我以滴水破之，彼起枪，即十字压之，再发必中。

左右插花：破叉镋者。

虚扎：串之无形者，即敬岩之双头枪。

子午枪：即敬岩之无影枪。

月牙扎：串而子午也，近敬岩之叠串，两手细微工夫。

（自缠枪至此九枪，皆峨嵋法也。）

释义、解析

游场扎法说

游场以困死对手的枪而对其身体没有什么伤害为最好，靠蛮力狠戳在游场中被破解的不少，怎能轻易使用以至于遭受侮辱，甚至于丧命（指劲力最猛的单杀手不要轻易使用）？

游场扎法

紫燕穿林：敌扎我头，我拿敌枪，接着还刺敌头。

青猿献果：敌扎我头，我不拿敌枪，蹲坐躲开，即还扎敌身。

金鸡独立：敌扎我脚，我不提敌枪，我悬起前脚躲过敌扎再还刺。

白蛇登树：敌扎我脚，我一提敌枪，接着我枪颠起顺着敌杆向上滑扎敌手。

这四招称作四革法，靠此四招可以不怕上下的来枪，因此要练熟中平势时封闭的手法。

钉死足：前腿虚点着地即有可能被敌枪钉上，而无法还扎，只能迅速后退才能避开。

钉活足：敌持枪如不用十字步行进，即枪杆没有遮住两脚，就可以扎其腿脚（比如敌用骑龙步等）。

左右献花：敌向我圈里扎来，我不革，移前脚避过还扎。敌向我圈外扎来，我也不革，移后脚还扎（真如称此为实扎，少林称作闪扎，洪转称作枪的最神境界，太肤浅了）。

串指：由向左扎变作向右扎（圈里变圈外）。

串袖：由向右扎变作向左扎（圈外变圈里）。

真如称串指、串袖为左右串扎，说是世俗流行的用法，而峨嵋派使用，别有神韵，称作圈手。真如还说对付偃月刀（三停偃月，又名偃月刀），兼用虚扎和串扎，使刀的长处无所发挥。

勒：我枪扎近敌身，敌封我枪，我前手上抬，后手下按，使敌枪压得我杆不紧，我再进扎就易扎中（此技犯硬）。

就：敌枪扎来，我坐成马步稍向后退，躲过敌扎，待敌正收枪时，我趁其枪虚弱无力突然进步扎入，真如称作迴龙枪。

抽拔：我枪扎进六七成，突然收回，再扎定然能中。

掤：前手虚拢着枪杆，只靠后手圆转着枪根来革开敌枪，必须防备敌点打我前手使杆子掉落。

鲤鱼跃：我枪扎进六七成，突然用前手将我枪打在地上，借地势激起来再扎定能命中。碰到敌人使这类引诱的技法，故而我要革其枪时应该先轻用力。

挂：我向敌圈里扎进，敌将我枪拿下，我两手将我枪顺势向左推开，让敌枪空着落下，我再发扎，必能中敌。我要说的是，我的枪头，唯独不能降制敌枪的挂，故而游场中不能轻易使用封闭。

换：敌枪伤我行动迟缓的部位，我还刺敌的要害之处，故而首选目标是削扎敌的前手。

偷：碰到行家，我枪难以扎中，我先故作退意，突然发猛枪如单杀手扎刺，不管扎中没有迅速向后跳退。

飞蜂刺：真如称作穿帘扎，轻轻削刺敌手，目的跟鸡啄粟相同，可破解其他兵器如叉、镋，也能破解其他枪势（此势即海马奔潮，先提后拿，逆敲削敌手，鸡啄粟为一打一揭，先定敌器再发扎，故两者用法相近）。

砑扎：先砑再扎，灵妙使用的地方在于枪根的运用，掤扎是在枪胸之处，远远不如此法。

梨花三摆头：枪尖指向敌之圈内，实际上扎向敌之圈外，除非用苍龙摆尾势才能革开（梨花三摆头是向下扎的低枪，蹲坐，属于串枪，左右反复使用，影迹为覆月形）。

索穿钱：能管制敌持枪的前后手，在断贯索（即画乌丝）后使用，可破解双杀手。

无影枪：敌从我枪下扎进，我枪迅速扎敌前手，这是最能应急的办法，真如称之为子午枪。

豁里透：我立中平势故露出右边，敌枪从我枪下迅疾扎进（言外之意敌枪没有上当扎我右边，而是敌杆划着弧线奔我前手而来），可伤及我前手腕的左部位置。

单杀手最神妙的枪法，即索穿钱、无影枪、豁里透这三枪。梨花三摆头加上这三枪，称作四凶枪。

画乌丝：也称作跌落金钱，敌枪扎来，我闪左步避开敌扎，小力封下，顺敌杆子而滑下，即可刺着敌手。翁慧生称作挨龙直下，真如称作卷枪倒手，少林派也有这招。

双头枪：串枪主要是靠前手的力，而双头枪是靠后手的力，只能向右圈，无法向左圈（右指我之圈里，左指我之圈外，圈外无法用圈手，如图6），也称作圈手，又称作蜈蚣钻板。真如说："圈手，峨嵋派用之如神。"

串圈：先用串枪再用圈手，即轻用梨花三摆头。

半节枪：两手距离一尺五握枪，是二十四势中定膝枪势的握法，练到可以随心所欲地劈扎，杨家枪无法做到随心所欲（因为杨家枪重心太靠前，两手距离如一尺五会很别扭，使不上劲）。如果蹲坐的话，就要让前膝为支撑点，以此着力，枪头稍微高，推枪、扯枪都能用上。

两来枪（迎枪）：封下敌枪时，一感觉到我可以使上劲力时，则进扎敌身，同时敌枪被我枪挤开。真如称作迎枪，汉口派称作从枪，冲斗也知道这一招的功力相当深奥，唯独他枪法的重点与正法眼藏有很大的区别。

锁枪：侧身使用双头枪的手法，用连枝小步前进，圈锁住敌杆，使敌杆抽不回去。敬岩专门用此技巧困住对手。

玉玦枪：即锁枪力度加深的技法，好比从敌掌中挖走其枪，手法至精至难。敬岩擅长此招。

左右砑扎：砑枪带扎，劲力在枪根上，虽然重而厚实，但非常神妙。捕扎不如此招，太轻浮，左右指圈里、圈外。

双杀手：扎时两手用力（即前手不滑把，如同现代步枪拼刺一样的握扎法),也可称作不战而屈人之兵。

从两来枪到双杀手,称作五神枪。

金童枪:前手也阴持枪杆,类似灵猫捕鼠的打法,这招是为了让前手不易被敌削(很多削法都是来枪从杆下削手的,而前手阴持的话,前手暴露在杆下仅为五根手指,也更易主动弃杆)。

缠枪倒手:先与敌杆虚搭上(圈里搭),敌杆向下转,我从上向右转杆至敌杆之下。敌又从左边转到我杆上面,我再从敌杆下面向左转杆再拿敌杆(此招谓之缠拿)。

无中生有:在敌与我枪缠黏时,我枪忽退出,从而用迴龙枪。

带打扎:单杀手技法,要上步放尽手臂发扎,伤人虽然猛厉,自身也有漏洞,不能轻易使用。唯独依赖向后跳步才能躲开敌枪的反击,敬岩称作偷枪。先用带打法再用单杀手,胜算就高了。

穿帘扎:即颠提技法,手一提完就把我杆举起再拿下,可以破解叉、镋(即海马奔潮,滴水势)。

投壶扎:能破地蛇枪,敌枪低着扎来,我用丁字步法(骑龙步)避开敌之枪尖,随即将我枪下刺(甚者枪尖插入地中,以阻截敌枪,又称作尽头枪,即美人纫针)拦截敌枪。敌立起身形,我再用滴水势提敌枪,敌起枪,我枪即与敌枪交成十字而压下,再发扎必能刺中。

左右插花:可以破解叉、镋(用后蹜步左进滴水势提,或骑龙步右进伏虎势提)。

虚扎:枪圈非常紧小让敌觉察不出的串枪,即敬岩所说的双头枪。

子午枪:即敬岩的无影枪。

月牙扎:串枪兼带子午枪,类似于敬岩的叠串,完全是两手手法的细微功夫。

从缠枪到月牙扎共九枪,都是峨嵋派技法。

第十六章 游场革法说

原文

游场革法说

单杀手之深重之扎,乃用封闭革之,若用于游场,是纳侮也,故有此段法。

游场革法

挨:敬岩懒汉锄田势中所用手法。

挤:扳栏窥井手法。

摩:即摩旗手法。

以上诸注载《手臂录》中。

托:彼扑我两手中间,急移右足,挪身左手托过其枪,还击其前手。

砑收:收而兼砑也。

团牌变:亦枪为团牌,以御矢也。前手宽松,后手圆转以捵之,矢不能入,盖身有甲、首有胄,唯面手畏矢,前腕着(对着)额,借力以行之。若以代封闭,恐被击落。

绷:从下而上绷开彼枪也,短枪难用。

〖释义〗

游场革法说

单杀手的深重扎法，可以用封闭革开。如果将单杀手用在游场，是自取敌辱，故而有此篇补充。

游场革法

挨：敬岩懒汉锄田势中的手法。

挤：扳拦窥井手法。

摩：即秦王摩旗手法。

上述解释参见《手臂录》。

托：敌枪打在我两手中间，迅速移动右脚，变身形靠左手托过敌枪，顺势击打敌之前手。

研收：收枪时兼用研法（靠后手的力）。

团牌变：也就是枪圈如团牌般，以防御箭矢。前手松握，后手圆转，用捕法，箭不能射进来。但身上有甲片，头上有盔，唯独脸和手惧怕箭矢。前手腕对着额头，借后手施的枪杆旋转力来辅助。如果用此法代替封闭，很可能被敌枪打落。

绷：从下向上绷开敌枪，短枪不好用。

〖解析〗

此篇文字应该不全，或有缺失。

第十七章 三家用法说

原文

马家枪短硬，其用在两腕，臂以助腕，身以助臂，足以助身，以成全体。沙家竿子长软，其用在两足，身以助足，臂以助身，腕以助臂，以成全体。杨家长短软硬无定体，故腕臂身足亦无定用，丈二者倚马家法，丈八者倚沙家法，而丈六者倚丈八、丈四者倚丈二。今但举马、沙法言之，而杨家在其中矣。

所谓马用在腕者，何也？

马家拿拦，两腕之阴阳互转，百变藏于其中，神妙莫测，实为枪之元神也。臂以助腕者，以臂之高下伸缩，助腕之阴阳互换也，非臂打也。臂打者，棍法也。身以助臂者，以身之蹲立前后，助臂之高下伸缩。足以助身者，前后左右稍稍移动，以脱彼枪尖，非剪刀步、十字步也，此马家大意。

所谓沙家用足者，何也？

竿子长软，两腕虽阴阳互换，但可以助顺臂力，使无倔强而已，实不能用马家之法。拿拦尽处，枪尖正摇，戳即斜去。摇定而戳，彼已走出，苟非十字步追之，戳何能及？此时枪之胜负，全在足之迟速，此一故也。硬枪妙在进，进则杀。软枪妙在退，退则活。足不能如风，不能进退矣，又一故也。是以竿子之用，虽在两臂，而余以为用在足也。身以助足者，探前以助进势，倒后以助退势也。臂以助身、腕以助臂者，身足即熟，则腕臂不过用马家枪之绪余而倚足也，此沙家之大意也。

所谓杨家丈二倚马家者，何也？

枪尚短硬，尚可用马家法也。

所谓杨家丈八倚沙家者，何也？

枪已长软，不得不用沙家法也。

所谓丈四倚丈二、丈六倚丈八者，何也？

平日习丈二，而临阵患其短，平日习丈八，而临阵恶其重，故改用丈四、丈六，原无本法也。

要而言之，马家、沙家各自为法，杨家出入乎其间，而不能尽。马家贵重难得，如马；沙家贱而便用，如驴；杨家不马不驴，骡也。

释义

马家枪的长度短，木质坚硬，用法在两腕，手臂用来协助腕子，身体用来协助手臂，脚用来协助身体，以成整体。沙家竿子长而且软，用法要靠两脚的移动，身体用来协助脚步，手臂用来协助身体，腕子用来协助手臂，以成整体。杨家枪有长枪也有短枪，有软枪也有硬枪，没有固定的规格，故而腕子、手臂、身法、步法也没有固定的规律。丈二长枪的话，就用马家枪法，丈八长枪的话，就用沙家竿子枪法。此外的丈六长枪就用丈八的枪法，丈四的长枪就用丈二的枪法。本篇重点讲述马家枪和沙家竿子，事实上杨家枪法在二者之间。

所谓马家枪主要靠腕子来使用，为什么这么讲？

马家枪拿拦之时，两腕阴阳互转，百般变化藏于其间，神妙莫测，实际上正是枪法的元神之处。手臂用来协助手腕，是用手臂的高低伸缩来辅助腕子的阴阳转换，并非依靠手臂的发力击打。靠手臂来发力击打的，那是棍法。身法用来协助手臂，用身形的蹲坐、站立、前探、后仰，来辅助手臂高低伸缩。腿脚用来协助身体，前后左右稍微移动，以避开敌之枪尖，并不仅靠剪刀步、十字步，这是马家枪的大致意思。

所谓沙家枪靠两脚的移动，怎么讲？

竿子长而软，两手腕虽然也阴阳互换，但只能与手臂的力量协调一致，使手臂不僵硬而已，实际上不能使用马家的枪法。竿子拿拦完后，枪尖还在摆

动，一戳即扎偏目标。等枪尖摆动完了再扎，敌已退远，如果不用十字步追刺，还怎么能戳上？这时候竿子的胜负，完全掌握在脚步的快慢上，这是注重步法的第一原因。木质坚硬的枪，其妙处在于上步，上步就要戳刺。但腰软的枪，其使用秘诀在于后退，后退才能存活。脚步不能像风般快速，就不能进扎或后退，这是第二个原因。因此，竿子的应用，虽然凭两臂的运作，但我认为实际上是靠步法。身形用来协助步法，身体前探以协助进扎，身体后仰以协助后退。手臂用来协助身体，手腕用来协助手臂，身法步法都熟练了，那腕子、手臂不过是用马家枪的一部分技法就足够使了，这是沙家竿子的大致意思。

所谓杨家枪丈二长枪的运用依赖于马家枪法，怎么讲？枪要短而硬才好使，因此丈二枪还可以用马家的枪法。

所谓杨家枪丈八长枪要用沙家竿子枪法，为什么呢？丈八枪已经是长而腰软，不得不用沙家竿子法。

所谓丈四长枪用丈二枪法，丈六长枪用丈八枪法，为什么呢？

平时练习是用丈二的枪练习，等到了战场，感到丈二的太短。平时习练丈八的枪，到了战场，觉得太重不好使。所以改用丈四和丈六的枪，杨家枪原本就没有属于自己的枪法。

简单地说，马家枪、沙家竿子各自创建了本派的枪法，杨家学自二者之间，但都没有学全。马家枪法贵重，不易学到真传，如同骏马一般。沙家枪地位有些低，其用法讲求实际，好比驴。杨家枪既不是马又不是驴，是骡子。

解析

1. 此篇文章有一些内容与《手臂录》六家枪法说的内容很相似，甚至于有些是原文字，由于古本最早来源于手抄件，故其中内容多有矛盾或缺失的地方。

2. 此文中的马家枪，被赞扬得很高，简直如同峨嵋枪法的高度，不知道说的是马家枪，还是被石敬岩改造后的马家枪，因为马家枪夹杂大量棍法，在此篇中却未提及。所以，值得怀疑，此篇的清代手抄文有严重的错漏。

第十八章 马家枪考、革法

> 原文

马家枪考

王圻（音qí）《续文献通考》云："枪之家十有（又）七，曰杨家三十六路花枪（其分出者，有大闪竿、小闪竿、大六合、小六合、穿心六合、推红六合、埋伏六合、边拦六合、大封闭、小封闭名），曰马家枪上十八盘、中十八盘、下十八盘，曰金家枪，曰张飞神枪，曰五显神枪花枪七十二势，曰拐突枪，曰锥枪，曰梭枪，曰槌枪，曰拒马枪，曰捣马枪，曰峨嵋枪，曰沙家十八下倒手竿子，曰紫金标，曰地舌枪。"

余谓枪之元神只有一圈，用圈尽善者，马家、峨嵋也；尽美者，沙家、杨家也。即此四家，马家、峨嵋合而为一，沙得马之少分，杨又两取于其间，则四家本一家也。余十三家何以为枪法？不圈非枪，圈则不出于马家、峨嵋矣！张飞、拒马之类，不过一时口语，非真有十七家之法也。

夫马家枪，敬岩虽以自名，而绝无"上十八盘"等手法，则其于马家尚有可疑。惟程真如亲得于峨嵋，确有可据，而枪法与敬岩悉同，则敬岩其亦峨嵋矣！

至于杨家、马家之人、之时、之地，皆无可考。沙家关中卫职，峨嵋则僧普恩。普恩，真如亲受业者也。真如小于敬岩十余年，敬岩以崇祯乙亥卒，年六十外。

革法

马家革枪常法：拿、拦革中，勾、剔革上，提、掳革下，行着别论。

拿：持枪前手阳，彼圈里戳来，转阴向右革之。未拿是中四平，已拿成跨剑。初学拿，必重大练，使轻小。拿须于卷中求悟，不然，轻小还有病。有口授。

拦：与拿相对，未拦是跨剑，已拦成中四平。初学拦，必轻小，使重大，更图脱化。

拿、拦枪根不起，古谓之缠腰锁。枪根起者，边拿、边拦是也，止革低来枪，混为拿、拦以革平来枪，俗师大病！

边拿、边拦，枪根虽稍起，手法自圆，非打地也。冲斗又以大封大劈混之，并以混拿、拦，而枪法大坏矣！

勾：革圈外戳头者，中平亦有时用之，有口授。

剔：革圈里戳头者。

提、掳：见后。

小封：拿之紧小者。

小提：拦之紧小者。

拿、拦久熟，渐渐收为紧小，游场变化如神，此敬岩、真如心血也！冲斗评此曰"小巧用耳"，以少林棍之见识论峨嵋枪，真是隔靴搔痒。

卷：又名伏地枪，有口授，只此一法，百战百胜。

革法至此，百尺竿头矣！以上马有沙无。

边拿、边拦：即拿、拦而枪根起至胸。

竿子长软，拿、拦后手不起则不杀，故竿子之拿、拦，只是马家之边拿、边拦。

拿、拦，我枪肋着彼枪肋。边拿、边拦，我枪肚着彼枪背。辨不清必松！

提：革圈里戳脚，枪尖至地，彼枪死于右。

掳：革圈外戳脚，比提加腰腿一摆，彼枪亦死于右。

以上马、沙俱有。

石劈：冲斗之劈，枪根起高，枪尖至地。石敬岩之劈不然，有口授。

削：又名剃，石劈之轻者。用于低处，名扑。

打揭：即鸡啄粟，真如名带打扎，有口授。

切：与削相似而不同，有口授。

大封大劈：兵卒庸愚，难以学枪，只此百日可用矣！有口授，不止冲斗法。

以上马家借棍法。

释义、解析

马家枪考

王圻在《续文献通考》中说道："枪法共有十七家，有杨家三十六路花枪（其中又包括大闪竿、小闪竿、大六合、小六合、穿心六合、推红六合、埋伏六合、边拦六合、大封闭、小封闭），有马家枪上十八盘、中十八盘、下十八盘，有金家枪，有张飞神枪，有五显神枪花枪七十二势，有拐突枪，有锥枪，有梭枪，有槌枪，有拒马枪，有峨嵋枪，有沙家十八下倒手竿子，有紫金标，有地舌枪。"

我要说的是，枪的元神只不过是一个枪圈，用圈最好的，是马家枪和峨嵋枪。最漂亮的，是沙家竿子和杨家枪（阔大威猛）。这四家枪法，马家枪和峨嵋枪可以合而为一（此处的马家枪指的是石敬岩枪法），沙家竿子中有一小部分马家枪法，杨家枪又从沙家、马家各取所需，那么四家枪法本就是一家枪法。剩下的十三家又凭什么称作枪法？没有枪圈就不是枪法，但枪圈的最高水平不会超过马家和峨嵋。张飞神枪、拒马枪等等，不过是一时间的口语，并非真有十七家枪法。

虽然敬岩自称所学的是马家枪，但绝对没有上十八盘等等手法，那么他学的到底是不是马家枪确有可疑。唯独程真如得自峨嵋派的嫡传，确实有据可

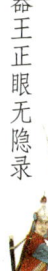

查,但枪法却跟敬岩的枪法完全一样,那事实上敬岩也是学自峨嵋派啊!

至于杨家枪、马家枪是何人创的,什么时候创的,在什么地方创的,都无法考证。沙家竿子的祖师曾在关中任守卫官,峨嵋派的宗师就是普恩禅师,也是真如受业的恩师。真如比敬岩小十多岁,敬岩在崇祯乙亥年剿匪期间战死,死时六十多岁。

革法

马家枪的常用革法:拿、拦革中部来枪,勾枪、剔枪革上部来枪,提枪、掳枪革下部来枪,行着另说。

拿:持枪时前手阳持,敌向我圈里扎来,前手向右转腕为阴革敌枪。没拿时的桩架是中四平势,拿完就变作跨剑势。刚学拿时,一定要枪圈重实硕大地练习(大如鸡蛋),慢慢变得轻小(小如铜钱)。拿的技法要在卷法中领悟,不然的话,就算枪圈轻小了还有毛病。

拦:跟拿法相对,没拦时是跨剑势桩架,拦后就变成中四平。刚练拦时,枪圈一定要轻小(小如铜钱),慢慢地变得重实硕大(大如鸡蛋),更以达到脱化为最终目标。

拿、拦敌枪时,枪根不能脱离开腰部,古人称之为缠腰锁(现代武馆一些老师傅教枪时仍然知道枪根不能超出乳线,甚至与乳线成一条垂直线,故而笔者所画的二十四势图中也尽力按此要求绘之)。枪根起至胸部离开腰际的,是边拿和边拦,只能革低来的枪,很多人将边拿、边拦的架势混同于拿拦之中,用来革中平枪,这是世俗枪师的大病!

边拿、边拦,虽然枪根稍微抬起脱离开腰际,但手法也自然能圆转开枪,并非一拿或一拦就惯性般一打至地。冲斗又将大封大劈混在边拿边拦中,并且用来混淆拿、拦,使本来纯正的枪法受到极大的破坏。

勾:用来革圈外扎我头的枪,中平来枪也偶尔使用。

剔:用来革圈里扎头的枪。

提、掳:见后文所述。

小封:紧而小的拿法。

小提：紧而小的拦法。

拿和拦练得久而熟了，慢慢将枪圈收作紧而小，在游场中就能变化如神，这是敬岩、真如的心血！冲斗评论这种紧小的枪圈为小巧用法，是用少林棍的见识来论断峨嵋枪，真是隔靴搔痒。

卷：又称作伏地枪，只要会了这一种革法，百战百胜。

革法到此，算是百尺竿头。上述技法马家枪有，沙家竿子无。

边拿、边拦：即拿、拦时，枪根离开腰际，起到胸部。

沙家竿子长而且软，拿、拦时后手如果不抬起来就没法用来杀敌，故而竿子的拿、拦，只能算作马家枪的边拿和边拦。

拿或拦，是我枪肋碰触敌之枪肋。

边拿、边拦，是我枪肚碰触敌之枪背。

两者分辨不清的话，手法必然疏松。

提：用来革扎向我圈内的戳脚枪，我枪尖一提至地，让敌枪死在我的右侧。

掳：用来革扎向我圈外的戳脚枪，比提法加上前腰前腿一摆，也让敌枪死在右边。

上述技法马家、沙家都有。

石劈：冲斗的劈法，枪根要起得高（泰山压卵势，靠前手发力），劈下则枪尖打在地上。石敬岩的劈法则不一样（枪尖起不过五寸，靠后手发力）。

削：又称作剃，就是石敬岩劈法的轻用技巧，用于削低处，称作扑。

打揭：即鸡啄粟，真如称作带打扎。

切：跟削相似，但有区别。

大封大劈：士兵资质平庸，智力不强，难以将枪法学精，所以要学大封大劈的话，就能在一百天内完成。此技法有口授，不光冲斗的技法，还有别人的技法。

上述技法是马家枪借用的棍法。

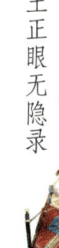

手臂录·无隐录释义——明代枪法短兵解密

第十九章 役棍

原文

役棍说

枪棍之道，不可认奴作郎，亦不可竟废家奴也，用棍断不可用枪法！石之美者贵，玉岂不美？而终谓之役。役棍有五，一降长，二关内，三御众，四夜战，五舞美。

役棍法

圈里打：后踮步连枝进，蓦打其两手之中，恰当胸腹，不能封闭，即拨草寻蛇势中手法。

圈外打：彼立裙拦势，我蓦进右足打其前臂。

摩旗打：用摩旗手法，以惑其目，而深入扑之。

藏花打：用叶底藏花手法，而打其前手。

连击：封其枪落地，不扎，连击之，使不得起，急进步扎之最稳。

鸡啄粟：一挑一打，连枝进步，万无一失（长之遇短，不可轻用扎，唯用此法，会家所困，真如所谓双刀虽利，带打必落也）。

倒根打：近身用之，又利于制团牌及人众挤塞及夜中。

根推：进彼圈外，收后手于枪腰，以枪提之即打也。

神仙躲影：彼以丁字身法从我圈里而进，迫近我身，我急进右足，以根推枪。

扑枪倒手：似卷枪而打也。

击枪倒手：左右击之，即继以缠入死龙之法。

劈枪倒手：劈贵坐膝，枪头起不过五寸，直劈而下，后手一出，以击其手。

五虎打：注载《手臂录》，少林法也。

放梢打：短棍法，用之破牌（倪近楼法）。

{ 释义、解析 }

役棍说

枪在棍的混入用法上，不能够将奴婢当作主人（不要让棍喧宾夺主），也不能干脆就不要家奴（也不能没有棍法），更断然不能将棍的用法当作枪法使用。漂亮的石头就会价格高，难道玉会没有石头美吗？所以说石头再美，也只能作为玉的陪衬。枪法中有五个方面用到棍法，一是短降长，二是关内，三是面对多人，四是夜战，五是舞枪显摆。

役棍法

圈里打：后踮步或连枝步进敌，突然打击敌两手中间，正好对着敌的胸腹，不能用封闭手法，即拨草寻蛇中的手法（主要靠后手发力）。

圈外打：敌立裙拦势（跨剑），我突然上右脚打敌前臂（骑龙）。

摩旗打：用摩旗的手法，迷惑敌眼，紧接着枪杆深入击打。

藏花打：用叶底藏花的手法，击打敌前手。

连击：将敌枪封在地上，不扎敌身，而是连续击打敌枪，使敌枪无法起扎，并迅速进步扎敌，这样做最稳妥。

鸡啄粟：一挑一打，连枝步前进，万无一失。长枪碰到短枪，不能轻易用扎，唯独用此技法，就算是行家也易被困住。真如所谓双刀虽然锋利，带打必然掉落。

倒根打：近至敌身使用，又利于降制团牌及众人挤塞，以及夜里使用。

根推：进到敌圈外，将后手收到枪腰处，将枪根一提即打。

神仙躲影：敌以丁字步（骑龙）向我圈里发扎，枪尖接近我身，我迅速上右脚，用枪根推开敌枪。

扑枪倒手：如卷枪般击打。

击枪倒手：左右击打，紧接着用缠枪，让敌枪死去不能抽回。

劈枪倒手：劈枪贵在蹲坐，枪头抬起不超过五寸，直劈而下，然后手一进扎，直击敌手。

五虎打：注解见《手臂录》，属于少林派技法（即类似于铁幡杆或鹞子扑鹌鹑，参见二十四势）。

放梢打：短棍的技法，用来破团牌（单手持枪根，整臂整枪都放开扫打），倪觐楼擅长此法。

第二十章 单刀图说

〔原文〕

自序

唐有陌刀，战阵称猛，其法不传。今倭国单刀，中华间有得其法者，而终不及倭人之精！每见单刀高手，平日侈言破枪，及至赴敌，莫不惊枪而往，则其实用可知矣！

盖短器降长，惟碓斗壅塞，枪至于不能出后手，乃为短器所困。行列稍疏，短无破长之理。游场枪之受破者，唯一单杀手。至于闪赚、颠提，则枪犹畏之如虎，况单刀乎？程冲斗刀法，唯破单杀手，其疏可知！

余法不然，单刀破轻长之器，则避其虚而击其实，何也？枪之虚处，变幻百出，必非刀所能御，而实处唯有一杆，苟能制之，则无以用其虚矣！

单刀敌短重之器，则避其实而击其虚，何也？大棒、铁鞭、长斧、木锐，不可直当，必斜步偏身，避其重器，击其身、手，乃可必胜。

击虚之法易见，击实之法则在斫其枪杆，枪杆被斫，不断黏住，杆被黏住，则不能闪赚、颠提，刀更进步，必伤人矣！削亦黏枪，而势力不如斫大，进步又拙，是以次之。勾、革皆用刀背，枪得滑去，百变生焉！

余选刀法十八势：

从下斫上，则有左、右撩刀二势；从上斫下，则有朝天、斜提二势；削枪则有左、右定膝势。出入于六势之间。

而可上、可下、可左、可右、可斫、可削、可进、可退，则有二拗步势。

实用止此八法，余十势不过小变其形，以眩人耳！

斫、削黏杆，余本得之渔阳老人之剑术，单刀未有言者，移之为刀，实自余始，安得良倭一亲炙之！

壬寅八月望前五日

古吴沧尘子吴殳一氏修龄撰

释义

唐代有种陌刀，据说用于战阵中十分威猛，但其技法却没有流传下来。现今倭国的单刀，中国有一少部分人掌握了它的用法，但最终还是赶不上倭人的精湛伎俩。每次遇到单刀高手，平常吹嘘能够破解长枪，待对敌之际，无不被长枪的厉害而骇然败走，这些"高手"单刀的实用性可想而知！

凡是短兵降制长械，只有在作坊里争斗，场地拥挤，以致长枪不能使用后手虚扎，从而被短兵困住。如果场地稍微宽敞，就没有短兵可破长械的理由。游场中的长枪如被破解，那只能是单杀手。至于枪的闪赚、颠提，长枪对长枪仍骇之若虎，何况单刀对枪呢？程冲斗的单刀技法，只能破解枪的单杀手，可见其刀法何其粗疏！

我的刀法跟他不同，单刀要破轻而长的枪，就要避枪之虚而击枪之实，为什么？

枪尖的虚处，百般变化，并非单刀所能防御的。而枪的实处，只有一根枪杆，如果能制住枪杆，则枪也就无法运用它的虚处了。

单刀对抗短而重的器械，要避其实而击其虚，为什么？

大棒、铁鞭、长斧、木锐，不可以直接格挡，一定要斜着进步、偏着身子，避开对方的重械攻击，既斩敌之身体或持械之手，才能够完胜。

击虚的技法容易明白，击实的技法就要斫敌方的枪杆，枪杆被斫，不断折的话就会被刀黏住，枪杆被黏住，就无法使用闪赚、颠提，刀再进身，肯定会伤敌性命。削也可以黏住敌枪，但威力不如斫力量大，削后刀进敌身的动作也笨拙，因此是黏枪的下等技法。如果勾或革敌枪，都用刀背的话，枪一旦滑离刀背，枪尖的百般变化也就产生了。

我选出了单刀的十八个势子如下：

从下往上斫，有左、右撩刀势；从上往下斫，有朝天刀势和斜提刀势；削的刀势里有左、右定膝刀势。刀法的斫、削都在这六势之中。

至于向上用刀、向下用刀、向左用刀、向右用刀，或斫或削，或进步或后退，就靠左、右拗步势来控制。

单刀的实用技法只有这八种，其余的十个刀势不过是稍微改变下外观，只为了迷惑人眼。

斫、削的黏杆技法，我本得自渔阳老人传授的剑术。在单刀这方面，从没有人提及这两种技法，而将剑法移至单刀中，事实上是自我开始。如果能交到一个擅长倭刀的朋友，我必亲自教导他怎么应用这种黏法。

壬寅年中秋节前五日
古吴沧尘子吴殳修龄撰

【解析】

斫，就是砍，刃口几乎垂直嵌进枪杆。

削，斜着向外划割，只能往上削，不能用作下削，刃口与枪杆呈锐角斜着嵌进。

【原文】

手法

单刀手法，向有提下、勾上、革左、革右之类，余以其不能制枪，故皆不取，唯倚剑术断取冲斗斫（音zhuó，砍剁）、削黏枪二法用之。

斫、削者，刀之大端也。然有大必有小，而后严固、逸豫。故又取棍之鸡啄粟、枪之海马奔潮以辅之。盖审势必胜，则竟用斫、削。若非可必胜，半虚

半实，则此二势实能羁縻联络于其间，以俟可乘之隙。若遇拙枪，二法即可胜也。

斫有上斫、下斫，上斫、下斫各有左右，而又皆有子势。子势者，如子之辅父，非二非一也。

削有上无下，而上又有左右，亦有子势，拗势出入乎左右之间，如月之有闰，以成岁也。

左上斫有斜提势，右上斫有朝天势，左下斫有左撩刀势，右下斫有右撩刀势。

左削有左定膝势，右削有右定膝势。

闰法有拗步削势、拗步撩势。

而左独立势则朝天势之子也，低看势则左定膝之子也，上弓势、外看势则右定膝之子也，按虎势、拗步单撩刀势则左撩刀之子也，入洞势、担肩势、单提刀势，则右撩刀之子也。

此十八势，习之精熟，虽未能真合于倭法，而中国花法皆退三舍矣！

释义

单刀的手法，一直有遇到来自下部的攻击用提，上部的攻击用勾，左边、右边的攻击用革等等，我认为这些不能够降制住长枪，所以都不采用。我仅以剑术的使用理念，截取程冲斗《单刀法选》中的部分刀势，用斫和削两种技法来黏制敌枪。

斫和削，是刀法中应用最广泛的技法。然而，有广泛就会有细微，从而使刀法严密稳固，挥洒自如。因此再选取棍法中的鸡啄粟（自上向下劈之，然后再向上一挑，即连续的一劈一刺）、枪法中的海马奔潮（向下劈打敌杆，贴着敌杆滑割敌手）作为辅助技法。对敌时，看情形有必胜的把握，就用斫或削的技法（这里必胜的把握指敌用单杀手扎入，我刀或斫或削敌杆就可黏住）。如果没有必胜的把握，敌枪半虚半实地攻我，那么用这两种技法真要控制好时机，要使斫法和削法在敌枪的半虚半实间交替使用，待敌露出破绽，我则乘虚而入。如果碰到枪法差的人，用斫、削两种技法立马获胜。

斫有向上斫、向下斫，向上斫、向下斫又分为向左和向右，而且又都有子势。子势，就像儿子协助父亲，不是两个陌生的人，也不是同一个人。

削有向上削，没有向下削（为何没有向下削？不管你是左定膝还是右定膝，削都是将刀划向圈外的动作。而向下将敌枪削到圈外，敌枪的变化就出来了，这跟《手臂录》中说用提时只能将圈外来枪提至圈里的意思相仿。但这个向下削的动作并不是提，而是吴殳不建议使用的类似于枪法中的铁幡竿，向外划绷，所以没有向下削的动作），而向上削又分为向左和向右，也有子势，即拗步势，刀向左向右靠拗步进退。就像农历设有闰月，才能形成闰年。

向左向上斫有斜提势，向右向上斫有朝天势，向左向下斫有左撩刀势，向右向下斫有右撩刀势。

向左削有左定膝势，向右削有右定膝势。

所谓"闰月"的拗步势，又分为拗步削势和拗步撩势。

而左独立势其实是朝天刀势的子势，低看势是左定膝势的子势，上弓势、外看刀势都是右定膝势的子势，按虎刀势、拗步单撩刀势是左撩刀势的子势，入洞势、单肩刀势、单提刀势，则是右撩刀势的子势。

这十八个刀势，练精练熟，即使不能真的吻合倭人的用法，但那些崇尚花俏刀法的中国武师都将退避三舍。

解析

手法含于身势之中。

按吴殳说法，长刀的实用技法，只有四个关键动作，即斫、削、鸡啄粟、海马奔潮。

原文

左定膝势 （如图53）

枪来，将身坐后成低看势，用寒鸡点头手法；

又深来，退前足成上弓势；

手臂录·无隐录释义——明代枪法短兵解密

图53 左定膝势

图53注：盔甲参考《武备志》绘，适用于骑兵，长刀据现存实物绘。

极深来，然后削之。

凡削后，进步，用海马奔潮。

释义

我以左定膝刀势作为对敌之势，露出右半部身体，引诱敌枪向我右半身即我之圈里扎入，我即将身体后仰，前脚即左脚呈虚步，重心移至后腿即右腿下坐，变成低看刀势，用寒鸡点头的手法砍敌枪杆。寒鸡点头，顾名思义，就是速度很快的点劈，即枪法的鸡啄粟。

不管我有没有劈上，敌会掉转枪头再扎，而且我刚用过寒鸡点头，此时我的左边空虚，敌会扎我左边，如果用得像螣蛇般的串枪，我来不及挥刀格挡，所以就退左脚呈上弓刀势，此时我是右腿在前，左腿在后。

敌再串枪扎入，由于我现在立的是上弓刀势，两腿成马步，此时我的刀尖微朝左前，而身体的右前方显得空虚，敌枪正是朝我右侧即圈外身体扎来，我则挥刀向我的圈外即右前侧斜削敌杆。

一旦将刀刃削进敌杆，敌杆即被黏住，此时敌之枪杆、枪尖斜而向下，我则收刃翻转刀身，上左脚进步，使刀身紧贴敌杆向上划割敌持枪之手，迫其弃枪，此即海马奔潮的用法。

解析

这里的枪法，敌人一共用了三枪，不是一捅一抽的三枪，而是《手臂录》中的"昂头枪"，即"螣蛇枪"，或可称为峨嵋派的串枪，这三枪前手阴持枪杆，主要靠后手的灵活之劲使出，又被程真如称作"绦环之扎"。

长刀手要对付这三枪，就得先改变势子，不改不行，就是为了引敌枪扎来，为的是后续的寒鸡点头，如果一点即黏住敌杆，那么就可以使用鸡啄粟，直接用刀进扎。但敌人发的第一枪是个虚枪，没等长刀进扎，枪尖就跑长刀手左边来了。

于是就退一步,不退不行,这枪尖摆动幅度小,速度快,来不及格挡。这就要求退的步法必须迅速,要超过枪尖摆动的速度。

敌枪第二次没扎着,枪尖又由左侧变作扎右侧,为何此时能够削黏敌枪了?因为这种串枪一般都是一气呵成,就似曹刿讲的"一鼓作气,再而衰,三而竭",吴殳在《手臂录》中也强调螣蛇枪用时"勿多游以衰我气",所以长刀手会有隙可乘。

左定膝势,刀势之基础,类似枪法之中平。

此势所以绘成左手前握、右手后握,是要提醒后学者长刀是可以换把的,怎么方便怎么使用,尤其在使用单刺刀时,如同枪之单杀手,右手在后很易快速发力。

原文

右定膝势(如图54)

上势进后左成此势,用法与左定膝同。

释义

由左定膝势撤左脚后进,即成右定膝势,用法类似左定膝势。

解析

擅长左手握刀根的,当用右定膝势;擅长右手握刀根的,当用左定膝势。

因为左、右定膝势虽然样子类于枪法的推山塞海势,但实际应用,相当于枪法的中平,甚至可用现代名词"警戒势"称之。一切动作都可从这两势而来,对敌时有很大的灵活性。

不管是用左手还是右手握持刀根,务必晓得,用刀时后手才是真正发力的枢纽,前手只是辅助。即便是倭寇用刀,虽为拧毛巾的动作,但主要力的掌控

图54 右定膝势

图54注：盔甲参考《武备志》绘，适用于步兵、骑兵、铳、弹、锡鳖参考《练兵实纪》绘，长刀据《纪效新书》绘。

下篇 器王正眼无隐录

在后手。因此这两个势子是很易发出如枪法单杀手的动作来，而出其不易，使敌毙命。

为此，现代打造的刀，就不能太弯，直而微弯最好，以便轻松地用出枪的扎刺动作。

【原文】

拗步削势（如图55倭寇动作）

【解析】

如图55，刀如削至彼处，则枪手败矣。

【原文】

拗步撩势（如图56）

【解析】

拗步削和拗步撩，都是闪身攻击的刀法，关键在步法，即枪法的骑龙步。又可分作拗左削、拗右削、拗左撩、拗右撩，只能临时随心而用。

【原文】

斜提势（如图57）

先立上弓势，枪扎脚，刀提开，列身诱之。成此势，枪必深入，刀移前足于左，进右足从上斫之。

图55 拗步削刀螣蛇枪

图55注：枪手盔甲参考《武备志》绘，适用于步兵、骑兵，弓箭参考《四镇三关志》绘，长枪参考《长枪法选》绘，枪手动作为螣蛇枪。倭寇盔甲装备参考加藤清正什物绘。

下篇 器王正眼无隐录

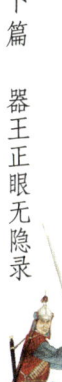

271

手臂录·无隐录释义——明代枪法短兵解密

图56 拗步撩刀势

图56注：盔甲参考《喻子十三种秘书兵衡》绘，适用于步兵、骑兵。

图57　斜提势

图57注：藤盔、纸甲参考《武备要略》绘，此为步兵。

手臂录·无隐录释义——明代枪法短兵解密

释义

先立上弓势，敌枪扎我脚，用刀将敌枪向右向外拨开。拨完则露出上半躯体，正好诱敌扎入。摆出这个势子，敌枪必然向身前扎进，此时我一摆腕，即将刀移至右腿的左侧，并进右脚将刀举起从上向左砍下。

解析

斜提势属于斫法，即从上从右，向左向下砍，为上部刀法。

但流传至今的斜提图势，非但画法拙劣，或许是后人手抄，甚至令人觉得图像与文字表述的相互矛盾。

右图即清代手抄本斜提势。

原文写道："先立上弓势，枪扎脚，刀提开。列身诱之，成此势枪必深入，刀移前足于左，进右足从上斫之。"如何理解？

1. 摆出上弓势，即右腿在前，蹲扎成马步。

2. 由于是侧向对敌，敌枪若扎我脚，只能是先扎前脚，而我用长刀将敌枪向右"提开"。

问题就出在这个"提开"二字上，这个提开二字很容易让人理解成"斜提"的意思。提字，出自枪法的称呼，而枪法的提是要求将敌杆拨至我之圈里，即非左撇之人持枪，是将敌枪拨至我之右侧，见滴水势。

对于刀法而言，非左撇之人摆出上弓势，如果用提拨敌杆，是将敌械拨至左边，但按照吴殳仅以刀刃格敌杆的理论，该图画的明显是"向右提开"，因此这个"提开"不是枪法中提的意思，而是上弓势用法的第一个动作，即先向圈外用刀刃格开敌杆。

3. 刀向右格开敌枪后，故意露出身体引诱敌枪再扎，此时，我一摆腕，即将刀移至右腿的左侧，右腿仍然在前，仍然是上弓势。这里"刀移前足于左"，也是难理解的问题之二，总让人觉得是个病句，而事实上真的不是病句！

4. 此时敌枪扎入，我则进右脚上步。原文"进右足"，有人认为是版印出错了，改成了"进后足"，要知道"后"的繁体字是"後"，"后"与"後"在帝制时代可不是通用的！进右足上步，其实不是直前上步，而是稍向外斜上步，这正是"斜提"之"斜"的体现！

5. 敌枪扎近我身，此时我则将在我左前下的刀尖，从敌枪杆下摆至右上前，用枪的提法向敌杆或持杆附近的前手位置砍下，此即"斜提"之"提"的体现。这一提技让人联想到长枪的反闭，异曲同工之妙。

综上，手抄图所画的图示仍然是上弓势里向外格挡的动作，而不是高提的动作。

原文

朝天势（如图58）

枪右来，前足开左，进右足拗斫之，名左八字枪。左来，前足开右，进后足顺斫之，名右八字枪。独立势用法不出于此。移前足进后足，刀从上而下，可变右撩刀势。

释义

枪向我右边扎来，我前脚向左移步（前脚为左脚或右脚），上右脚拗步砍下，名为左八字枪。枪向我左侧扎来，我前脚向右移步（前脚亦可为左脚或右脚），顺便随机跟上后脚砍下，名为右八字枪。独立势的用法跟此不一样。移步前脚上后脚，刀从上向下砍后，还能变作右撩刀势。

手臂录·无隐录释义——明代枪法短兵解密

图58 朝天刀势

图58注：头盔、鱼鳞铁甲参考《王琼事迹图》绘，盔甲适用于骑兵。

解析

不管左腿在前还是右腿在前，朝天刀势都是从左向右砍下。

原文

左撩刀势（如图59）

开右门，枪来，前足开左，进后足，刀自下而上。

释义

露出右边门户，敌枪扎来，我前脚向左移动，上后脚，刀从下向上撩。

原文

右撩刀势（如图60）

大意同上，此二势倭之绝技也。

释义

大抵于上势相仿，这两个势子是倭寇的绝技。

原文

独立势（如图61）

解析

独立势有左独立和右独立，套路用法是用刀背挂，而吴殳推崇的实战用法是撩。

手臂录·无隐录释义
——明代枪法短兵解密

图59 左撩刀势

图59注：盔甲参考《武备志》绘，适用于骑兵。

图60　右撩刀势

图60注：盔甲参考《王琼事迹图》绘，适用于骑兵。

手臂录·无隐录释义——明代枪法短兵解密

图61 独立刀势

图61注：盔甲装备参考《纪效新书》绘，适用于步兵。

下篇 器王正眼无隐录

原文

低看势（如图52翊）

解析

低看势类似左定膝势，只是桩架稍高，前脚虚提，常与上弓势互用，亦可跳跃出刀。

原文

上弓势（如图62）

原文

外看势（如图63持刀者）

此势直立，诱枪戳来，然后蹲坐，成上弓势以削之。盖枪高身低，乃便于削。

释义

这个势子以直立身体诱敌枪扎近上身，然后蹲坐躲过，变作上弓势向外削敌枪杆。这是因为敌枪扎得高，而我蹲得低，方便削杆。

解析

外看刀势，本是一个静态动作时的称呼，即右腿右臂在前握刀，前脚虚提，重心移在后脚，看的是身体的右前侧，即圈外，所以才称外看刀势。而此

手臂录·无隐录释义
——明代枪法短兵解密

图62 上弓刀势

图62注：盔甲参考《武备要略》绘，适用于步兵。

图63 外看刀削大棒

图63注：长刀手铠参考勇字铁盔实物绘，《武备志》绘，适用于步兵、骑兵。牛皮鱼鳞甲参考《武备要略》绘，适用于步兵。大棒手盔甲参考《武备要略》绘，适用于步兵。

下篇　器正王正眼无隐录

势实际用时,不仅仅是刀向右削的手法,更重要的是步法,按照程冲斗《单刀法选》,则是个疾速转身的步法,有点类似现代的转身鞭拳。

当敌从我圈外击刺而来,由于敌枪长,而我由于格挡需要,故而第一刀向外削敌杆,如能断敌杆最好(实际很难做到),跟着进左脚,向右向敌转身,再削第二刀,第二刀一般都是奔敌颈而去。

程氏的转身刀法实际上是个花法,对于圈外来的枪棒,吴殳的蹲躲削杆更实际一些,而使用程氏转身偷步法,必须在合适的角度,有十足的把握,否则很易被反击。

【原文】

按虎势(如图64)

开前足,即单撩刀势。开前足,进后足,即拗单撩势。

【释义】

直接进前脚,即成作单撩刀势。前脚移步,后脚上步,即可变作单撩刀势。

【原文】

单撩刀势(如图65)

【原文】

入洞刀势(如图66)

入洞、担肩、单提,皆变单撩刀势,只进一足即拗撩刀势。

图64　按虎刀势

图64注：盔甲参考《兵录》南粤兵甲胄绘，适用于步兵、骑兵。

手臂录·无隐录释义——明代枪法短兵解密

图65 单撩刀势

图65注：盔甲参考《四镇三关志》绘，适用于骑兵，长刀装备据《纪效新书》绘。

图66 入洞刀势

图66注：铁盔、棉甲、兵器参考《武备志》绘，适用于步兵、骑兵。

释义

入洞刀、担肩刀、单提刀,都能变作单撩刀势,只上一后脚即可变作拗步撩刀势。

解析

《无隐录》中是将埋头刀势与入洞势合而为一类动作,而程冲斗《单刀法选》的入洞势与吴殳及辛酉刀法的都不同,程氏入洞势是从左向右向上绷枪,似为花法,不推荐用此招势,以吴殳的入洞势最实用,就是个格挡上斫的动作。入洞字面意思为进扎敌喉。

原文

担肩势(如图67)

解析

此势类似枪法之仙人坐洞势,用作枪势,由于右手握的是枪根,须左右手调换位置。

坐洞势实为舞法,一般用于枪法单杀手出右脚在前,用于刀法单刺刀亦是右脚在前,来不及回收枪或刀,而敌械已至,吾不得以将右手向后回拉枪或刀,同时收右足,且必须下蹲,才不至于暴露太多空当。回拉时,要将枪或刀拉出横力,连身带势一致协调。现代称此势为歇步,但很少有人知道它最初的用法。

此势如向前,即可用单刺刀或单撩刀甚便。此势如扭头向后,即将刀扛于肩上,成真正的担肩动作,随意砍斫。

对于枪法,此势无大用。对于刀、剑,此势用处颇大,但如没达到随心境

图67 担肩刀势

图67注：钢丝连环甲参考《武备志》绘，网巾参考明代实物绘，适用于步兵。

界，仍为花法。

> **【原文】**

单提刀势（如图52甲）

> **【解析】**

单提刀的用法主要如图52甲所示，即上骑龙步移身避开敌枪并以手抓住，然后用刀滑割敌手。

> **【原文】**

拗步单撩刀势（如图68）

> **【原文】**

后序

枪若单杀手直进，刀之勾、革，足以制之；枪若闪赚、颠提虚进，刀之斫、削，足以制之。而更有可畏者，则在枪之大封大劈，盖去身既近，而上下左右，处处拦截，不可得进步，又处处可以发戳，不知倭人有何良计？

若惟余所遇之刀师，言此未有不嘿然者，余故曰："刀无破枪之理，枪拙而被破，非刀之能也、必也。硾斗壅塞，至枪不能出后手，乃为刀之胜场。而劫营巷战，亦其类矣！"此非空言，盖以余之枪破余之刀，而深见其甘苦也，敢不详说之！

图68　拗步单撩刀

图68注：盔甲参考《武备志》绘，适用于步兵、骑兵。

下篇　器王正眼无隐录

291

手臂录·无隐录释义——明代枪法短兵解密

释义

敌枪若用单杀手戳进我身，我凭长刀的勾法（对付圈外来枪）、革法（用刀背拦、拿）足能制住敌枪；敌枪若用闪赚、颠提等虚法攻我，我用长刀的斫法、削法，足能控制住敌枪。但最令长刀手害怕的是，敌枪如果大封大劈的话，枪尖离我身很近，而且敌枪可以上下左右地拦截我的长刀，我没有进步的机会，还可从各方向用枪扎我。不知道这种情形下，擅用倭刀的日本人有什么好办法可以应对呢？

仅从我所遇到的长刀师傅而言，问至此处，他们无不嘿嘿一笑，不作回答，我故意对他们讲道："长刀，就不存在可以破枪的理由。使枪的太笨，才会被长刀手破解，并非长刀威力强，不具备必然性。只有作坊里场地拥挤，导致持枪者无法出后手使用长枪的虚招，才会为长刀手提供可胜的条件。而用长刀劫掠营寨、在巷子里战斗，长枪无法发挥出作用，也属于这种场地限制的情况。"这绝不是我凭空乱讲，曾在拥挤的场地内让人用我的枪法来破解我的长刀，深深地感触到用枪者的劳苦。所以，我怎敢不详细讲清楚！

解析

程真如曾说："双刀虽利，带打必落。"枪棒对付刀，用打比用扎好使，这就是长刀手怕大封大劈的原因。而刀对付枪，就要迎着枪尖而上，用刀刃斫削枪杆，使刀刃嵌入枪杆，让枪无法使用封闭，从而无法变化虚招，刀就可以一革即入，或扎，或用海马奔潮。

第二十一章 渔阳剑诀

> 原文

剑　诀

渔阳老人教余剑术，且曰："此技世已久绝，君得之慎勿轻传于人！"余恐此技终致不传，又顾念老人之语，故不著说，而作诀焉：

长兵柄以木，短兵柄以臂。

长兵进退手已神，短兵进退须足利。

足如毚（音chán，狡猾）兔身如风，三尺坐使丈八废。

余擅梨花三十年，五十衰迟遇剑仙。

剑术三门左中右，右虎中蛇左曰龙。

手前身后现刀势，侧身左进龙门亟（音jí，急切）。

身前手后隐刀势，侧身右进虎门易。

二势用手身诱之，彼取我身手出奇。

黠（音xiá，聪明）者奇正亦能识，舍身取手主击客。

我退我手进我身，左翻右跃如狮掷。

虎跃不入龙，龙翻不入虎。

龙翻虎跃皆蛇行，直进当胸不可阻。

左右进退有虚实，六法相生百奇出。

彼退我乃进，彼退有奇伏。

彼进我亦进，彼进乃穷蹙。

扑身枪尖迫使发,死里得生坐铁屋。
尝以我矛陷我剑,矛多虚奇剑实战。
当其决命争首时,剑短矛长皆不见。
自笑学兵已白头,初识囊中三尺练。

后剑诀

剑器轻清,其用大与刀异。剑诀实有所隐,恐古人之心,终致淹没,故又作《后剑诀》一绝,微露之:

剑术真传不易传,直行直用是幽元。若唯砍斫如刀法,笑杀渔阳老剑仙。

释义

剑 诀

渔阳老人曾传授给我(吴殳)剑术,他说:"我这种剑法已经绝世很久了,你学会之后一定要慎重考虑,不要轻易传授给别人!"我生怕老人这种剑法最终没有传承下去,又顾虑老人的话,故而不专门编撰剑术学说,仅作《剑诀》如下:

长兵如枪等兵器是以木制枪杆作为两手持握的柄,而枪的根在后手的掌心内,靠手腕阴阳互转。短兵如单手剑等兵器是以整条胳膊作为剑柄,而与大臂相连的肩是剑柄的根,靠肩的灵活性带动胳膊运剑,不是单靠腕子。

长枪的进扎、退防,依赖于神妙的手法,而剑的进扎和退守,必须靠灵活迅捷的步法。

用剑时,步法有如狡兔,身法似疾风,蹲身用剑,才能让敌方的丈八长枪扎不到自己。

我擅长枪法,练了三十来年,直到五十岁时才遇到真正会使剑的人。

剑术包括三个门,即从左进为龙门,从中进为蛇门,从右进为虎门。从虎门进剑，右手臂伸直，如虎从平地上跃起前扑，即向上撩，由低到高，剑尖在空气中划了道由低到高的斜线，撩后即刺向蛇门；从蛇门进剑，右手臂如蛇头迅疾地攻击人一般，即直接扎刺，平行于地；从龙门进剑，右手臂要像龙一样旋转，先向内收回再向外劈，剑尖在空中划了多半个圈，劈后即刺向蛇门。

持剑之手在前探出，身体在后，即右手右腿在前，引诱敌人击刺我右手臂腕，称作"现刀势"。用时斜着向左前迈步进入龙门，先迈左腿，再迈右腿，侧向对敌，速度必须快。

身体在前，持剑之手在后，即左手左腿在前，引诱敌人击刺我左半身躯，称作"隐刀势"。用时斜着向右前迈步进入虎门，先迈右腿，左腿跟进，侧向对敌。进入虎门相较进入龙门，步法更加顺畅，所以相对容易。

现刀势、隐刀势，或靠露出持剑右手，或靠左半身躯引诱敌人击刺，敌如果击刺我故露的身体或持剑右手，我则突然斜上步入龙门或虎门劈撩进刺。

对剑有崇高悟性的人，能分辨出长枪的虚实，故而会主动扑身敌人的枪尖，由蛇门而入，以剑划刺敌持枪之手，使枪手被动受伤。

现刀势中我抽回我持剑的右手，隐刀势中我要斜步进身。斜身向龙门进步，右手臂像龙般翻转，斜身向虎门进步，右手臂像虎般由低向高跳跃。胳膊的迅疾甩出，靠肩关节的灵活性，就像狮子甩头抛东西。

进入虎门，就要用撩的技法，不能用劈的技法。而进入龙门，就要用劈的技法，不能用撩的技法。

龙门劈、虎门撩的目的，都是为了从蛇门刺扎，即径直刺扎敌之胸口。

左斜进步、右斜进步、虎门进身、龙门退手，要虚实配合。左斜进步、右斜进步、虎门进身、龙门退手、劈撩是虚、刺扎是实，这六种用法，要相互配合，掌握好则剑的百般变化都能使用出来。

敌人抽枪，我则同时进剑，以防止敌人抽枪后早已预备好的后续奇招。

敌人进枪，我也同时进剑，敌人进枪后才会被我剑困住。

我以身体主动往敌人的枪尖上靠，逼迫敌人发单杀手实扎，这可谓死里得生的技法，敌枪实扎过来，我则蹲身，以剑劈、撩敌杆将其黏住而扎敌持枪之手，所以要有胆气。

曾经用我的枪困住我的剑，这是因为枪在应用上要多用虚招，即闪赚、颠提，而剑在应用上的实招主要靠一刺，所以枪才会取胜。所以要避枪之虚，而击枪之实，即劈、撩枪杆。

当剑手与枪手拼命一搏都想胜出时，剑的短小，枪的长大，对两个人来讲都不存在，即拼命得活。

我自嘲学练各种兵器的用法已到白发苍苍的年纪，才刚刚懂得鞘中三尺剑的用法，所以要想把剑术练精，就要肯花一辈子的时光。

后剑诀

剑比较轻便，却技法单一，所以它的用法跟刀是大不相同的。上述《剑诀》中还有很多隐含的东西，怕渔阳老人对剑的精心研究最终失传，故而再写了篇《后剑诀》，渔阳剑法即到此为止。仅稍稍透露一点：

剑术的实战真技不易流传，剑法在实战中，直接扎敌胸口是关键。如果像用刀一样只顾砍砑，会笑死渔阳老剑仙。

解析

《后剑诀》只为了说明"直行直用是幽元"，作为《剑诀》龙门劈、虎门撩的补充，意思是劈、撩之后就是向蛇门的刺扎，或者劈、撩可作为虚招使用，不能把剑当作刀使，光靠劈、撩就完事了，而后续的刺扎才是真正的实招。

这两篇剑诀归纳一下，用剑就三种方法，即左、中、右，左右可谓用现代一句话"剑走偏锋"来解释，劈、撩的目的都是先击敌持械之手臂或手腕，当然也可都先用作虚招，既而往胸口一刺（如图52丙）。关键是步法要迅疾、灵活！这是对于除枪以外的短兵而言的，包括棍、棒、刀、剑，即不触敌械而杀。而对于长枪，想要以短降长，就要拿出敢死的勇气扑身枪尖，劈、撩枪杆黏住敌枪，划刺敌手，迫其弃械再杀之。

第二十二章 双刀歌

原文

岛夷缘海作三窟，十万官军皆暴骨。
石砫瓦氏女将军，数千战士援吴越。
纪律可比戚重熙，勇气虚江同奋发。
女将亲战挥双刀，成团雪片初圆月。
麾下健儿二十四，雁翎五十齐翕忽。
岛夷杀尽江海清，南纪至今推战伐。
天都侠少项元池，刀法女将手授之。
乙亥春杪遇湖上，霜髯伟干殊恢奇。
谓余长矛疏远利，彼已填密须短器。
绕翠堂中说秘传，朔风六月生双臂。
侠士不久归天都，余手精熟如鼓枹。
犹意左右用如一，每当硙斗多龃龉。
眼前两臂相缭绕，殊觉神思非清虚。
后于渔阳得孤剑，只手独运捷于电。
唯过拍位已入门，颇恨不如双器便。
乃知昔刀未全可，左右并用故琐琐。
今以剑法用右刀，得过拍位乃用左。
手眼清快身脚轻，出峡流泉风撼火。
始恨我不见古人，亦恨古人不见我。

下篇　器王正眼无隐录

> 释义、解析

倭寇侵据东南沿海，民众居无定所，朝廷曾先后派遣十万官军出剿，结果都被倭寇赚杀。

石砫宣抚司女将军瓦氏夫人（1496—1555），训练数千战士支援吴越抗倭。

部队的纪律堪比后来的戚家军那般奖惩分明，其勇敢的斗志感动了当地军民（虚江：虚同墟，城也；江，水也），共同发奋御敌。

女将军亲临战场挥舞双刀，那成团雪片般的影迹，恍若初升的圆月（指刀圈圆而密）。

她带领着二十四名健壮军卒，五十把雁翎刀迅捷地齐入敌阵斩杀倭寇（翕，音xī，翕忽，迅速）。

倭寇被剿灭后，江海恢复了平静，而南人的笔记中至今还大书瓦氏夫人的抗倭故事。

人称"天都侠少"的项元池擅长双刀，其刀法得自瓦氏夫人的亲手传教。

乙亥年春末（杪，音miǎo，末尾），我在湖州遇到项元池，见他胡须斑白，身材魁梧高大，相貌很是奇特。

他说我的长枪能在长远距离发挥作用，而他可用双刀在近距离阻截住我的枪（填密：填，阻塞；密，接近）。

于是就在绕翠堂内项元池教授给我刀法，不论冬夏（朔风，喻指冬天；六月，喻指夏天），我都勤奋习练刀法。

后来项侠士回到天都，而彼时我的一双手运刀如同挥舞鼓槌般精熟（枹，同桴，音fú，鼓槌）。

总想把左右手的刀运用到一样效果，但每逢在狭小的空间与陪练对战（碓，音duì，作坊），两手总是不协调一致。

练习时，但见两条臂膀在眼前绞动飞旋，却总觉得心智不专，存有杂念。

后来从渔阳老人那里学到单剑，一只手运用地如闪电般迅捷。

但就是陪练扎来时，刚过拍位，我即斫削格挡，可敌枪还是能进扎我身，这时特别感慨不如双刀在近距离的使用效果（意指剑虽能凭斫削来格挡敌枪，即刃口吃进枪杆，但仍然阻拦不住枪的惯性刺戳力，此时如果能二次格挡就可以阻截住枪了，而能二次阻格的必然是双刀）。

此时方知道过去学练的刀法并不完整，左右手一起使用同等的招数，必然发挥不出各自的作用。

现在是右手刀按剑法习练，敌枪一过拍位（右手刀斫削格挡没有截住敌枪），即用左手刀二次格挡。

手法要明确，眼光要准，身法、步法要轻捷，好似从峡谷中流淌的飞瀑，如疾风般将火势浇灭。

明白掌握刀法之后，才感叹这辈子我再也无法见到瓦氏夫人（彼时瓦氏已逝，而刀法心得无法与她交流），也感叹瓦氏夫人生前没有见过我（像吴殳这样一个武痴，如果能在瓦氏生前，亲自学刀法于她，则瓦氏想必为有如此爱徒而狂喜之）。

附双刀图，见图69。

手臂录·无隐录释义
——明代枪法短兵解密

图69 双刀

图69注：以长枪戳上，以藤牌腰刀攻下，为戚继光《练兵实纪》所述战法。双刀者动作参考《武艺图谱志》飞电绕斗势绘。竹枪、藤牌、腰刀据《练兵实纪》绘，双刀参考现存实物绘。枪手、牌手藤盔、绵甲参考《纪效新书》绘，双刀者盔甲、马具参考《平番得胜图》绘。

300

第二十三章 诸器编说

> 原文

诸器编说

枪以一直条,故难用而多奇。又有旁枝,故易用而少变。少变故艺家不贵,易用故兵卒之庸下者宜之。而凡为铲、为镰、为筅、为钂,皆不出此。布帛肉粟,固不能比于锦绣珍错(错银),而林林穰穰(音rǎng rǎng)之民,若必恃锦绣以为暖,珍错以为饱,饥寒者宁有继乎?

虽谓叉、铲之伦,贵于枪马可也。今世峨嵋之枪、少林之棍、日本之刀,专门名家,多为世所称,而杂器鲜有闻者,亦以不甚贵重之故。余广求师说,亦无大奇奥者,枪之绪余而已,何可深论?以其为行阵所不可少,故作此以附于枪法之末焉。

> 释义、解析

枪仅凭一条长直的木杆进行攻防,所以难以使用,而奇招变化也多。还有由枪衍生出的另类器械,容易使用,但变化少。正因为变化少,故而武术家看不上此类兵器,由于容易使用,故而适合资质庸钝的兵卒。但凡用铲、用镰、用筅、用钂的人,都脱不开上述的道理。

麻布、粗丝、猪肉、糙米,当然比不得彩锦、文缎、珍宝、银器,然而众多丰收后富裕的农民,如果都弃田不耕,靠彩锦文缎来保暖,用珍宝银器购买

上等食品填饱肚子，那么吃不饱、穿不暖的人还会再有东西吃吗？

虽说叉、铲之类在军中的地位远高于长枪、骑马等武艺（戚继光称叉为军中最利者，其原因之一为叉便于立地施放火箭），今世峨嵋枪、少林棍、日本刀各派的武术名家，多被世人所称道，但旁杂类器械很少有著名的武师，也是因为这类兵器不被武术家重视的缘故。

我广泛寻找习练此类兵器的师傅及其著作，也没什么大的奇特奥妙之处，不过是借用枪法的皮毛而已，怎能往深处论述？只因为此类兵器在行军打仗时不能缺少，故而写作此文附于本书的最后。

〈原文〉

叉说

叉之制，铁头勿重，重则压手。木杆勿短，短则不能伤人。故头止一斤，中锋挺出三四寸，柄长八尺（营造尺也），根有瓜锤，重倍于头。左手在前，如枪之法，则适用矣！

《纪效新书》所言，皆叉之实用，可遵可信，而余则于其中又举要焉，何也？

枪本一直条，而善用枪者，能有横力，于彼掌中揠（音yà，拔）去其枪。叉有横枝，岂可舍此意而别求他法？故《纪效》七势，如朝天、进步、伏虎、拿枪、骑龙、架枪，余皆不取，唯取中平一势，而专意制枪之左手前二三尺。枪于上下左右戳来，叉即随法而行，得一着杆，转腕进足，直伤其手，无不胜者。然须全用枪法，左手在前，乃得变化如意。考叉之名家有五，曰雄牛出阵，曰开山七埋伏，曰藩王倒刀，曰直行虎，曰梢拦跟进，梢拦跟进即民间所用，重头短柄，《纪效》所斥者也。余三法皆不如直行虎之捷，直行虎比之余说，稍为近之。

释义、解析

叉（如图70左）的形制，铁头不要重，重会压手。木杆不能短，短就不能伤敌。因此叉头最多重一斤，中锋要超出横股三四寸长，木柄按营造尺算长八尺，根部有瓜锤，比叉头重一倍。左手握柄在前，按照枪的用法，来适用于叉。

《纪效新书》所说的，都是叉的实用技法，可以遵从、可以相信这些技法。但我还要在其中列举出最关键的用法，为何这样讲？

枪本身就是一条直长的木杆，而善于使枪的人，直力中有横力体现，可从敌掌中拔去其枪。叉有横股，怎能舍却横股的横劲功能而去寻求其他用法？所以《纪效新书》七势，像朝天势、进步势、伏虎势、拿枪势、骑龙势、架枪势，我都不用这些，只用中平一个势子，而专门着意于降制敌枪左手前二三尺的位置。敌枪向我上、下、左、右戳来，我叉随敌进刺而对应防守，只要一触上敌杆，我立即转腕进步（使横股钳别住敌杆，敌杆在我横股内可钳，敌杆贴我横股外可别），径直滑扎敌之前手，没有不胜的。但必须全用枪法（两手阴阳互转），左手在前持握，才能随心变化。

咨询当世用叉的名家，有五种知名技法，分别称作雄牛出阵、开山七埋伏、藩王倒刀、直行虎、梢拦跟进，梢拦跟进即是民间常用的技法，头重柄短（柄短是说前手握在近叉头处，缩短了柄长和攻击距离），正是《纪效新书》所批评的技法。剩下的三种技法都不如直行虎攻击速度快，直行虎（类枪法双杀手）与我所说的相比（即中平势），稍稍接近。

附：《纪效新书》叉制

长七尺六寸，重五斤，柄杪合钯口，根粗一寸，至杪渐渐细，太细则不坚，用力击时铁头可坠地也。

上用利刃，横以弯股，刃用两锋，中有一脊。造法：须分脊平磨，如磨刀法，两刃自脊平减至锋，其锋乃利，日久不秃。弯股四棱，以棱为利，须将棱四面直削，亦日久而不秃。中锋头下之库，可容核桃，则安于木杪，乃不损折，仍用一钉关之，但横股壮矣。正锋头冠于木杪，细而浅，每击多坠，临时

手臂录·无隐录释义——明代枪法短兵解密

锋坠，是失一兵矣。新造，用正锋与横股合为一柄，杪入铁库既深，横股库又粗，任击不落。

此器自有倭时始用，在闽、粤、川、贵、云、湖皆旧有之，而制不同，乃军中最利者。兵法"五兵五当，长以救短，短以救长"，短兵种类甚多，而唯此一品，可击可御，兼矛、盾两用。若中锋太长，两横太短，则不能架拿贼器。若中锋与横股齐，则不能深刺。故中锋必高二寸，且两股平平可以架火箭，不用另执箭架。故每执此器之兵二名，共给火箭三十枝，贼远则架箭燃而发之，近则弃箭而用本器，万全万胜之计也。

原文

筅说

筅，《纪效》所言甚善。锋重半斤，旁枝十三层，不足者缚而足之。檀木续根使重，则其身虚矣。此器《纪效》有六势，而余以闸下、架上、钩开三势为主，架上即枪之剔，闸下即枪之提，钩开即枪之抱琵琶势。言乎手法，则《纪效》所言"前弓后箭，阴阳要转，两手贵直，推步如风"十六字尽之矣。

余见一筅师，以布缚筅挂于项而用之，极为省力。夫筅无戳手，如此甚善。而倪觐楼用筅，则左手在前，全同枪法。倪精于竿子，故自出新意。如此，人苟得沙家法三四分，即第一筅手也。

释义、解析

筅（如图70右），《纪效新书》所说的用法特别好。前锋重半斤，旁枝十三层，如果不够层数，就绑缚凑足。用檀木接上竹制柄根增加根部重量（调整重心），使枪身轻捷。这种兵器《纪效新书》有六势，但我以闸下势、架上势、钩开势为主要用法。架上势好比枪的剔，闸下势即枪的提，钩开势是枪的抱琵琶势。说到手法，即《纪效新书》所说"前弓后箭（桩架），阴阳要转（手法），两手贵直（双杀手攻击），推步如风（后脚推动前脚进步）"十六个字

图70 直行虎叉钩开势

图70注：叉手为中平直行虎势，笔手为钩开势，即枪法抱琵琶式用法。叉手盔甲参考《武备志》绘，叉参考《练兵实纪》绘。笔手盔甲参考明季觉华岛士兵画稿绘，笔参考《练兵实纪》绘。

下篇　器王正眼无隐录

足够使用。

我见到一位使筤筅的师傅,用布条做带子系在筅柄上挂在脖子下使用,特别省力气。实际上筤筅没有戳刺敌前手的技法(旁枝宽大肥硕,中锋无法贴杆滑刺,为防守型器械),而挂在脖子下正好使用。但倪觐楼使用筤筅,则是左手在前持握(与《纪效新书》六势不同),技法全等同于枪法(沙家竿子是竹枪)。倪觐楼擅长沙家竿子,故而自出新意。这样使用,如果他人能学到沙家竿子精华的三四成,就能成作天下第一筤筅手。

原文

藤牌腰刀(如图71)**说**

自戚公立法以来,江南刀牌手于兵居五之一,然能如《纪效》所言,可以入枪者,绝见。盖枪、叉长兵,虽失其精微,而渣滓犹有可用。刀牌器短,精微既失,即同赤手矣。琴瑟箜篌,若无妙指,不发妙音,用兵者勿以戚公之叹,美刀牌而轻用之也。《纪效》八势,唯低平势发标诱敌者难用,余皆兵卒之指南。但此器轻短,一遇大棒立困,不可不知。

释义、解析

自从戚少保严训军队以来,江南刀牌手开始在军中占有五分之一的比例。然而,果然像《纪效新书》所说,凭腰刀藤牌可以进枪取胜?事实上我还没见到过这样的人。像枪、叉等长兵器,虽然在兵卒手中没有两手精密微妙的技巧,但就算使得再差劲仍有可用之处。这是因为刀牌太短,没有精密微妙的技法(指腰刀短,无法像枪一样可以划圈缠杆),如同赤手一般。好比琴瑟箜篌,如果没有灵妙弹奏的手指,就弹不出妙音。练兵的将领不要凭戚少保推崇刀牌,就认为刀牌万能而轻易使用。《纪效新书》八个势子,只有低平势中发标枪引诱敌人最难使用,剩下的势子都是兵卒使用刀牌的指南。但刀牌轻而短,

图71 藤牌腰刀

图71注：此为藤牌腰刀法八势中的低平势，根据《纪效新书》绘。帽子、甲式、藤牌根据《纪效新书》绘，腰刀根据《练兵实纪》绘，绑腿参考《武备要略》绘，麻鞋参考明代实物绘。

一碰到大棒立马受困（大棒可提打，枪破刀牌也是用此法），不能不知道。

原文

大棒（如图63）**说**

《纪效》棍法胜于其枪十倍，可比程冲斗之《少林阐宗》，然过于高深，兵犹难悟，况甘为人下之火兵乎？余见少林有一家棍法，名曰五虎拦，唯一打一揭而已。打必至地，揭必过脑，平平无奇，殆如农夫之垦土者。而久久致工，打揭得势，则少林诸法亦甚畏之，不可以平平而轻视也。火兵教棒，五虎拦最为宜称。

释义、解析

《纪效新书》谈论棍法远胜于枪法十倍（戚继光推崇杨家枪，而此枪法由于分别出自沙家竿子和马家枪，作为士兵长途负载之用，故被吴殳评作骠枪。在吴殳看来，戚氏对枪的理解尚赶不上程冲斗），可与程冲斗《少林棍法阐宗》类比。但其棍法过于高深，兵卒难以领悟，何况甘屈他人之下的上阵火兵（鸳鸯队中配一火兵，使两头尖铁的扁担，技法同大棒技法）呢？我见到少林派有一家棍法，称作五虎拦，仅是一打一挑而已，打必须打在地上，挑必须超过头部高度。平淡无奇，很像农民开垦土地的动作。但功夫练久了，打挑协调得法，那么就算凭少林派其他技法，亦会特别畏惧此招，不能以平淡无奇而轻视。作为火兵，教授棒法，五虎拦技法最与他相称。

附一 渔阳剑诀与单刀图说的联系

吴殳在《器王正眼无隐录》中著有"渔阳剑诀"和"单刀图说",而渔阳剑诀中,只阐述了三个重要的动作,即左中右进攻的步法、手法、身法,总让人觉得实战剑术就真的只有这三下?事实上,这是根本不可能的!虽说剑法可以从这三下里变化,但最基本的身势要到哪里去寻?

其实,吴老在后剑诀中已给出了答案,不妨细读之,"剑器轻清,其用大与刀异。'剑诀'实有所隐,恐古人之心,终致淹没,故又作'后剑诀'一绝,微露之:剑术真传不易传,直行直用是幽元。若唯砍斫如刀法,笑杀渔阳老剑仙"。

一般看来,这段后剑诀的话相对于前剑诀简直就是废话,这一段竟说直行直用,而在前剑诀中直行直用是最关键的致命技法的道理早已说明白了,为什么还要重复提及呢?

这是给人的提示,这一段话中,是用剑和刀做的比较,剑重刺,刀重砍斫。剑不能像刀那样只顾砍斫,而是要刺。那么刀怎么样砍斫呢?

单刀图说中,名字虽叫单刀,但那是明代的叫法,意思是与双刀区分,实际上是双手握柄的刀,即长倭刀,跟现代单刀叫法不一样。但砍斫和削的技法,恰恰在这篇图说中完整地诠释出来,对双手刀法作了归纳总结,指出实际应用不过就八个势子,其他的十个势子都是变化出的子势,比程冲斗的《单刀法选》超出一个层次,只可惜当今世人仍执迷于效仿程冲斗的刀法或者由此演绎。而吴老的刀法身势就十八个,手法就两种,即斫和削,并且明确说明斫和削的手法取自剑术。

由此可见,渔阳剑诀的手法即斫和削,而身势则为刀法十八势。有人会

问，渔阳剑诀是单手用的剑法，怎么能跟双手刀法一样使？如果你真能问出这个问题，证明你很认真，其实对剑法领会不深。确实，这个问题现在很多武术大师都比较迷糊！

流传到今天的中国剑，为什么是一握半？就是兼顾了单手和双手握的功能。单手用剑灵活，双手劈刺力度大。单手劈刺距离远，步法快，双手劈刺距离短，步法慢，所以有的刀剑才会加长。因此将单手剑用作双手握时，柄首是否圆滑非常关键，因为改用双手时，是靠后手发力，一般都是左手在后。而柄首如果带尖带棱，甚至带螺丝帽，就严重影响握持。如果柄短或者就是带棱带尖两手无法握，那么非要用双手，就可以抚腕握持。切不可以两手抱着握，根本用不出劲力（如图72舞剑图，图左即为动作中的双手现刀势，图右则为隐刀势）。

上面所说的是剑法中的斫削和应用到的刀法身势，至于前剑诀中说的现刀势，即右定膝、低看势的转换，而隐刀势即右撩刀势化作上弓势。如果你细心的话，会发现单刀图说中居然没有刺法，虽然引入了枪棍的海马奔潮和鸡啄粟，但像程冲斗《单刀法选》中的迎推刺、单刺刀，都没有任何描述，为什么？

因为刺法写在渔阳剑诀中了！即中部的蛇行刺法。所以说，将单刀图说中的单刀换作单手剑，即为渔阳剑诀。而将渔阳剑诀中单手剑换作单刀或者双手剑，即为单刀图说。

总而言之，实战的武术并不神秘，毕竟人的躯体能完成的动作是有限的，手法也无非阴或者阳，只要钻研彻底，就会离那些所谓的门派庸师越来越远，越来越接近真相。

再猜想一下，明末军中剑术早已不再流传，甚至失传，渔阳这个地名至今犹存，属于蓟镇，那曾是戚继光管辖的地带，也是戚少保特别重视双手刀的时代，军中鸟铳手、弓箭手等等都配有上阵的双手刀，所以渔阳老人的剑法来源是否与此有关呢？

任鸿（翊将军）
撰于2015年9月5日

图72 舞剑图

图72注：左女右男，两者甲胄、剑器皆参考唐代壁画画绘。

下篇　器王正眼无隐录

311

附二 石敬岩传

蒙古分民为十户，所谓“丐户”者，吴人至今尤贱之，里巷伍陌，莫与之接席而坐。

石电者，乃以死义特闻，亦奇矣！

电，常熟人也，侨居长州之彩云里。

崇祯八年，流寇躏中都，围桐城，江南震动。电所与游壮士陈英从指挥包文达往援，要电与俱，电曰：“吾老矣，不食军门升斗粟，奚而往？”

英曰：“我辈平居以君为眉目，君不往，是无渠帅也！幸强为我一行。”

电曰：“诺！”幞被而出，终不反顾。

二月十二日，追贼于宿松，我师恃勇轻进，陷贼伏中，文达死之。电、英分左右翼搏战，自辰至晡，杀贼无算。英蹶被擒，电大呼往救，贼围之数重，电力尽舍枪，手弓射杀数人，贼群斫之。头既断，犹僵立为击刺状，良久乃仆。

皖人招其魂，祀之余忠宣庙下。吴人陆嘉颖赋诗哭之，买隙地具衣冠葬焉。

电身长赤髭，能挽强超距，尤精于枪法。有善枪者，典衣裹粮，不远数百里，尽其技而后已，遂以枪有名江南。性椎鲁，重然诺，所至尽结其豪杰。诸无赖恶子，具牛酒、持百金，愿交欢石君，掉头去之，惟恐不速也。

万历中，应都清道陈监军募，督兵攻同安诸寨，功多当得官，谢归。监军没，来依余，醉后辙鼓腹笑曰：“石电非轻为人醉饱者也！”

吴淞有孙生者，家于江干（地名），败屋破扉，妻子昼饿，傍近轻侠（为人轻生重义而勇于急人之难）少年，皆兄事之。

岁己巳，虏薄（迫近）都城，电偕孙生谒余。

明年，虏遁，孙生客长安，出蓟门，将尽历关塞，山水暴涨，冻饿中寒疾死。电哭之，恸久之，忽忽不乐，叹曰："孙兄死，电无可与共死者矣！"

后六年，电死。电之死，视孙生有闻焉。然捐躯报国，身膏草野，而不得与于死事之恤，则亦以其丐而微之。呜呼，斐豹隶也，请焚丹书（出自《春秋左传襄公二十三年》：初，斐豹隶也，著于丹书。栾氏之力臣曰督戎，国人惧之。斐豹谓宣子曰："苟焚丹书，我杀督戎。"宣子喜曰："而杀之，所不请于君焚丹书者，有如日！"乃出豹而闭之，督戎从之。逾隐而待之，督戎逾入，豹自后击而杀之）。汪锜，嬖（音bì，宠幸）童也，孔子曰"勿殇"，若电者，其亦可以免于丐矣乎？

丐名于朝，丐利于市，人尽丐也。彼丐电，电亦丐彼。丐之名未有适主也。余悲世人之群丐电也，而不察其实，取《春秋》之法大书之曰"义士"。虽然，世人不丐也，不足以为荣，则电之丐，其可以为辱乎？电而有知，知吾之以义士易丐名也，其不将听然而失笑乎？余于电之死，不忍其与孙生俱泯灭无传，故为《辞》以哀之。哀电而及孙，亦电之志也！

大辞曰：

"呜乎，丐也！生不丐半通之纶，死不丐七尺之躯。其葬也，邙北垣东，不得丐蓬颗之地，而丐一杯于离家之冢侧。"

其祭也，"马医（兽医）、夏畦（农夫）不得丐麦饭之奠，而丐一脔（小块肉）于唐兀之座隅。木落兮虞山，潦收兮尚湖。传哀歌兮会急鼓，祠国殇兮下神巫。托济阳兮后乘，骖李安兮先驱。从倡兵兮如云，归厉鬼兮载车。览庐冢兮向背，睇城社兮盘纡。天门开兮詄荡，故乡兮不可以久居。呜乎，殁为鬼雄兮生为人奴，臧甬侮获兮公卿大夫。激而诔之兮，附诸县贲父之徒。"

选自清　钱谦益《石义士哀辞并序》

石电，常熟丐户也。

崇祯八年，流寇蹯中都，围桐城，电有所厚陈英，从指挥包文达往援，要电与俱，电曰："吾老矣，不食军门升斗粟。"

下篇　器王正眼无隐录

英曰："吾辈平居以君为眉目，君不往，是无渠帅也！幸强为我一行。"

电曰："诺。"

二月十日，追贼于宿嵩，我师轻进，陷贼伏，文达死之。电、英分左右翼大呼往救，贼围之数重，电手弓射杀数人，贼群斫之，头断犹僵立为击刺状，良久乃仆。

《鹿樵纪闻》云：电单骑往救，手斩数十人，与文达俱死焉。

皖人招其魂祀之余忠宣祠。

选自清　屈大均《皇明四朝成仁录》卷十二"杂流死义传"

石电，常熟人，丐籍，居长州之彩云里。

崇祯八年，贼围桐城，电与同志陈英从指挥包文达往援。

二月，追贼宿松，轻贼陷伏，文达死之。电与英战不挫，英踬被执，死。电驰救，负重围，舍兵挽射，犹洞贼锋数，力竭，死。皖人招其魂，祀余忠宣庙下。

电，长身赤髭，能挽强超距，善技击，百里外来学之。性椎鲁，重然诺，所至尽结其豪。

选自清　查良佐《罪惟录》卷十二

（崇祯八年己丑）萧、砀贼攻永城，应天巡抚张国维、吴淞总兵许自强以舟师至安庆，贼已去。国维令守备朱士胤等以兵趋潜山，把总张其威、守备项鼎铺、指挥包文达等趋太湖追贼。

文达客石电、钱士选、于蛮等三十五人，皆东吴技勇知名士，欲立功自见。

壬辰，至宿江，入伏血战，石电等下马，奋槊步斗，骑贼堕地纷然。回马遥环之，令刀槊不得及，发矢如飞蝗。国维发兵不给甲，电等皆中箭死。

选自清　戴笠　吴殳《怀陵流寇始终录》

石电，常熟人，世为丐，侨居长洲之彩云里。

崇祯八年，流寇蹂中都，围桐城，江南震动。

电所与游同志陈英从指挥包文达往援，要电与俱，电曰："吾老矣，不食军门升斗粟，奚而往？"

英曰："我辈平居以汝为眉目，汝不往，是无渠帅也！幸强为一行。"

电曰："诺。"蹼被而出，终不反顾。

二月十二日，追贼于宿松，我师恃勇轻进，陷贼伏中，文达死之。

电与英分左右翼搏贼，自辰至晡，杀贼无算。英蹶被擒，电大呼往救，贼围之数重，电力尽舍枪，手乃射杀数人，贼群斫之，头既断，犹僵立为击刺状，良久乃仆。

皖人招其魂，祀之余忠宣庙下。

电身长髭赤，能挽强超距，尤精于枪法，有善枪者，典衣裹粮，不远数百里，尽其技而后已，遂以枪名。

选自清　计六奇《明季北略》

石敬岩，予所从受剑槊之师也。

崇祯癸酉，平湖沈公萃祯备兵吾娄。时江北以北海氛日甚，沈公留心武事，聘东南技勇练兵教士。敬岩应聘而来，同时来者，有曹兰亭、赵英及少林僧洪纪、洪信之属，独公称最，自曹兰亭以下皆推服。年已七十余（吴殳云敬岩死时年六十余），犹力举千钧，盘舞丈八蛇矛，龙跳虎跃，观者皆辟（通"避"）易。有程某者，徽人，亦善梨花枪，妒公，愤言于众，欲与公较，公与期日较技。前一夕，程忽遁去。

予念时事日非，倘一旦出而用世，则兵革之事所不能也！乃延敬岩而问技焉，三年中颇得其术。

甲戌，流寇蹢中都，围桐城，公所与游壮士赵英（《哀辞》《四朝成仁录》《罪惟录》《明季北略》皆作"陈英"）从指挥包文达往援。要公与俱，公辞以老，英曰："我辈平居以公为瞻，公不往，我辈何所恃？"遂强公行。

二月十二日，追贼于宿松，贼伏山谷中，空城以诱。我师轻进，贼伏起，断中坚为二，文达死之。公与英犹未食，分左右奋击，自辰至晡，杀贼无算。英马蹶被执，公大呼往救，枪锋所及，无不披靡，围散复合者数。已而枪折马

毙，公挥短刀步战，犹力杀数十人，至死不仆。

初，公与予论马槊，谓马上槊犹马上箭，对镫抹鞦乃可发枪，若分骔者全恃马力，倘敌马力强，能折人枪，故马槊以浑铁为贵。公之死，卒（最终）以围合敌众枪力不及，而贼马又强，皆如其所论云。

死之日，皖人异之，招其魂祀之余忠宣庙下。吴人陆嘉颖赋诗哭之，买隙地具衣冠以葬。太史海虞钱公为之作《石义士哀词》并序其事焉。

公，常熟人，名电。先世为元大臣，国初，抑之为贫户，太史谓元时丐户者，误也！

万历中，白茆薛四氂以盐盗为横于海，海虞令耿公橘阴募力士数人毙之，公其一也。应募之日，耿公畜之署中，自教以击剑（吴殳云所教为双刀）之术，故公之剑实耿公所授。

己酉，从都清道陈监军征两江黑苗，公披重铠先登，挥三尺铁入万众中，遂破同安诸寨，以功至都匀参将。

尤精梨花枪，与河南李克复同师传，而公技更胜。游少林、伏牛、五台，皆尽其妙，枪法遂为江南第一。

尝见其所论"万派归源"（吴殳云万派归宗）者，千人中可独出独入。

昔唐荆川（唐顺之）与俞将军（俞大猷）《天波论枪风月楼》所言"圈枪，特小小手法耳"，据以为学之三年，洵（音xún，诚然）英雄欺人也！

游山东，韩畾（音xiǎo）宇中丞聘之教子。

与浙人刘云峰同学倭刀，尽其技，故公言"步战惟长刀最胜"。当马毙步斗时，公仰天叹曰："使吾得长刀一，贼不足尽（消灭）耳！"卒以器械不利，以身与敌，悲夫！

选自清　陆桴亭《石敬岩传》

附：《包文达传》

包文达，字行甫。其先江夏人，以开国靖难北征功世袭苏州卫指挥同知。父世爵，有方略，官未几，殁漕事。文达厉志好学，年二十，袭职在官，凡十五年。

（崇祯八年）乙亥正月，流寇犯安庆，巡抚张国维命从征。文达治酒延（延请）亲知（亲戚朋友），语曰："受国恩三百年，此身亦欲用之！"入内别母再拜（两拜）而出。登舟见朽甲钝戈，叹息者再。

既渡江，二月十日癸未，贼陷潜山，警益急，国维命文达疾驱至皖。时统兵官四人，有忌文达者，独令居后，资糒（音bèi，干粮）缺绝。未几，督进者羽（羽檄，文书上插羽毛以示紧急）若星下。

既抵贼所，人马饥疲，拟（打算）爨（音cuàn，烧火做饭）而前，谋人人殊（离开）。偶得贼哨，一骑倾其橐（音tuó，口袋），出白金若，争析（离开）者方杂然聚哗。寻报贼零散易袭，跃马争出，文达谏（规劝），不听，从之行。

诸军素苦，诸弁（音biàn，士卒）朘（音juān，缩减）削，人有离心。贼伏四起，遂鸟兽窜，火器被（同"披"）雨亦不效。从者引文达退，文达不可，策马奋进，故善射，亟（音qì，屡次）发矢。矢尽，胁中流矢堕马，强起拔矢，挥刀再战，援绝力竭。

贼迫令卸甲降，文达瞋目怒骂，贼砍其左臂，断首而去，笑且骂曰："吾所至风靡，吴儿何能为？乃奋螳臂当我，独如包某，犹不失为一将耳！"

土人悲其死，庙祭其地，乡贤士大夫吴默、张世纬辈，咸为文哭之，而诸生金俊明纪其事。

选自清 计六奇《明季北略》

任鸿（翊将军）
辑于2012年7月22日

下篇 器王正眼无隐录

图书在版编目(CIP)数据

手臂录·无隐录释义：明代枪法短兵解密 / 任鸿编著. -- 太原：山西科学技术出版社，2016.8（2020.6重印）

ISBN 978-7-5377-5400-2

Ⅰ.①手… Ⅱ.①任… Ⅲ.①武术-中国 Ⅳ.①G852

中国版本图书馆 CIP 数据核字（2016）第 195400 号

手臂录·无隐录释义——明代枪法短兵解密

出 版 人：	赵建伟
编　　著：	任　鸿
策 划 编 辑：	徐俊杰
责 任 编 辑：	徐俊杰
版 式 设 计：	侯亚萍
封 面 设 计：	吕雁军
出版发行：	山西出版传媒集团·山西科学技术出版社
地　　址：	太原市建设南路21号　邮编：030012
编辑部电话：	0351 - 4922107
发 行 电 话：	0351 - 4922121
经　　销：	各地新华书店
印　　刷：	三河市人民印务有限公司
网　　址：	www.sxkxjscbs.com
微　　信：	sxkjcbs
开　　本：	710mm×1010mm　1/16　印张：20.5
字　　数：	312千字
版　　次：	2016年8月第1版　2020年6月第3次印刷
书　　号：	ISBN 978-7-5377-5400-2
定　　价：	68.00元

本社常年法律顾问：王葆柯
如发现印、装质量问题，影响阅读，请与印刷厂联系调换。